职业教育专业设置的理论
与实践研究

曹晔 著

科学出版社

北京

内 容 简 介

本书基于产业、行业、企业、职业和专业"五业"主线，在理论上，分析了社会分工与职业演变，技术进步与职业，企业组织变化与职业，职业岗位与专业，专业结构与产业结构、就业结构、投资结构等的关系；论证了职业教育专业设置的逻辑，社会分工促进人员专业化，专业化催生了职业及其分类，职业分类规制了专业设置；解析了经济发展、产业结构调整、科技进步与专业调整的关系。在实践上，理清了我国职业教育专业设置和调整的变迁脉络，对专业设置与产业结构适应性进行了实证分析。

本书可作为职业院校、教育管理部门进行专业设置和调整及教学、科研人员进行职业教育研究的参考书。

图书在版编目（CIP）数据

职业教育专业设置的理论与实践研究 / 曹晔著. —北京：科学出版社，2020.3

ISBN 978-7-03-063149-7

Ⅰ. ①职… Ⅱ. ①曹… Ⅲ. ①专业教育－专业设置－研究 Ⅳ. ①G719.2

中国版本图书馆 CIP 数据核字（2019）第 115089 号

责任编辑：席　慧　张静秋 / 责任校对：郭瑞芝
责任印制：张　伟 / 封面设计：蓝正设计

科 学 出 版 社 出版
北京东黄城根北街 16 号
邮政编码：100717
http://www.sciencep.com

北京捷迅佳彩印刷有限公司 印刷
科学出版社发行　各地新华书店经销

*

2020 年 3 月第　一　版　开本：720×1000　1/16
2020 年 3 月第一次印刷　印张：12 1/2
字数：257 000

定价：**98.00 元**
（如有印装质量问题，我社负责调换）

前　言

专业是连接职业教育与经济社会、学校与用人单位的桥梁和纽带，体现了学校的服务方向，是学校培养符合社会所需人才的基础和前提，专业建设的好坏直接影响职业院校适应社会、服务社会的程度，在很大程度上也反映了职业教育与经济社会的协调程度。专业对学生而言，决定着未来的就业方向和所从事的职业；对学校而言，是组织招生、实施人才培养、服务社会的载体；对教师而言，是开展教育教学的方向，是自身职业生涯发展的路径；对教育行政管理部门而言，是配置教育资源和开发人力资源的主要依据；对国家而言，是决定未来人力资本结构和优化人力资源配置的手段。专业设置对学校和社会经济等方面都有深刻影响，其设置是否合理，决定着职业教育功能、学校建设方向及教育投资效益的高低。

由于专业对于学校人才培养和国家人力资源开发的重要性，国家对各级各类专业人才培养均制定了专业目录，以更好地指导职业院校人才培养、学生就业和企业用人。为适应社会经济发展、科学技术进步和产业结构变化的要求，国家定期对专业目录进行调整修订。进入 21 世纪以来，《中等职业学校专业目录》分别于 2000 年和 2010 年进行了修订；《高等职业学校专业目录》于 2004 年制定，2015 年修订颁发了《普通高等学校高等职业教育(专科)专业目录(2015 年)》。当前我国正处于产业结构转型升级阶段，社会新技术、新工艺、新职业等变化较大，为指导职业院校更好地适应市场需求变化，提高人才培养的预见性和能动性，《国务院关于印发国家职业教育改革实施方案的通知》(国发〔2019〕4 号)指出：健全专业设置定期评估机制，强化地方引导本区域职业院校优化专业设置的职责，原则上每 5 年修订 1 次职业院校专业目录，学校依据目录灵活自主设置专业，每年调整 1 次专业。国家对专业设置和调整提出了明确的时间要求。

本研究是在教育部人文社会科学研究规划项目"职业教育专业设置理论与实践研究"(10YJA880006)主要成果内容基础上形成的，得到天津市普通高等学校"职教教师教育"创新团队培养计划项目(TD13—5097)资助。本研究紧扣我国职业教育专业设置这一基础性问题，利用产业经济学、教育经济学、教育学和管理学等理论和方法，围绕产业、行业、企业、职业、专业这一主线进行了系统研究。在理论上，本研究充分分析了社会分工与职业演变、技术进步与职业、企业组织变化与职业、职业(工种)岗位与专业，以及专业结构与产业结构、就业结构、投资结构、消费结构等的关系；论证了职业教育专业设置的逻辑，社会分工促进人员专业化，人员专业化催生了职业及其分类，职业分类规制了职业教育专业设置；解析了经济发展、产业结构演变与专业结构调整的关系，从多个维度剖析了职业教育专业设置的理论基础。在实践上，本研究采取历史梳理、案例分析等实证研究方法，理清了我国职业教育专业设置历史变迁的脉络，开展了天津市高职院校专业设置与产业结构适应性的分析，运用生产迂回理论解释了通用性专业设置比例高的原因，发现了专业设置与产业适应性不能简单从"产值结构"和"就业结构"的角度进行比较，提出用"投资结构"来判断专业设置合理性等观点，极大地丰富了专业设置的相关理论。

本研究大量采用了产业经济学的理论和方法，统计了大量的产业结构数据，提供了产业方面的基本概念、基本知识、基本理论，以便更好地了解、把握产业演变规律，增强专业设置的自觉性和能动性，尽管笔者在引用这些知识和理论的过程中努力注明来源出处，但仍有遗漏之处，敬请原作者谅解。在研究过程中，研究生余娟、胡乔森参与了本书初稿部分章节的写作工作，在此一并致谢。由于我国区域差异比较大，各地职业教育发展不平衡，职业教育专业设置的外部环境和内部条件都有很大差异，本研究只提供了专业设置的一些基本思路，没有提供更为翔实的专业设置工具或方法，这需要在今后的研究中进一步完善。由于时间和条件所限，书中难免有疏漏之处，敬请读者不吝赐教。

著 者

2019 年 8 月 10 日

目 录

前言

第一章 社会分工与职业分类 ... 1
第一节 分工与专业化 ... 1
一、分工 ... 1
二、协作 ... 6
三、分工与专业化的经济性 ... 6
四、分工与专业化的负面作用 ... 9
第二节 职业与职业分类 ... 10
一、职业、工种与岗位 ... 10
二、职业分类 ... 11
第三节 社会职业发展变化的趋势 ... 19
一、分工理论与职业细化 ... 20
二、合工理论与职业技术综合化 ... 21
三、三次产业的演进与职业结构变化 ... 23
四、产业结构调整与职业内涵演化 ... 24
五、技术进步与职业层次高级化 ... 25
六、产业特性与各产业的职业数量变化 ... 27
第四节 职业分类与专业设置 ... 28
一、社会职业分类决定职业教育的专业种类和专业结构 ... 28
二、社会职业分类制约职业教育的专业口径 ... 28
三、社会职业分类的变化影响职业教育专业设置与调整 ... 28

第二章 产业结构与专业结构 ... 31
第一节 产业与产业结构 ... 31
一、产业结构 ... 31
二、产业分类 ... 32
三、中国国家标准分类 ... 35
四、影响产业结构变化的因素 ... 37
五、产业结构演变趋势 ... 42
六、产业结构演变的理论 ... 44
第二节 改革开放以来我国产业结构演变 ... 46

一、三次产业结构的变动及特点……47
　　二、第一产业内部结构变动及特点……56
　　三、第二产业内部结构变动及特点……58
　　四、第三产业内部结构变动及特点……62
　　五、我国产业结构面临的问题与调整政策……64
　第三节　中等职业教育专业结构变化趋势……67
　　一、农林专业比例大幅度下降，受政策影响大……68
　　二、第二产业专业比例低，且先上升而后下降……69
　　三、第三产业专业比例不断提高，结构不断优化……70

第三章　我国职业院校专业设置历程……73
　第一节　中等职业学校专业设置……73
　　一、政府主导的专业设置……73
　　二、市场导向、政府有限的专业设置……82
　　三、我国中等职业教育专业设置的变化特点……85
　第二节　高职院校专业设置……88
　　一、新中国成立以来我国专科专业设置……88
　　二、高等教育大众化以来高职高专的专业设置……91

第四章　职业教育专业设置理论……100
　第一节　职业教育专业……100
　　一、专业的相关概念……100
　　二、中、高职专业设置……104
　第二节　职业教育专业设置与建设……107
　　一、专业设置的依据……107
　　二、专业设置的原则……112
　　三、专业设置的技术规范……114
　　四、专业设置需要处理好的关系……116
　第三节　职业教育专业建设……119
　　一、职业教育专业建设的依据……119
　　二、职业教育专业建设的主要内容……121
　第四节　职业教育专业结构调整……123
　　一、全球产业结构调整中的职业发展和变化……123
　　二、专业结构调整的原则……125
　　三、专业结构调整的内容……126
　　四、专业结构调整的注意事项……128

第五章 经济技术发展与专业结构调整 ······130
第一节 产业转型升级与专业结构调整 ······130
一、现代农业与职业教育专业调整 ······130
二、新型工业化与职业教育专业结构调整 ······135
三、生产性服务业与职业教育专业调整 ······141
第二节 消费、投资与职业教育专业调整 ······148
一、消费 ······148
二、投资 ······152
第三节 科技进步与专业结构演变 ······157
一、科技进步促进专业发展 ······157
二、分工理论下的职业教育专业 ······158
三、合工理论下的职业教育专业 ······160

第六章 天津市高等职业院校专业设置与产业结构适应性研究 ······165
第一节 天津市产业结构现状与发展趋势 ······165
一、天津市总体概况 ······165
二、天津市产业结构总体概况 ······165
三、天津市三次产业内部结构相关分析 ······168
第二节 天津市高职院校专业设置现状 ······172
一、高职院校招生人数、在校生人数和毕业生情况 ······172
二、专业结构以财经大类、制造大类、电子信息大类为主 ······172
三、天津市高职院校的专业集中度 ······173
四、天津市高职院校的专业聚集度 ······174
五、专业设置能够面向区域经济社会需求 ······175
第三节 天津市高职专业结构与产业结构适应性分析 ······176
一、第一产业的专业结构与产业结构适应性分析 ······177
二、第二产业的专业结构与产业结构适应性分析 ······178
三、第三产业的专业结构与产业结构适应性分析 ······181
第四节 天津市高职院校专业结构调整与优化的对策 ······185
一、政府要加强对专业设置的监管 ······185
二、优化调整专业结构,更好地适应产业结构变化 ······186
三、依据产业集群,加强专业群建设 ······188
四、加强与行业企业联系,增强专业设置的有效性 ······188
五、适应现代职业教育体系建设的需要,加强与中职和本科阶段职业教育专业的衔接 ······188

第一章

社会分工与职业分类

第一节 分工与专业化

一、分工

(一) 概念

分工是人类社会生产的固有属性，可以说自从出现人类就有了分工。分工既是一种经济现象，又是一种社会现象，具有深刻而又丰富的内涵。人类经济社会发展史就是一部分工发展与深化的历史。在渔猎时代，人们就懂得身体偏胖的人适合钓鱼，偏瘦的人适合狩猎，前者越蹲越适合钓鱼，后者越跑越适合狩猎，但这只是一种基于天赋、需求、偶然性等因素而出现的自然分工，随着生产的发展，在自然分工的基础上产生了真正的社会分工，如人类社会的三次分工，即农业和畜牧业的分离、手工业和农业的分离、商业与工业的分离。社会上的各行各业就是社会分工的表现。正如马克思所说："到目前为止，一切生产的基本形式都是分工"[1]。

"分工"一词翻译为英文是"division of labour"，即"劳动的分割"的含义。所谓分工是指各种社会劳动的划分和独立化，是"一种特殊的、有专业划分的、进一步发展的协作形式"。[2] "未开化社会中一人独任的工作，在进步的社会中，一般都成为几个人分任的工作。……而且，生产一种完全制造品所必要的劳动，也往往分由许多劳动者担任"。[3] "各种操作不再由同一个手工业者按照时间的先后顺序完成，而是分离开来，孤立起来，在空间上并列在一起，每一种操作分配给一个手工业者，全部操作由协作工人同时进行"[4]，它意味着劳动从横向方面划分为不同领域，从纵向方面划分为不同层次。劳动者被固定在不同的技术岗位或工作职能上，在一定的时间内只能从事社会总劳动的一部分工作。[5]

---

[1] 中央编译局. 马克思恩格斯选集(第三卷)[M]. 北京：人民出版社，1995：329.
[2] 中央编译局. 马克思恩格斯全集(第四十七卷)[M]. 北京：人民出版社，1979：301.
[3] 亚当·斯密. 国民财富的性质和原因的研究[M].郭大力，王亚南，译. 北京：商务印书馆，1972：7.
[4] 马克思. 资本论(第一卷)[M]. 北京：人民出版社，1975：374-375.
[5] 郝振省. 分工论[M]. 黑龙江：黑龙江教育出版社，1998：5-10.

涂尔干将分工的概念从经济领域扩大到社会生活领域。"所谓分工，就是将社会总劳动划分为互相独立又相互依从的若干部分；与此相对应，社会成员固定地分配在不同类型的劳动上。简言之，分工就是不同种类的劳动的并存。"①《中国经济百科全书》对分工的定义是："分工通常指人们劳动的社会分工，即各类社会成员在社会物质生产领域中专门从事不同的活动。广义还包括非物质生产领域内的分工"。从以上的定义可以看出，分工是指生产劳动分工，分工与生产劳动紧密地联系在一起。因此，要明确分工的内涵，还要考察商品生产的基本过程。

赖宾斯坦认为，生产商品的过程是由一组操作构成的，而操作是一组相关的生产活动，生产活动是生产过程的最基本单位。专业化就是指生产要素向较少种类的活动集中的过程，当专业化增进到极端状态，某一个人便始终不断地反复从事于一项活动。斯蒂格勒认为，一个企业的经济活动包含了许多职能，分工或者专业化过程，就是企业的职能不断地分离出去，由其他专业化的企业专门承担这些职能的过程。综合两者的看法，可以较严格地说，生产活动可以分解为许多最基本的单位，这些基本单位被斯蒂格勒称为职能，被赖宾斯坦称为操作。也就是说商品生产过程是由一系列不同职能操作构成的。②

生产活动可以被分解为许多最基本的单位——不同职能的操作。分工就是两个或两个以上的个人或组织，将原来一个人或组织所承担的生产活动中所包含的不同职能操作分开进行。专业化就是一个人或组织减少其生产活动中的不同职能操作的种类，或者说，将生产活动集中于较少的不同职能操作上。这里的职能操作既可以看作为一种产品的生产活动，又可以看作为一种产品生产的某一作业过程。分工和专业化越发展，一个人或组织的生产活动将越来越集中于更少的不同职能操作上。③

分工和专业化是一个事物的两个方面，两者既有联系又有区别。分工指的是生产活动分离程度的状态，分工的水平是静态的，而专业化是分工不断演进的过程，是动态的。分工是一个宏观的概念，是相对整个社会而言的，它涉及至少两人以上的世界；而专业化是一个微观的概念，是相对于个人而言的，它所涉及的是一人世界。分工和专业化的联系在于分工是专业化的前提，同时随着专业化的加深又促进了新的分工；而专业化是分工的具体表现形式。

(二) 作用

亚当·斯密 (Adam Smith, 1723～1790) 在《国民财富的性质和原因的研究》(An Inquiry into the Nature and Causes of the Wealth of Nations, 下文简称《国富论》) 的开篇中写道："劳动生产力上最大的增进，以及运用劳动时所表现出的更大的熟

---

① 刘佑成. 社会分工论[M]. 浙江：浙江人民出版社，1985：21.
② 袁正. 分工的一般理论与古典增长框架[J]. 经济学家，2005(6)：103-108.
③ 盛洪. 分工与交易[M]. 上海：三联书店，1994：31-34.

练、技巧和判断力，似乎都是分工的结果。"他以扣针制造厂为例，说明了分工对提高劳动生产率的作用。"凡能采用分工制的工艺，一经采用分工制，便相应地增进劳动的生产力。各种行业之所以各个分立，似乎也是由于分工有这种好处"。[1]马克思指出："一个民族的生产力发展的水平，最明显地表现在该民族分工的发展程度上"[2]。经济发展的实质就是分工的发展与深化和专业化水平的提高过程，在这一过程中，分工与专业化的发展促进了生产力水平的提高，生产力水平的提高又反过来促进分工与专业化的深化，从而使经济发展呈现出螺旋式的进步趋势。

(三) 种类

社会分工是一个具有不同类型和层次的复杂体系。随着历史发展阶段和各国具体情况的不同，社会分工的体系也不同，一般来说可进行如下划分。

1. 按内容划分，分工可分为生产分工和非生产分工

生产分工是指物质生产领域内部的劳动分工，例如，种植业与畜牧业分工，工业与农业分工，商业与工业的分工。非生产分工主要是指物质生产领域以外的劳动分工，例如，科学研究与卫生、体育和社会福利事业的分工，金融业与保险业、房地产管理业、公用事业、居民服务业、旅游业、信息咨询服务业的分工。非生产分工主要包括流通部门、生产生活服务业、科学教育文化事业和公共服务业四大类。

2. 按形式划分，分工可分为一般分工、特殊分工和个别分工

一般分工是各个劳动领域之间及各领域劳动者之间的分工，例如，生产劳动分为农业、工业，非生产劳动分为商业、社会服务业等领域。特殊分工是各个劳动领域内部不同劳动部门之间的分工，以及劳动者的职业分配，例如，农业可分为种植业、畜牧业、渔业等行业。个别分工是指直接劳动过程中对不同职能操作过程的划分，以及劳动者在具体职能的操作上的分配，例如，服装的生产过程可划分为验布、裁剪、印/绣花、缝制、整烫、检验、包装等操作。这种分工也存在于非生产领域的不同行业中，例如，学校的部门可分为行政、教学、教辅等类型，教职工的岗位可分为教学、科研、管理和工勤等。马克思指出："单就劳动本身来说，可以把社会生产分为农业、工业等大类，叫作一般分工；把这些大类分为种和亚种，叫作特殊分工；把工场内部的分工，叫作个别的分工。"[3]恩格斯把劳动分工简化为两类："到目前为止的一切生产的基本形式是分工，一方面是社会内部分工，另一方面是每个生产机构内部的分工"，[4]上述两种类型中，前者通常被称为社会内部分工，包括

---

[1] 亚当·斯密. 国民财富的性质和原因的研究[M]. 郭大力，王亚南，译. 北京：商务印书馆，1972：5，7.
[2] 中央编译局. 马克思恩格斯选集(第一卷)[M]. 北京：人民出版社，1972：25.
[3] 中央编译局. 马克思恩格斯全集(第二十三卷)[M]. 北京：人民出版社，1986：389.
[4] 中央编译局. 马克思恩格斯选集(第三卷)[M]. 北京：人民出版社，1995：640.

一般分工和特殊分工；后者就是个别分工，也称为企业内部分工。在社会内部，国民经济分为农业、工业、建筑业、批发零售业、餐饮业、交通运输业、仓储和邮政业、信息服务业、金融业等部门。其中，农业分为种植业、林业、牧业、渔业等；工业分为重工业、轻工业和化学工业，重工业可再分为采掘工业、原材料工业、加工工业等，轻工业分为以农产品为原料的轻工业和以非农产品为原料的轻工业。企业内部的分工，就是把生产过程分解为若干局部劳动，由不同的劳动者专司其职①。

3．按不同职能操作之间的相互关系来划分，分工可分为垂直分工和水平分工②

垂直分工是指前后直接关系不同的职能操作之间的分工，例如，纺纱、织布、印染、制衣之间的分工就是垂直分工。水平分工是指不同的职能操作之间不存在前后依赖关系的分工，例如，水稻生产和小麦生产之间的分工不存在依赖关系，这种分工称为水平分工。

4．按劳动者在分工条件下从事的职能操作有无质的差别来划分，分工可分为简单分工和复杂分工

从事的职能操作无质的差别的劳动者之间的分工就是简单分工，反之就是复杂分工，例如，一个净菜加工企业，许多工人在从事蔬菜的洗涤工作，这些工人之间的劳动分工就是简单分工，而质检工人与包装工人的劳动是两类不同性质和技术要求的劳动，因此，他们之间的劳动分工就是复杂分工。这是从企业分工的角度来举的例子，如果从社会分工的角度来看，从事同种产品生产的单位和个人之间的劳动分工就是简单分工，反之就是复杂分工。

从历史维度来看，盛洪认为分工与专业化程度经历了 5 种不同形态的演变，它的历史演进顺序是：第一种专业化形态是部门间的专业化，即马克思所说的一般分工，如农业、手工业和商业之间的分工；第二种专业化形态是产品的专业化，是以完整的最终产品为对象的分工，如汽车、机械、电器产品的生产；第三种专业化形态是零部件专业化，即一个人或一个企业仅生产某个最终产品中的一部分，例如，在汽车工业中，一些企业专门负责发动机的生产，甚至只生产发动机的一种零部件；第四种专业化形态是工艺专业化，即专门进行产品或零部件生产的一个工艺过程，例如，专门进行铸造、锻造、热处理、电镀等工业过程；第五种专业化形态则是生产服务专业化，即直接生产过程之外的，但又为生产过程服务的那些职能的专业化，例如，专门进行工具及其他中间产品的物流配送、设备维修等服务活动。③

分工的种类还有很多，如按分工的范围可分为地域分工和国际分工；按分工的

---

① 陈岱孙. 中国经济百科全书[M]. 北京：中国经济出版社，1991：163.
② 吉川哲夫,青柳亘彦. 现代经济学可读词典[M].刘平,编译.北京：改革出版社，1992:116.
③ 盛洪. 分工与交易[M]. 上海：三联书店，1994：51-52.

技术性质和社会性质可分为自然分工和历史分工,自然分工包括男女分工和地域分工,历史分工包括旧式分工和新式分工;按劳动的差别可分为脑体分工和城乡分工等。

(四)专业化和一体化

如前所述,专业化就是一个人或组织将其拥有的有限资源集中用于一种或几种产品的生产(职能操作),使其资源的经济效益得到有效发挥。亚当·斯密关于分工的讨论中,可以区分三种不同的分工:①企业内分工,即企业内劳动的分解;②企业间分工,即企业间劳动和生产的专业化;③产业分工或社会分工。从空间的角度来看,专业化可分为三个层次:区域专业化(或地区专业化)、企业专业化和个人专业化。区域专业化是指一个经济区域将其资源集中用于生产一种或数种产品的生产或经营的过程。企业专业化是指企业将其资源用于生产一种或少数几种产品的过程。个人专业化包括企业内生产者个人专业化和直接面对市场的生产者个人专业化,它主要是指个人只从事一种产品的生产或一种(几种)职能操作的过程。区域专业化、企业专业化和直接面对市场的生产者个人专业化都是社会分工的结果,而企业内生产者个人专业化则是企业内分工的产物。如果从生产的角度来考察专业化,则专业化可以简单地分为两类:产品专业化和生产过程专业化,后者又可称为作业过程专业化或职能操作过程专业化。产品专业化是指一个地区、企业或生产者个人集中有限资源生产某一种产品。生产过程专业化就是一个企业或生产者个人只从事某一产品所包含的全部职能操作中的一个或几个职能操作的生产。[①]

分工和专业化优势的发挥是有条件的,它受交易成本(交易费用)和市场容量的制约,现实中为了克服这些不足,也可以采取与分工和专业化相反的行为——一体化。所谓一体化就是将两个或两个以上的个人或组织的互不相同、互不协调的职能操作,采取适当的方式、方法或措施,将其有机地融合为一个整体,形成协同效力。一体化有两种基本的类型:一种类型称为纵向一体化(又称为垂直一体化);另一种类型称为横向一体化(又称为水平一体化)。纵向一体化是指具有前后相关关系并由不同组织或个人承担的不同职能操作交给一个组织或个人来完成的经济现象,例如,面粉的整个生产经营产业链包括种子肥料供应、小麦生产、产品贮藏、面粉加工和市场销售 5 种职能操作,这 5 种职能操作具有前后相关关系。之前由多个企业或个人完成,现在变为由一个企业或个人来承担,这种经济现象就是典型的纵向一体化。横向一体化是指不同产品的生产过程中相近的职能操作由一个企业或个人来承担的现象,例如,许多生产不同款式、型号汽车的制造厂,所需的发动机或者发动机的零部件是由一个专业公司提供的,服务外包也是横向一体化的一种重要形式。

---

① 李太平. 农业分工与农业产业化研究[D]. 南京:南京农业大学硕士学位论文,2000:11-12.

二、协作

(一)概念

分工与协作(cooperation)是一种对应的关系,两者是同一事物的两个方面,有分工就必然带来协作。分工是生产者或企业只承担社会总劳动中的局部劳动,而协作是由众多生产者和企业共同完成社会总劳动。可见,协作是劳动的一种集体化、社会化的形式,马克思认为:"许多人在同一生产过程中,或在不同的但又相互联系的生产过程中,有计划地一起协同劳动,这种劳动形式叫作协作""协同劳动的效果要么是个人劳动根本不可能达到的,要么只能在长得多的时间内,或者只能在很小的规模上达到。协作不仅提高了个人生产力,而且创造了一种生产力,即集体力"[①]。俄罗斯经济学家杜冈·巴拉诺夫斯基则认为:"单个的、个体的经济劳动在人类社会中是一个例外,而规模或大或小的人群的共同劳动,却是居于主导地位的劳动形式。许多人处于相互协同行动中的劳动,叫作协作"。[②] 从以上两个定义可以看出,所谓协作是指劳动协作,就是指许多人在同一生产过程中,或在不同的但又相互联系的生产过程中有计划地协同劳动。

(二)分工与协作的关系

分工与协作相生相伴、相互促进,分工越发展,生产专业化的程度越高,协作也就愈加发展和密切。分工是协作的前提,协作是分工的必然结果,也是更高形式的分工,只有在更大范围的分工,才会有更宽领域内的协作。随着生产力的发展,社会分工越来越细,每一个劳动者只承担一部分职能操作,生产完整的产品需要协作。马克思曾经指出:"如果只有四个不同的生产部门,那么,这四个生产者中每一个人都有很大一部分产品是为自己生产。如果有上千个生产部门,那么,每一个人就可以把他的全部产品当作商品来生产。他们的全部产品都可以加入交换",[③] 分工与协作的产生和发展,意味着人们改造自然能力的增强,是推动生产力发展的重要因素,也是生产力发展的一个重要标志。

三、分工与专业化的经济性

关于分工的好处,许多经济学家都曾做出过许多精辟的论述。概括起来,主要表现在以下几个方面。

---

① 马克思. 《资本论》(第一卷)[M]. 北京:人民出版社,1975:362,372.
② 杜冈·巴拉诺夫斯基. 政治经济学原理[M]. 赵维良,桂力生,王涌泉,译. 北京:商务印书馆,1989:162-163.
③ 中央编译局. 马克思恩格斯全集(第二十六卷)[M]. 北京:人民出版社,1986:203.

(一)分工能够大大提高生产的熟练程度

分工与专业化使劳动者经常重复做同一种有限的动作,将注意力集中在有限的职能操作上,从而快速熟悉操作并提高熟练程度。亚当·斯密曾论证:"分工实施的结果,各劳动者的业务,既然终身局限于一种单纯操作,当然能够提高自己的熟练程度。"即"劳动者的技巧因专而日进。"[①]劳动熟练程度的提高,意味着一个劳动者在单位时间内或者在支付一定量的生产劳动的情况下,能够生产出更多的产品,即提高劳动生产率。

(二)分工可以简化工作和节约劳动时间

在一定的生产条件下,分工与专业化使人们的劳动聚集在少数的职能操作上,工作变得简单,可以缩短对工作的熟悉、学习和培训时间,减少工作中所需付出的精力和智力,降低其紧张程度,减少工作中的失误。而没有分工时,一个人或企业需完成所有工作或职能操作,人们从一种工作或职能操作变换成另一种工作或职能操作时,往往会出现以下几种情况:①"通常要闲逛一会儿。"②"在新工作开始之初,势难立即精神贯注地积极工作,总不免心不在焉。"③在工作或职能操作变换过程中会养成"闲荡、偷懒、随便这种种习惯"[①]。④一种工作结束之后,要花一定时间做下一种工作的准备。⑤打断已有的工作节拍。如果实行劳动分工,则可以大大减少这些弊端,减少时间浪费,也就等于节省了生产上的人力资源,把有限的工作时间全部用在生产上。

(三)分工有利于促进科学技术的发展

分工、专业化使人们将注意力集中在更狭窄的领域,因而更容易产生技术创新;分工和专业化促使生产工具的专业化和简化,为技术变革提供了条件,同时也使生产者的操作趋向简单和单调重复,又为机器替代人工提供了条件。亚当·斯密认为:"简化和节省劳动的那些机械的发明,看来也是起因于分工。"[②]分工、专业化导致了一些工具和生产技术上的发明,促进了科学的发展,科学上的分工"像产业中的分工那样,增进了技巧,并节省了时间。各人擅长各人的特殊工作,不但增加全体的成就,而且大大增进科学的内容。"[①]

(四)分工既可以节约资本,又可以提高资本使用效率

实行分工"能最大限度地利用生产资料、资本",这一点好处是由美国的经济学家约翰·雷首先提出来的。[③]因为"如果一个工人在不同的时间内分别从事几种不同的工作,那么他有一部分工具就要闲置不用。例如家庭手工业者在地里干活的时候,劳动工具就闲置不用。可是,在分工的情况下,劳动工具能够经常不停地使

---

① 亚当·斯密. 国民财富的性质和原因的研究[M]. 郭大力,王亚南,译. 北京:商务印书馆,1972:8.
② 亚当·斯密. 国民财富的性质和原因的研究[M]. 郭大力,王亚南,译. 北京:商务印书馆,1972:10.
③ 杜冈·巴拉诺夫斯基. 政治经济学原理[M]. 赵维良,桂力生,王涌泉,译. 北京:商务印书馆,1989:172.

用"。①在分工的条件下，不仅可以减少所需准备的生产资料数量，充分地利用它们，延长单位时间内使用生产资料的时间，而且每个人专门使用一种或几种生产资料，可以大大地提高生产资料的使用效率，使单位生产资料特别是单位生产工具在单位时间内生产出更多的产品。

阿克塞尔·莱琼赫夫德以更精确的方式说明了两百多年前亚当·斯密关于分工可以提高生产率的原理，如表 1-1 所示。表格左栏表示每个工匠相继承担生产活动的所有工序，右栏表示每个工匠只执行一种操作。莱琼赫夫德指出，由于这种生产的重组，生产率将大幅度提高，原因是专业化和比较优势的形成，将导致技能的提高，工作转换时间的节省，注意力的集中，以及发现创新的机会。同时，分工也可以节约资本，例如，分工前需要 15 单位的工具，分工后只需 5 单位了；分工前每人需要学习 5 种操作，而现在每人只需要学习一种操作，这将使培训的时间和费用大幅度下降。②

表 1-1 劳动分工前后效果对比表

分工前					分工后				
A1	A2	A3	A4	A5	A1	B2	C3	D4	E5
B1	B2	B3	B4	B5	A1	B2	C3	D4	E5
C1	C2	C3	C4	C5	A1	B2	C3	D4	E5

（五）分工有利于人力资源的充分利用

正如蒲鲁东所说："我们每个人一生下来，其天赋就与别人很不一样"，如果每个人都"按照自己的才能，独立从事某项工作，就会很出色地、轻而易举地做出许多个人的事业"。①只有人尽其才，才能物尽其用，我国古代就有这样的论述，例如，"任人之长，不强其短；任人之工，不强其拙。""有大略者不可责以捷巧；有小智者不可任以大功。""择天下之士，使称其职；居天下之人，使其安业。"

（六）分工有助于发挥外生比较优势

"如托伦斯和詹姆斯·穆勒所指出的，分工还有一个极其重要的优点，它能够最好地利用外界自然力。"①马克思在《资本论》中指出："不是土壤的绝对肥力，而是它的差异性和它的自然产品的多样性，形成社会分工的自然基础，并且通过人所处的自然环境的变化，促使他们自己的需要、能力、劳动资料和劳动方式趋于多样化。"③每一个地域都有其独特的自然条件和社会经济条件，如气候优势、交通优势、区位优势等，实行区域分工有助于将这种独特的优势发挥出来。

---

① 杜冈·巴拉诺夫斯基. 政治经济学原理[M]. 赵维良，桂力生，王涌泉，译. 北京：商务印书馆，1989：171.
② 袁正. 分工的一般理论与古典增长框架[J]. 经济学家，2005(6)：103-108.
③ 马克思. 资本论(第一卷)[M]. 北京：人民出版社，2004：587.

(七)分工产生网络效应

一种新的分工的出现,会产生两方面的促进作用:一方面会创造新的需求,促进其他行业的产生并带动其分工程度的提高,例如,随着社会分工和专业化的不断深化,将促进商业、运输业、金融业、通信业、法律等行业从原来的生产部门中独立出来成为新的行业;另一方面,会促进行业内部分工的进一步深化和细化,例如,在机械工业内部分化出通用机械、冶金机械、化工机械、纺织机械、采煤机械等。也就是说,在没有外界强制力作用的情况下,由于分工的好处,分工本身具有了一种自我繁殖的能力,并产生连锁反应和网络效应[①]。

当然,很多事情总是一分为二的,分工与专业化还有许多有利于提高劳动生产率的优点,从不同的角度来认识还会得出许多不同的结论或看法,这些都需要在实践中加强探索和研究。

四、分工与专业化的负面作用

任何事物都具有两面性,分工也不例外。在看到分工和专业化可以获得前文所述经济性的同时,也要认识到分工的不利后果或"专业化的困境"。分工所产生的不利影响,归纳起来主要表现在两方面:一是分工与专业化的发展使生产活动变得单调,从而使劳动者不能从劳动中获得满足感,即马克思所说的"劳动的异化";二是分工与专业化的发展使生产活动集中化,从而使每个人的社会(市场)联系加强,必然要求加强劳动者之间的协作。

就劳动者异化问题,马克思曾作了深刻论述。分工和专业化的发展,使劳动者的生产活动越来越集中于较小的范围,使生产活动变得越来越单调和沉闷,从而导致"劳动者在自己的劳动中并不肯定自己,而是否定自己,并不感到幸福,而是感到不幸,并不自由地发挥自己的肉体力量和精神力量,而是使自己的肉体得到损伤,精神遭到摧残。因此,劳动者只是在劳动之外才感到自由自在,而在劳动之内则感到爽然若失。劳动者在他不劳动时如释重负,而当他劳动时则如坐针毡。因此,他的劳动不是自愿的,而是一种被迫的强制劳动。从而,劳动不是需要的满足,而只是满足劳动以外的其他各种需要的手段"[②]。

"分工使人发展了某些技能,但同时使他丧失了其他方面的技能,使他成为一个片面发展的人。在工场手工业的分工中,他是一个局部工人,在大机器工业中,他是一个机器的附庸"[③]。在分工的情况下,劳动者越来越失去人的个性,即劳动的丰富性和创造性。马克思的这些认识和论述在一定程度上是正确的,

---

① 姚寿福. 专业化与农业发展——理论与中国实证研究[D]. 成都:西南财经大学博士学位论文,2004:27-28.
② 马克思. 1844年经济学——哲学手稿[M]. 北京:人民出版社,1979:47.
③ 马克思. 资本论(第一卷)[M]. 北京:人民出版社,1975:378.

尤其是在低技术水平的分工条件下，生产者长期只从事一种或少数几种没有任何生产技能可言的职能操作，会造成劳动异化问题，使劳动者其他技能得不到发展。

必须要明确的是，分工并不一定会带来劳动异化。首先，在分工的条件下，劳动者的专长能得到有效发挥，劳动生产率大幅提高，劳动者会自觉地减少劳动时间，拥有更多的业余时间来休闲、度假，发展劳动者各方面的兴趣、爱好和能力，成为一个全面发展的人。其次，随着信息技术的发展，人们获得信息的途径、渠道越来越多，可掌握的职业信息量越来越大，为职业和岗位流动创造了有利条件，从而为劳动的丰富性和创造性开辟了道路。所以，未来社会劳动异化的影响会越来越小，甚至全部消失。

第二节 职业与职业分类

一、职业、工种与岗位

在职业教育领域中，人们往往提到职业、工种和岗位这几个概念，如职业教育专业设置须按职业岗位群来设置，有时还有职业工种、工种岗位的说法，那么它们三者之间究竟有什么区别和联系？

(一) 职业

从词义学的角度看，"职业"一词由"职"和"业"构成，"职"即职责、天职、权利与义务，"业"即事业、行业。所谓"职业"，即指一种承担了某种责任、义务的行业性、专门化的活动。同时，职业也指人们从事的相对稳定的、有收入的、专门类别的社会劳动，它是人们的生活方式、经济状况、技能水平、行为模式、思想情操的综合反映，也是一个人的权利、义务、权力和职责，是一个人的社会地位的一般性表征。也就是说，职业是人们参与社会分工，利用专门的知识和技能，为社会创造物质财富和精神财富，获取合理报酬作为物质生活来源并满足精神需求的工作。可见，职业须同时具备下列特征：①目的性，即职业以获得现金或实物等报酬为目的；②社会性，即职业是从业人员在特定社会生活环境中所从事的一种与其他社会成员相互关联、相互服务的社会活动；③稳定性，即职业在一定的历史时期内形成并具有较长生命周期；④规范性，即职业必须符合国家法律和社会道德规范；⑤群体性，即职业必须具有一定的从业人数。

(二) 工种

工种是根据管理工作的需要，按照生产劳动的性质和工艺技术的特征或服务活动的特点而划分的工作种类。工种的划分以大多数企业专业分工和劳动组织的基本现状为依据,从当时行业、企业生产技术和劳动管理水平的客观实际出发,结合行业、企业生产技术发展和劳动组织改革等方面的因素,考虑工作岗位的稳定程度和工作量的饱满程度等进行。工种是国家修订工人技术等级标准、企业制定工人岗位规范的基础,是各类职业学校专业设置的重要依据。1992年劳动部颁布的《中华人民共和国工种分类目录》将我国的工种划分为46类,4700个,每一个工种都包括编码、工种名称、工种定义、适用范围、等级线、学徒期及熟练期等内容。

(三)岗位

岗位是企业根据生产的实际需要而设置的工作位置。企业根据劳动岗位的特点对上岗人员提出的综合要求形成岗位规范,它构成企业劳动管理的基础。由于不同企业的管理模式不同,同一类型的企业,其岗位设置可能是不相同的。

企业为了有效地设置岗位,需要进行岗位分析。所谓岗位分析,就是指对某单位全部工作的各构成因素进行分析研究,并将其结果制作成工作说明书和岗位责任制的过程。岗位分析涉及对岗位内容进行系统审查,以明确任务的性质、工作条件、必要的责任和所需要的技能,具体包括岗位名称分析,定员变动分析,工作规范分析,工作人员的必备条件分析等工作内容。

可见,我们以往经常使用的"工种""岗位"等概念,实质上就是将职业按不同需要或要求进行的具体划分。一般一种职业包括一个或几个工种,一个工种又包括一个或几个岗位,因此,职业与工种、岗位之间是一个包含和被包含的关系,例如,一个人在一家机械厂上班,其职业就是机械制造,工种可以是车工、钳工、电工、装配工等,岗位就成了其在某车间的具体位置。

由于各产业或行业社会分工程度不同,有的产业或行业分工程度低,使得职业等同于工种,如农业中的农艺工、果树工等工种与职业是一致的。企业在进行岗位设置时,有时按工种来设置岗位,因此在现实中有岗位(工种)的说法。

二、职业分类

分类就是以事物的性质、特点、用途等作为区分的标准,将符合同一标准的事物聚类,不同的事物则分开的一种认识事物的方法。职业分类,就是指按一定的规则和标准,把一般特征和本质特征相同或相似的社会职业归纳到一定类别系统中的过程。社会分工是职业分类的依据,在分工体系的每一个环节上,劳动对象、劳动工具及劳动的支出形式都各有特殊性,这种特殊性决定了各种职业之间的区别。职业分类是以工作性质的同一性为基本原则,对社会职业进行的系统划分与归类。所谓工作性质,即一种职业区别于另一种职业的根本属性,一般通过职业活动的对象、从业方式等的不同予以体现。职业分类的目的是将社会上纷繁复杂的现行工作类型，划分成类系有别、规范统一、井然有序的层次或类别。对从事工作性质的同一性所做的技术性解释，要视具体的职业类别而定。职业分类是一个体系，通常包括职业代码、职业名称、职业定义、职业所包括的主要工作内容等，并描述出每一个职业类别的内涵与外延。

(一)国际及部分国家标准职业分类

从世界经济发展的历史看，很多国家和地区都十分重视职业分类工作，国际劳工组织(ILO)早在1958年就出版了供各国参考的《国际标准职业分类》，并于1968年、1988年和2008年进行了三次修订。美国、加拿大、英国、德国、澳大利亚、日本等发达国家也都制定了符合本国国情的职业分类体系，广泛运用于经济信息交流、人口统计、就业服务、职业培训等领域。我国的台湾及澳门自20世纪60年代以来，也根据各自不同经济时期的发展情况，建立了符合地区实际需要的职业分类体系。

1. 国际标准职业分类

《国际标准职业分类》(International Standard Classification of Occupations, ISCO)是国际劳工组织为给各国提供统一准则而制定的职业分类标准。早在1923年举办的第一届国际劳工统计学家会议上，人们就讨论了制定职业分类国际标准的需要，1949年这一项目正式启动。1958年《国际标准职业分类》第一版发行，之后又经1968年、1988年、2008年三次修订，形成了目前的最新版本——《国际标准职业分类(2008)》(简称ISCO-08)。

1958年发行的《国际标准职业分类》第一版就指出，ISCO的主要目的有三点：①便于各国统计数据的比较；②指导各国政府进行国家职业分类体系的修订；③为在国际背景下辨识某些特殊的地域性职业提供途径。几十年来，ISCO已成为世界各国制定和修订职业分类体系的蓝本，也为促进国际相关领域的交流做出了贡献[①]。

ISCO将职业区分为大类(major group)、小类(minor group)和细类(unit group)，自ISCO-88起，又在大类和小类之间增加了中类(sub-major group)，使分类更加细致完整。ISCO的前两版(ISCO-58和ISCO-68)对职业进行分类所依据的基本标准是该职业所要完成的工作类型(type of work performed)，这其中暗含着完成该工作须具备的技能。在ISCO-88和ISCO-08中，技能水平(skill level)和技能的专业程度(skill specialization)作为划分标准被明确提出并得到进一步的强调。

从1968年以来，国际劳工组织每20年会对《国际职业分类标准》进行一次修

---

① The ISCO website. http://www.ilo.org/public/english/bureau/stat/isco/intro.htm.

订。1988年进行修订时，在原有的专业技术人员层次和职员、技术工人层次之间增加了技术员及准专业人员职业层次，这一新的职业岗位群要求从业人员具有一定的实际操作能力和专业知识水平，通常需要高中后两到三年的职业教育来培养。[①]ISCO目前的最新版本是ISCO-08，于2007年12月在国际劳工组织召开的国际标准职业分类修订大会上通过，ISCO-08在维持ISCO-88的基本原则和主要框架的基础上，进行了一系列改变，这些改变一是鉴于各国在参照ISCO-88进行分类并投入实际应用时所获取的一些经验，二是基于世界范围内工作的最新发展[②]。

从表1-2中可以看出ISCO-08相比与ISCO-88大类的变化，以及中类、小类、细类数目的增加。总体而言，ISCO-08比前一版分类更加细化，其中，新增或更新的中类有：生产及专门服务管理人员，招待、零售及其他服务管理人员，工商管理专业人员，资讯及通信科技专业人员，法律、社会和文化专业人员，商业及行政专业助理人员，法律、社会、文化及有关专业助理人员，资讯及通信技术人员，数字和材料记录文员，个人护理工作者，电气和电子行业工人，食品加工、木材加工、服装及其他工艺和相关行业工人，清洁工及佣工，食品制作助理人员，垃圾工人和其他基层劳工，有军衔的军队士官，无军衔的军队士官，其他军阶的军人。

表1-2 ISCO-08与ISCO-88的比较

类别	ISCO-08	ISCO-88
大类	1. 管理者 2. 专业人员 3. 技术人员和专业人员助理 4. 办事员 5. 服务人员及销售人员 6. 农业、林业和渔业技术员 7. 工艺及有关人员 8. 机械机床操作员和装配工 9. 非技术工人 0. 军人	1. 立法者、高级官员和管理者 2. 专业人员 3. 技术人员和专业人员助理 4. 办事员 5. 服务人员及商店和市场销售人员 6. 农业和渔业技术员 7. 工艺及有关人员 8. 机械机床操作员和装配工 9. 非技术工人 0. 军人
中类	43	28
小类	125	116
细类	436	390

此外，从跟以往各版本的比较中可以发现，ISCO-08中很多更新的内容可能是对ISCO-88在应用中所产生问题的补救，这体现在ISCO-68中一些被ISCO-88废除的类别又重新出现在ISCO-08上，例如，重新将店主从其他的管理者中分离出来，以及重新引入自行车修理员、炊事助理等。

---

① 韩民. 构建现代职教体系，从何处发力[N]. 中国教育报，2012-3-21(5).
② The ISCO website. http://www.ilo.org/public/english/bureau/stat/isco/intro.htm.

2．美国职业分类

美国是较早建立职业分类系统的国家之一，早在 1850 年，美国就模仿标准行业分类系统（Standard Industrial Classification，SIC），建立了包括 322 种职业的分类系统。到了 20 世纪中期，社会迅速发展，原有的分类系统已不能适应新世纪服务型职业和高科技职业的发展要求，因此美国便成立了标准职业分类修订政策委员会（Standard Occupational Classification Revision Policy Committee，SOC Committee）来对原有的 SOC80 进行重新修订[①]，于是 SOC2000 应运而生，SOC2000 还通过职业代码与美国 O*NET（Occupational Information Network）等职业数据库相联系，适应了时代发展的需求。

进入 21 世纪以来，由于经济和科学技术的快速发展，许多新兴职业相继出现，于是美国从 2005 年起又再一次对职业分类系统进行修订，最终产生了美国现行的职业分类系统，即 SOC2010。

SOC2010 与 SOC2000 相比，在中类、小类、细类上均有所变化，SOC2010 增加了 24 种新职业，其中，做出了较多变化和补充的是信息技术职业，健康护理职业，印刷和人力资源行业[②]，具体比较如表 1-3、表 1-4 所示。

表 1-3　美国 SOC2000 和 SOC2010 职业分类体系比较（一）

大类	SOC2000 中类	SOC2000 小类	SOC2000 细类	SOC2010 中类	SOC2010 小类	SOC2010 细类
1. 管理类职业	4	27	34	4	30*	34
2. 商业与金融运作职业	2	20	30	2	23*	32*
3. 计算机与数学类职业	2	14	16	2	11*	19*
4. 建筑和工程类行业	3	21	35	3	21	35
5. 生命、自然、社会科学职业	4	23	44	4	23	43*
6. 社区和社会服务行业	2	6	17	2	6	18*
7. 法律行业	2	4	9	2	4	9
8. 教育、培训、图书馆相关职业	5	26	61	5	26	63*
9. 艺术、设计、娱乐、体育和传媒行业	4	16	41	4	16	41
10. 保健专业技术类职业	3	23	53	3	27*	61*
11. 保健支持类职业	3	5	15	3	5	17*
12. 社会保护服务类职业	4	14	21	4	11*	18*
13. 食品加工和餐饮相关职业	4	11	18	4	11	18
14. 建筑物和地面清理与维护类职业	3	4	10	3	4	10
15. 个人护理和服务行业	7	20	34	8*	20	33*
16. 销售及相关职业	5	15	22	5	15	22
17. 办公及行政支持类职业	7	48	55	7	49	56*

---

① 李文东，时勘. 美国国家标准职业分类系统的发展概况及对我国的启示[J]. 中国软科学，2006(2)：82-88.
② The SOC website. http：//www.bls.gov/soc/soc_2010_whats_new.pdf.

续表

大类	SOC2000 中类	SOC2000 小类	SOC2000 细类	SOC2010 中类	SOC2010 小类	SOC2010 细类
18. 农业、渔业和林业职业	4	9	16	4	9	15*
19. 营建及钻探类职业	5	37	59	5	38*	60*
20. 安装、维护和维修职业	4	17	51	4	19*	52*
21. 生产类职业	9	51	110	9	50*	108*
22. 运输及物流类职业	7	35	50	7	37*	52
23. 军事类特定职业	3	3	20	3	3	20
合计	96	449	821	97	458	816

*表示相较旧版所更改的地方

表1-4 美国SOC2000和SOC2010职业分类体系比较(二)

SOC2010 改变的类型			SOC2010 和 SOC2000 相比较	
编码改变	名称有变化	定义有变化	数量	百分比/%
无	无	无	359	42.74
无	无	有	356	42.38
无	有	有	44	5.24
有	有	有	42	5.00
无	有	无	21	2.50
有	无	有	11	1.31
有	无	无	7	0.83
有	有	无	0	0.00
总计			840	100.00

注：SCO2010中，在453个对职业定义的修订中，392个用来解释技术的变革，其余61个修改的职业定义属于职业范围，并且这些改变在字里行间中都有所显示

资料来源：http://www.bls.gov/soc/soc_2010_whats_new.pdf

3. 加拿大职业分类

1981年，加拿大人力资源及技能发展部(HRSDC)出版了《加拿大职业分类词典》(CCDO)，由此开始创建了加拿大的职业分类体系。

CCDO主要参考了美国劳工部颁发的职业分类词典(Dictionary of Occupational Titles，DOT)，DOT注重行业划分，所以忽视了同一行业中由于技能水平的差异而造成的职业差异，于是从1988年开始，加拿大移民就业局组织专家对其进行了修订，形成了NOC(National Occupational Classification)职业分类系统，经过多次修订，现行的版本为NOC-S2006。

NOC中用1~9自然数表示九大行业：①金融、行政事务；②自然科学、应用科学；③医疗保健；④社会科学、教育、政府部门、宗教；⑤艺术、文化、体育；⑥产品销售与服务；⑦手工艺、交通设备操作及相关行业；⑧基础工业；⑨生产加

工业与公用事业。NOC 同时用 0 和 A、B、C、D 表示技能水平：0 表示管理层不分技能水平的高低；A、B、C、D 表示技术层的技能水平。在商业、金融和医疗保健行业，技术层的技能水平为 A、B、C 三级；在教育、艺术、文化、体育等行业，技术层的技能水平为 B、C、D 三级[①]。

加拿大的职业分类系统有 NOC、NOC-S2001、NOC-S2006 三个不同的版本，NOC-S2006 与 NOC-S2001 相比，结构上基本相同，只在部分内容和名称上有所调整，同时增加了部分新职业。下文主要比较 NOC-S2006 和 NOC。根据 9 个行业和管理层来划分，NOC-S2006 和 NOC 的大类、中类、小类数量见表 1-5。

表 1-5　NOC-S2006 与 NOC 的比较（一）

类别	NOC-S2006	NOC
大类	47	26
中类	141	140
小类	520	520

具体而言，NOC-S2006 相较 NOC 的改变如表 1-6 所示。

表 1-6　NOC-S2006 与 NOC 的比较（二）

类别	改变
管理类职业	由 2 个分类增加到 4 个分类，分类更加细化，增加了管理专家和贸易零售、食品和食宿服务的管理者这两项分类
商业、金融业和行政管理行业	由 3 个分类增加到 6 个分类，增加了金融和保险管理工作、秘书、监督人员、办事员职业，另外，行政及业务技能行业改为行政和管理职业
自然科学与应用科学及相关行业	此类无改动
卫生类职业	由 3 个分类增加到 4 个分类，增加了主管护士和注册护士这一分类
社会科学、教育、政府服务及宗教领域的职业	由 2 个分类增加到 3 个分类，增加了教师和教授分类，并且各分类的定义更为具体化，例如，社会科学、教育、政府服务及宗教领域的专业性职业，改为法官、律师、心理学家、社会工作者、宗教部长，以及政策和方案制定人员
艺术、文化、娱乐和体育行业	此类基本无改动，仅将对职业的熟练要求改为了技术性的要求
销售及服务行业	由 3 个分类增加到 10 个分类，并且各分类的定义更为具体化，将 NOC 中的初级、中级、熟练要求细分为了 10 种具体的职业分类
贸易、运输和设备操作及相关行业	由 3 个分类增加到 9 个分类，同时，各分类的表述更加具体，例如，增加了固定工程师、电站运营商等较具体的职业分类
第一产业中的特有职业	由 3 个分类增加到 4 个分类，将原 NOC 中的劳动者、中级、熟练具体为：除农民之外的农业中的独特职业，除劳动者之外的森林作业、采矿、石油、天然气开采和渔业中的独特职业，初级生产工
加工制造和公用事业中的特有职业	由 3 个分类增加到 4 个分类，此类基本一致，但 NOC-S2006 在 NOC 的基础上表述更为精准、简洁，例如，加工和制造机械设备操作工及组装工改为了制造业中的装配工

---

① 张斌. 加拿大职业分类简介[J]. 中国培训，1995(9)：53-54.

4．新加坡职业分类

新加坡职业分类(Singapore Standard Occupational Classification，SSOC)是由新加坡统计局推出的国家职业分类体系，至今已更新至第六版。

SSOC 依据的基本原则是所要完成工作的主要类型，主要工作任务相同的人员从事同一类型工作，应被划入相同的职业群。用来定义众多工作种类的基本概念是技能，技能是指完成一项工作的任务和职责所需的能力。与 ISCO 一样，SSOC 将技能定义为两个维度：技能水平和技能的专业程度。

技能水平根据应受教育层次的不同划分为 4 个等级：①1 级，接受初等教育或未接受教育；②2 级，接受中等或中等后教育；③3 级，接受过比前面更高等级的教育但不等同于大学教育；④4 级，接受过比前面更高等级的教育，等同于本科或研究生教育[①]。依据四级技能水平，SSOC 中的大类进行如下划分（表 1-7）。

表 1-7　SSOC 中大类的技能水平划分

大类	技能水平
立法者、高级官员和管理人员	—
专业人员	4 级技能水平
辅助专业人员和技术人员	3 级技能水平
职员	2 级技能水平
服务人员和商店与市场销售人员	
农业和水产业工人	
手艺(工艺)人和相关行业的工人	
设备与机械操作和装配工	
清洁工，劳工和相关行业的工人	1 级技能水平
未分类职业的从业者	—

2010 年 2 月，新加坡职业分类最新版本 SSOC2010 出版。SSOC2010 采用了 ISCO-08 的基本框架和原则，这次修订不仅配合了国际标准的变化，也反映出劳动力市场的发展，特别是新职业的出现[①]。

如表 1-8 所示，SSOC2010 与 SSOC2005 相比，在大类上基本没有变化，但中类和小类明显细化，并囊括了一批新兴职业。SSOC2010 较 SSOC2005 新增或更新的中类有：行政和商业管理者，生产及特别事务管理人，招待、零售及相关服务管理者，卫生技术人员，信息和通信技术的专业人员，保健辅助专业人员，信息与通信技术员，一般文员及打字员，数值和材料记录文员，个人服务工作人员，起居照

---

① The ISCO website. http://www.singstat.gov.sg/statsres/ssc/ssoc.html.

顾员，垃圾工人和其他基层劳工，电气和电子行业的工人，农业、渔业及相关劳工，食品制作和厨房助理，保安服务工作人员。

表 1-8 SSOC2010 与 SSOC2005 的比较

类别	SSOC2010	SSOC2005
大类	10	10
中类	43	32
小类	140	119
细类	400	317
职业	1122	999

(二)我国职业分类

我国自20世纪50年代以来，国家有关部门为满足国民经济发展、社会人口普查及劳动人事规划指导等方面的需求，根据国情开展了大量的职业分类调查研究工作，并制定了有关职业分类的标准与政策，在职业分类领域进行了成功的尝试和有益的探索。在此基础上，国家统计局、国家标准总局、国务院人口普查办公室于1982年3月公布了《职业分类标准》，供第三次全国人口普查使用，该标准是以在业人口所从事的工作性质的同一性进行分类的，将全国范围内的职业划分为大类、中类、小类三层，即大类8个、中类64个、小类301个。8个大类的排列顺序是：第一，各类专业、技术人员；第二，国家机关、党群组织、企事业单位的负责人；第三，办事人员和有关人员；第四，商业工作人员；第五，服务性工作人员，第六，农林牧渔劳动者；第七，生产工作、运输工作和部分体力劳动者；第八，不便分类的其他劳动者。在8个大类中，第一、第二大类主要是脑力劳动者，第三大类包括部分脑力劳动者和部分体力劳动者，第四至第七大类主要是体力劳动者，第八大类是不便分类的其他劳动者。此后我国于1986年颁布了《职业分类与代码》，1992年颁布了《中华人民共和国工种分类目录》，1999年颁布了《中华人民共和国职业分类大典》等，近几年又连续颁布了2005版、2006版和2007版《中华人民共和国职业分类大典(增补本)》。

针对社会经济快速发展、新职业不断出现的现状，2004年我国确立了新职业信息发布制度，自2004年新职业信息发布制度建立以来，截至2009年人力资源和社会保障部已向社会发布了12批共122个新职业信息。新职业的颁布产生采用国际通用的"职业分析法"，是对某一特定职业进行分析与研究，描述出每一个职业类别的内涵与外延，使从业者了解某个职业的活动领域和工作环境、工作范围、工作程序、工作对象和设备工具等与职业相关的各种要素，从而为企业与从业者提供明确的职业导向，有利于规范企业用工标准，指导从业人员的从业行为。

我国的职业分类结构包括4个层次，即大类、中类、小类和细类，依次体现由大到小的职业类别。细类(即职业)是我国职业分类结构中最基本的类别。1999年《中华人民共和国职业分类大典》的职业结构划分为8个大类、66个中类、413个小类和1838个细类(职业),除去起延续功能的其他职业,实际职业总量为1496个,分属国家机关、党群组织、企事业单位负责人,各类专业技术人员,办事人员及有关人员,商业及服务业人员,农、林、牧、渔、水利业生产人员,生产、运输人员及有关人员,军人,以及不便分类的其他人员8个大类。其中,除未分类的军人及不便分类的其他人员两大类之外,职业数量最多的是生产、运输人员及有关人员,共计1119个职业,占实际职业总量的74.8%;职业数量最少的是国家机关、党群组织、企事业单位负责人,共计25个职业,占实际职业总量的1.67%。

从我国现有职业结构看,职业的分布具有三个突出特点:①技术型与技能型职业占主导,实际职业总量74.8%的职业分布在生产、运输人员及有关人员大类,这一大类的职业分属我国工业生产的各个主要领域,从这类职业的工作主要内容分析,其特点是以技术型和技能型操作为主;②第三产业职业比例较小,三大产业中的职业分布以第二产业的职业比例最大,广义的第三产业的职业仅占实际职业总量的10%左右;③知识型与高新技术型职业过少,现有职业结构中,属于知识型与高技术型的职业数量不足实际职业总量的3%,即使考虑到受保密因素等影响,这一比例仍然很低[①]。随着社会经济的发展,第二、第三产业的职业和高新技术职业不断增多。《中华人民共和国职业分类大典(2005增补本)》增补了77个新职业,这些新职业涉及第一、第二、第三产业,主要集中在现代制造业和现代服务业,以管理、策划、创意、设计、分析、制作和健康、环境管理居多,对从业人员的理论知识和实际职业能力都有较强要求,多属于高技能人才中的知识技能型。

与国际和世界其他国家标准职业分类相比,我国的职业分类系统在分类标准方面还存在一定缺陷。我国的职业分类系统以工作性质的同一性为基本原则,在各层级的分类标准是不统一的,其中,大类根据工作性质的同一性划分;中类根据职业活动涉及的知识领域、使用的工具设备、采用的技术方法及提供产品和服务的种类划分;小类根据从业者的工作环境、工作条件和技术性质进行划分;细类根据工作对象、工艺技术和操作方法等的同一性划分。[②]

第三节 社会职业发展变化的趋势

职业是人类社会的基础。在人类250万年的历史中,直到最近一万年内才出现

[①] 张元. 我国现代职业分类[J]. 教育与职业, 2000(1):44-45.
[②] 国家职业分类大典和职业资格工作委员会. 中华人民共和国职业分类大典[M]. 北京:中国劳动社会保障出版社, 1999:2-13.

了职业分工和职业活动，使人类的生存发展状况发生了根本变化。250年前工业化、市场化的兴起，借助更大规模的职业分工和职业活动，把人类社会推向了新的高度。我国是世界上最早出现职业和职业活动的国家之一，2500年前就有关于当时的职业和职业活动的记载，《穀梁传》写道："古者有四民，有士民，有商民，有农民，有工民。"随着科技进步和社会的发展，职业的演变越来越多，也越来越复杂，但总体上看，具有以下一些趋势或规律。

一、分工理论与职业细化

职业是社会分工的结果，社会分工是职业产生的基础，社会分工的发展决定和制约着职业的发展和变化。正如马克思所言："到目前为止，一切生产的基本形式都是分工"[①]。马克思、恩格斯在《德意志意识形态》中指出："一个民族的生产力发展水平，最明显地表现于该民族分工的发展程度。任何新的生产力，只要它不是已知的生产力单纯的量的扩大（例如开垦新的土地），都会引起分工的进一步发展。"

分工理论是古典经济学家亚当·斯密提出的，他在《国富论》的开篇就分析了劳动分工，指出"分工是国民财富增进的源泉"。他认为一国国民财富积累首要的也是最重要的原因是劳动生产率的提高，而劳动生产率的最大提高则是分工的结果。他认为"劳动生产力上最大的改进，以及运用劳动时所表现的更大的熟练、技巧和判断力，似乎都是劳动分工的结果"。亚当·斯密也给出了分工提高生产率的经典解释：第一，劳动者的技巧因业专而日进；第二，节省了从一种工作转向另一种工作通常所丧失的时间；第三，发明了很多的机器，便利和简化了劳动，使一个人能干许多人的活。马克思曾精辟地分析了分工提高生产效率的方式：在分工条件下，每一个工人终身从事某一种简单操作，从而成为"局部工人"，他花在这一操作上的时间，比循序地进行整个系列操作的手工业者要少；分工使生产过程具有很强的连续性、计划性、规划性和劳动强度；分工使局部工人终身从事某种固定操作，有助于操作经验的积累和劳动方法的完善，以及劳动效率的提高。可见，社会分工的优势就是让擅长的人做自己擅长的事情，使平均社会劳动时间大大缩短。

亚当·斯密以别针工厂为例说明分工可以使效率大幅度提高，他指出，一个工人在没有受过业务训练并且不熟悉机器操作的情况下，一天或许一枚别针也造不出来（最多也不会超过20枚别针），而将整个工作分成若干工序，安排不同人负责其中一个工序，效率则会提高许多。具体做法就是按整个制作业务分成抽丝、拉直、切断、削尖、打磨、安装针帽、刷白、包装等18道不同工序，一个人负责其中一项或

[①] 中央编译局. 马克思恩格斯选集（第一卷）[M]. 北京：人民出版社，1995：68.

者两三项,这样可以将一天的产量提高到每人4800枚。也就是说,如果工人独自工作完成全部工序,无法完成他们适当分工之后所做工作量的1/240。[1]

从亚当·斯密列举的事例可以看出,所谓分工就是两个或两个以上的个人或组织将原来一个人或组织所承担的生产活动中所包含的不同职能操作分开进行[2]。由于分工使社会职业从一个发展成多个,生产的效率提高了240倍。

正是由于分工的巨大作用,在一定意义上可以说劳动分工及其不断发展是整个社会文明的历史缩影,人类社会发展的过程就是社会不断分工的过程,不仅过去如此,将来也同样。马克思曾指出:"机器生产用相对少量的工人所提供的原料、半成品、工具等等的数量日益增加了,与此相适应,对这些原料和半成品的加工就越分越细,因而社会生产部门也就越来越多样化[3]。马克思把分工分为三类,他指出:"单就劳动本身来说,可以把社会生产分为农业、工业等大类,叫作一般分工,把这些大类分为种和亚种,叫作特殊分工;把工场内部的分工,叫作个别的分工。"[4]英文版《职业名称词典》第三版(1965年)列出21 741个岗位,比第二版(1949年)增加6432个,第四版(1977年)又比第三版增加2100个岗位,但第三版中有3500个职业岗位在第四版中被淘汰。[5]

二、合工理论与职业技术综合化

工业革命产生后,在亚当·斯密的分工理论指导下,泰勒提出了科学管理理论,美国福特汽车公司在泰勒的指导下发明了流水线作业,极大地改善了企业管理,促进了企业专业化和职能化管理,较大幅度地提高了劳动生产率,极大地促进了人类步入工业经济时代。工业经济时代企业生产的特点表现为大规模、标准化,企业的生产技术表现为品种单一、批量大、设备专用、工艺稳定、效率高。但是,随着人类社会工业经济时代的结束和信息时代的到来,合工理论的负面效应日益显露出来。从人们的需求来看,现代社会产品较工业时代大为丰富,随着生活水平的提高,人们开始追求产品的多样化和个性化。首先,多品种、小批量的社会需求,使得大规模生产的设备专用性降低,在加工形式相似的情况下,频繁地调整工装夹具,使工艺稳定难度增大,生产效率受到极大影响,因此,企业普遍面临着大批量生产模式与快速变化的市场多元化需求之间的矛盾。其次,从管理组织来看,大规模生产采用的科层组织,片面强调分工精细和专业化,使得企业的整体协调作业过程和对过程的监控成本越来越高;同时,科层组织管理容易出现官僚主义,延长了决策时间,反映不灵活,信息沟通失灵,结果致使企业整体效率低下。再次,从企业员工来看,

---

[1] 亚当·斯密. 国民财富的性质和原因的研究[M]. 郭大力,王亚南,译. 北京:商务印书馆,1972:7.
[2] 盛洪. 分工与交易[M]. 上海:三联书店,1994:31-34.
[3] 马克思. 资本论(第一卷)[M]. 北京:人民出版社,1975:487.
[4] 中央编译局. 马克思恩格斯全集(第二十三卷)[M]. 北京:人民出版社,1972:389.
[5] 谢文静,卿中全. 对高职教育专业设置的理论探讨[J]. 职教论坛,2004(10):24-25.

泰勒科学管理理论指导下的大规模生产，一方面把人分成上下级等级制的劳动分工造成的激励问题，使通过劳动过程的科学化管理来提高劳动生产率日益困难；另一方面，高度分工使劳动走向异化，分工使劳动者的生产活动越来越集中于较小的范围，使生产活动变得越来越单调和沉闷，使人的积极性、主动性得不到充分发挥，容易影响人的身心健康，以至于走向了分工与协作原则初始动机的反面。"分工使人发展了某些技能，但同时使他丧失了其他方面的技能，使他成为一个片面发展的人。在工场手工业的分工中，他是一个局部工人，在大机器工业中，他是一个机器的附庸"[①]。

随着科学技术的发展，尤其是自动化和信息技术的快速发展，柔性自动化生产技术应运而生，在保证产品质量的前提下，缩短产品生产周期，降低产品成本，最终使中小批量生产能与大批量生产抗衡。柔性自动化生产技术简称柔性制造技术，它以工艺设计为先导，以数控技术为核心，是自动化地完成企业多品种、多批量的加工、制造、装配、检测等过程的先进生产技术。从整个生产过程来看，加工、检测、物流、装配过程之间，设计、材料应用、加工制造之间，其界限均逐渐淡化，逐步走向一体化，这种趋势表现为生产上专业车间的概念逐渐淡化，将多种不同专业的技术集成在一台设备、一条生产线、一个工段或车间里的生产方式逐渐增多，例如，复合功能的数控机床就是指在一台机床上能完成车、铣、钻、镗、攻丝、铰孔和扩孔等多种操作工序。[②]柔性生产是全面的，其不仅包括设备的柔性，还包括管理、人员和软件的综合柔性，出现了一系列基于柔性生产模式的先进制造技术与管理方法，如精益生产(LP)、灵捷制造(AM)、高效快速重组(LAF)生产系统等。在传统的制造技术和方法中，由于严格细致地按部门、专业进行分工，因此人们的工作一般是独立进行的，而在先进制造技术环境中，企业的研发、工艺、制造、维修、市场等各部门已通过计算机网络集成，为了提高企业的响应速度，很多任务和项目都是由团队工作方式完成。员工不仅需要具备操作机器等传统技能，而且要掌握编制、调整计算机程序等新的技能，因此，员工具备高技能和多技能成了先进制造技术应用企业的显著特征。[③]

合工理论是国内学者为了与分工理论相对应而提出的，在国外往往称为企业流程重组或再造(BPR)。与分工理论相比，合工理论显示出其强大的优势，即借助信息技术，以重整企业业务流程为突破口，将原先被分割得支离破碎的业务流程再合理地"组装"回去，将几道工序合并，归一人完成，也可将分别负责不同工序的人员组合成工作小组或团队，以利于共享信息、简化交接手续、缩短时间。另外，减少管理层次，提高管理幅度，建立扁平化的组织结构，从而打破官僚体制，减少了

---

① 马克思. 资本论(第一卷)[M]. 北京：人民出版社，1975：378.
② 姚福生. 先进制造技术发展趋势[J]. 机械制造与制动化，2004(3)：1-6.
③ 梁占东，田也壮. 先进制造技术对组织结构和人力资源管理影响的实证研究[J]. 哈尔滨工业大学学报(社会科学版)，2007(6)：123-128.

审核与监督程序，降低了管理成本，减少了内部冲突，增加了组织的凝聚力，大大调动了员工的积极性，促进了员工的个人发展。与此相应，企业岗位具有综合性，员工需具备多种知识和综合技能。

三、三次产业的演进与职业结构变化

职业结构分狭义和广义两种。狭义的职业结构是指社会劳动力在各种职业之间分布的数量、比例及相互之间的关系。广义的职业结构除了狭义的职业结构所包含的内容外，还包括各职业中劳动者的教育构成、产业分布、空间分布等，它可以反映具有不同技术知识、技能的劳动者在不同职业、不同产业、不同行业、不同地区的分布数量及比例关系。随着产业结构的变化，各职业劳动力在第一、第二、第三产业中的分布数量也在不断变化。英国经济学家科林·克拉克利用澳大利亚经济学家费希尔提出的三次产业分类法，总结了产业结构随着经济发展而变化的规律，随着经济发展即人均国民收入水平的提高，劳动力首先从第一产业向第二产业转移，当人均国民收入水平进一步提高时，劳动力便向第三产业转移，由此使劳动力在各次产业间的分配形成这样的状况：第一产业减少，第二产业和第三产业逐渐增加。这是因为随着经济发展，各次产业间出现了收入（附加值）的相对差异，由于存在这种差异，才促使劳动力由较低收入的产业向较高收入的产业流动。美国经济学家西蒙·库兹涅茨继承了科林·克拉克的理论成果，进一步搜集和归纳了20多个国家的数据，从国民收入和劳动力在三次产业间的分布方面考察了产业结构的变化与经济增长。西蒙·库兹涅茨的研究进一步表明，人均国民收入水平越低的国家，农业劳动力所占的相对比例越大，而第二、第三产业劳动力所占相对比例越小；反之，人均国民收入水平越高的国家，农业劳动力所占的相对比例越小，而第二、第三产业劳动力所占相对比例就越大。随着经济发展水平的提高，农业部门在整个国民收入中的比例同农业劳动力在全部劳动力中的比例一样，均处于不断下降之中；工业部门的国民收入比例，总体上是上升的，但工业部门的劳动力比例则大体不变或略微上升；服务部门的劳动力比例基本上是上升的，但其国民收入比例的上升与劳动力比例的上升并不保持速度上的同步。我国第一、第二、第三产业的增加值结构从1978年的27.9∶47.9∶24.2发展为2017年的7.9∶40.5∶51.6，三次产业的增加值结构从"二、一、三"发展为"三、二、一"；与此相对应，三次产业的就业结构从70.5∶17.3∶12.2转变为27.0∶28.1∶44.9，就业结构从"一、二、三"发展为"三、二、一"。美国和日本的劳动力就业结构也充分反映了这一规律（表1-9和表1-10）[1]。

---

[1] 马瑞辉. 产业—职业结构演变的比较研究：美国、日本、德国和中国[D]. 杭州：浙江大学硕士学位论文，2004：57.

表 1-9 1920～2000 年美国就业结构比例 单位：%

三次产业		1920年	1930年	1940年	1950年	1960年	1970年	1980年	1985年	1990年	1991年	2000年
第一产业		28.9	25.4	21.3	14.4	8.1	4.5	4.5	4.0	3.5	3.5	2.9
第二产业		32.7	31.4	29.7	33.9	35.8	32.8	29.8	27.2	25.5	24.7	22.6
第三产业	分配性服务业	18.7	19.6	20.4	22.4	21.9	22.3	21.0	20.9	20.6	20.6	21.0
	生产性服务业	2.8	3.2	4.6	4.8	6.6	8.5	10.5	12.7	14.0	14.0	15.7
	社会服务业	8.7	9.2	10.0	12.4	16.3	21.9	23.7	23.5	24.9	25.5	26.1
	个人服务业	8.2	11.2	14.0	12.1	11.3	10.0	10.5	11.7	11.5	11.9	11.7

表 1-10 1920～2000 年日本就业结构比例 单位：%

三次产业		1920年	1930年	1940年	1950年	1960年	1970年	1980年	1985年	1990年	2000年
第一产业		56.6	50.9	46.3	50.4	34.1	19.6	11.2	9.5	7.2	5.4
第二产业		19.6	19.8	25.0	21.0	28.5	34.2	33.7	33.5	33.7	31.2
第三产业	分配性服务业	12.4	15.6	15.2	14.6	18.6	22.5	25.1	24.8	24.3	24.2
	生产性服务业	0.8	0.9	1.2	1.5	2.9	5.1	7.5	8.6	9.6	11.0
	社会服务业	4.9	5.5	6.0	7.2	8.3	10.1	12.9	13.5	14.3	16.9
	个人服务业	5.7	7.3	6.3	5.3	7.6	8.5	9.6	10.1	10.2	11.3

四、产业结构调整与职业内涵演化

随着技术的进步和人民生活水平的提高，产业的发展不仅表现为数量的增长，更重要的表现为结构的不断调整和优化，因此，社会职业构成和职业活动也相应变化，职业的更替速度明显加快，技能含量明显提高。社会职业更替包括以下几个方面。一是新职业产生，一些职业开始逐渐消亡。科技的迅猛发展，导致产业结构不断调整，一些新型产业兴起，必然创造出新的职业，如近年来我国信息产业、管理咨询业和社会服务业涌现了大量新职业。同时，由于新产业的兴起，某些旧产业将日趋萎缩甚至被完全取代，像磨刀修剪、锔锅补碗，还有无线寻呼员、铅字打字排版工、票证管理员等职业正逐步消失。在 1992 年的《中华人民共和国工种分类目录》中，新闻出版业还有铸排工、铸字工、活版辅助工、手动照相排版工、刻铅字工等工种，随着激光照排技术的发展，这些职业已经消失。二是由于新技术和新产品的出现，虽然某个职业还存在，但处于萎缩状态，例如，汽车的普及，使修理自行车的人员逐渐减少；电子打火机的产生，使生产火柴的工人减少；超市的产生，使设摊摆点的小商贩减少等。三是一些职业越来越变成人们的基本技能，例如，随着城乡居民生活质量的提高，数码相机、摄像机等悄然进入寻常百姓家庭，专门从事摄影的人员有所减少；随着电脑在家庭和机关单位的普及，打字员越来越少。四是许多职业都随着技术进步而发生了一些调整和变化，其职业名称，尤其是内涵发生了变化，必然对从业人员的素质结构和技术技能水平提出新的、更高的要求，例如，原先在其他家庭帮忙干活的保姆，如今升级为更专业的家政服务员；传统的守夜打更人员升级为专业化的保安人员；传统的绘图员转化为使用计算机的电子绘图员；传统的理发员转化为形象设计师；仓库管理人员转化为物流配送师等。五是职业综合化，例如，在制造业中随着数字控制技术的不断应用，金属切削工艺不断革新，导致机械加工从业人员的工作内容发生了重要变化，传统的车、钳、铣、磨、刨工等横向分工，以及设计员、工艺员、操作员(即技工)等纵向分工，都逐步被现代控制技术所消弭，产生出数控加工中心技工技师和工程师等。

随着信息技术的发展，自20世纪80年代以来，全球经济开始呈现出从"工业型经济"向"服务型经济"转型的总趋势，产业发展则呈现出第三产业化的新趋势。在三大产业结构高级化、第三产业比例增高的同时，第三产业内部结构也呈现出高级化的发展趋势，随着第三产业在国民经济中比例的提高，一是流通部门在第三产业中的比例降低，生活服务和生产服务部门比例提高；二是现代服务业相对地位上升，而传统服务业相对地位下降。我国未来大量的新职业将会在第三产业产生，既可能是全新的社会群体性工作，也可能是那些由于技术更新、原有的职业内涵发生了较大变化而从业方式也发生了质的变化的更新职业。从近年来我国公布的9批新职业来看，创意设计类的职业较多，如形象设计师、景观设计师、会展策划师、地毯设计师、家具设计师、房地产策划师等。另外，顾问类、科技类、保健类等职业也不断增加。

五、技术进步与职业层次高级化

职业层次是指在同一种职业或职业类型内部，由于工作活动及其对人员要求的不同而造成的区别。一般按工作所要求的技能和责任心的程度把职业或工作划分为6种层次。

1) **非技能性工作**：这种层次的工作简单、普通，不要求独立的决策和创造力。

2) **半技能性工作**：要求在有限的工作范围里具有一些最低程度的技能和知识，或具备一种高程度的操作技能。

3) **技能性工作**：具备熟练的技能、专门知识和判断力，能完成所分配的工作。

4) **半专业性和管理性工作**：指要求有一定的专门知识或判断力的脑力工作，对他人有低程度的责任。

5) **专业的工作**：要求大量的知识和判断力，具有一定的责任和自主权。

6) **高级专业性和管理性工作**：要求具有高水平的知识、智力和自主性，承担更多的决策和监督他人的责任。

决定一个人的职业层次的因素应该是他的能力水平，通常用一个人的受教育程度或培训水平来代表他所达到的相应的能力水平。因而，不同层次的工作要求不同的受教育程度或培训水平，一个人的知识水平在相当程度上决定了其所要从事的职业层次。

随着科学技术的不断进步，尤其是人类正在步入知识经济社会，职业层次在不断提高。自动化一方面减少了工作计划，由装备先进电脑和软件的数控机器人引领我们进入一个要求递减工人的体系，特别是重复的数字类工作；另一方面，提供了一些要求高技能的工作。随着技术变革的加速，工作机会将持续从体力产业转向知识产业，知识工作者将持续在劳动力中占主导地位，许多类型的工作将以他们为核心，知识型工作者的数量将比蓝领工人多。40年前，制造业中30%的支出用于劳动力开销，如今已下降为12%~15%。在自动化生产中，劳动力最为密集的能源产业，以及需要花费劳动力的最先进的公产机构劳动力开销已不到20%。[①]

以美国为例，在农业社会向工业化社会和信息化社会转型的过程中，其职业结构变迁的一个基本趋势是体力劳动职业大幅度减少，非体力劳动职业大幅度增加。1870年美国职业结构中农场主和农业工人的比例是53%，到1900年这一比例就下降到了37.5%，1980年下降到2.8%，1995年进一步下降到1.9%。1950年左右，操作工成为单一职业中人数最多的职业类型，所占比例达到20.4%，此后尽管制造业仍在稳步发展，但操作工的比例开始下降。在农业工人持续减少、非农业蓝领工人剧增又逐渐下降的过程中，白领雇员逐渐增加。到1980年白领雇员占全部劳动力的1/2以上。专业人员、技术人员、公务员等职业都在大幅度增加，1870~1980年，推销员和公务员的比例从4%增加到18.6%。[②]如表1-11和表1-12所示，日本和美国各职业雇员构成反映了同样的变化趋势[③]。

中国社会科学院组织专家学者对中国近年来社会结构变化的研究表明，1978年以来，中国职业结构逐渐呈现高级化的变化。2000年同1992年相比，在职业结构的总量中，低层职业（生产工人和农业劳动者）的比例下降了8.17个百分点，而中层职业的比例则增加了7.2个百分点。[④]

表1-11　1955~1999年日本各职业雇员构成百分比　　　　　单位：%

职业	1955年	1960年	1965年	1970年	1975年	1980年	1985年	1990年	1999年
经理人员	2.2	2.1	2.8	2.6	4.0	4.0	3.6	3.8	3.3
专业人员	4.6	5.0	5.0	5.8	7.0	7.9	9.3	11.1	13.2
技师	—	—	—	—	—	—	—	—	—
销售员	13.3	13.4	13.0	13.0	14.2	14.4	14.9	15.1	14.3
文书人员	9.0	11.2	13.4	14.8	15.7	16.7	17.7	18.6	19.8
技工和操作员	27.0	29.5	31.4	34.2	33.3	33.1	33.2	31.8	30.2
半技术服务工	5.4	6.7	7.5	7.6	8.8	9.1	8.7	8.6	10.4
半技术运输工	1.7	2.3	3.7	4.6	4.5	4.5	3.9	3.7	3.5
农场工人及管理人员	36.7	29.8	23.1	17.3	12.5	10.3	8.7	7.2	5.2

---

① 姚福生. 先进制造技术发展趋势[J]. 机械制造与自动化, 2004(3)：1-6
② 丹尼尔·吉尔伯特, 约瑟夫·A·卡尔. 美国的阶级结构[M]. 彭华民, 译. 北京：中国社会科学出版社, 1992：8.
③ 马瑞辉. 产业—职业结构演变的比较研究：美国、日本、德国和中国[D]. 杭州：浙江大学硕士学位论文, 2004：58.
④ 本报记者. 中国职业结构渐趋高级化[N]. 扬子晚报, 2004-07-30(4).

表 1-12 1960～2000 年美国各职业雇员构成百分比   单位：%

职业	1960年	1970年	1980年	1985年	1990年	1991年	2000年
经理人员	11.1	10.5	11.2	11.4	12.6	12.8	14.6
专业人员	11.8	14.2	16.1	12.7	13.4	13.7	15.6
技师	—	—	—	3.0	3.3	3.2	3.2
销售员	7.3	6.2	6.3	11.8	12.0	11.9	12.1
文书人员	14.8	17.4	18.6	16.2	15.8	15.7	13.8
技工和操作员	30.2	32.2	28.2	23.9	22.5	21.8	20.4
半技术服务工	13.0	12.4	13.3	13.5	13.4	13.7	13.5
半技术运输工	4.9	3.2	3.6	4.3	4.1	4.2	4.1
农场工人及管理人员	7.0	4.0	2.8	3.2	2.9	3.0	2.5

六、产业特性与各产业的职业数量变化

由于不同产业的产业属性不同，因此各产业职业分工的程度不同。从历史来看，许多产业发展的最初形态都源于家庭，随着社会经济的发展，大多数产业逐渐走出了家庭，而农业却仍然以家庭经营为主。从世界农业最发达的美国来看，2002 年家庭经营的农场占 89.7%，农业具有适合家庭经营的特点。从早期的手工业部门到近代的机器大工业，再到现在的信息化产业，工业部门不易受自然条件约束的特点决定了工业可以首先实行分工与专业化。相反，农业由于受自然条件、动植物生命周期和早期落后技术的限制，难以实现分工和专业化。亚当·斯密指出："在进步的社会中，农民一般只是农民，制造者只是制造者。而且，生产一种完全制造品所必要的劳动，也往往分由许多劳动者担任。试以麻织业和毛织业为例，从亚麻及羊毛的生产到麻布的漂白和烫平或呢绒的染色和最后一道加工，各部门所使用的不同技艺是那么多啊！农业由于它的性质，不能有像制造业那样细密的分工，各种工作，不能像制造业那样判然分立。木匠的职业与铁匠的职业，通常是截然分开的，但畜牧者的业务与种稻者的业务，不能像前者那样完全分开。纺工和织工，几乎都是个别的两个人，但锄耕、耙掘、播种和收割，却常由一人兼任。农业上种种劳动，随季节推移而巡回，要指定一个人只从事一种劳动，事实上绝不可能。所以，农业上劳动生产力的增进，总跟不上制造业上劳动生产力的增进的主要原因，也许就是农业不能采用完全的分工制度。现在最富裕的国家，固然在农业和制造业上都优于邻国，但制造业方面的优越程度，必定大于农业方面的优越程度。"[①]虽然由于受时代局限性的影响，亚当·斯密的上述论述并不完全与现实相符，但现实中各产业分工程度的差异却是普遍存在的。当然，除了产业自身的特性外，各产业的技术进步快慢和市场范围等也是影响产业分工程度的重要因素。一般来说，一个产业分工程度越

---

① 亚当·斯密. 国民财富的性质和原因的研究[M]. 杨敬年, 译. 陕西: 陕西人民出版社, 2006: 5.

高，其职业种类和数量越多；分工程度越低，其职业种类和数量越少。

职业演变是一个复杂的问题，影响因素也是多方面的，不止上文分析的几种演变趋势，它的变化是多因素共同作用的结果，其中，科学技术进步是决定因素。

第四节 职业分类与专业设置

社会职业分类与变化不仅制约职业教育的专业种类和专业结构，也影响着职业教育的专业口径和专业覆盖面。[①]

一、社会职业分类决定职业教育的专业种类和专业结构

由于职业教育是根据社会需求来培养各种技术技能人才，专业必须依据社会职业的需要来设置，否则职业教育就失去了存在的价值。虽然职业教育专业不可能与社会职业一一对应，但至少是一个专业设置可以覆盖若干性质相近的职业。发达国家职业教育的专业划分大多是依据职业分类，一个专业包含几个职业岗位，如美国俄亥俄州教育部确定的职业教育专业目录分为8个组，覆盖49个职业领域，其中，农商业和谷类岗位覆盖了农产品、动物管理、花卉与盆景管理、自然资源等12个职业领域。

二、社会职业分类制约职业教育的专业口径

社会职业分类和劳动专门化是专业存在的前提，而专业口径的宽窄又由职业劳动的复杂程度决定。人类社会的实践经验证明，越是先进的社会部门和行业，专业化程度就越高，其职业性质就具有更多的专门知识和严格的工艺程序。因此，越是专业化强的职业对从业者的素质要求也越高，不经过系统的专门化职业训练是难以胜任，面对这样的职业要求，其专业面就不能过宽，专业设置应窄些，目前已开设的一些专业性很强的专业有数控技术、珠宝技术、飞行技术等。相反，专业化不强的职业其专业口径就可以宽一些。专业口径的宽与窄，其决定因素是职业的社会分类及其发展变化程度。

三、社会职业分类的变化影响职业教育专业设置与调整

随着产业结构的调整和现代科学技术的广泛应用，不仅职业岗位发生变动，而且职业的内涵也不断发生变化。从世界范围来看，社会职业岗位的变动轨迹是第三产业持续上升，第一产业逐步下降，第二产业缓慢增长，一些传统产业如纺织、钢铁和采掘等行业的作用日益变小，而一些新兴行业如电子、计算机、合成材料等的

---

① 张迎春. 试论高等职业教育专业设置的依据与条件[J]. 辽宁税务高等专科学校学报，2004(2)：45-46.

日趋发展，必然导致社会劳动力资源的重新配置，旧职业岗位消失而新职业岗位不断涌现，如美国在近5年中有7000多种岗位消失，同时新增了8000多种岗位。社会职业岗位及其内涵的变化，对从业人员的技能、知识和素质不断提出新的要求，对高职专业设置来说，也要适应这一变化，不断更新并调整专业。

专业与职业的联系有6个方面的表现。①在现代社会中，职业无法脱离专业，从事任何种类的职业都需要相关的专业知识。专业同样也不能脱离职业，专业教育的根本目的在于使受教育者能够从事某种职业。②职业种类决定专业种类。专业与职业并不是完全对应的关系，但专业种类一般由职业种类决定。③职业结构决定专业结构。随着产业结构的调整，职业结构也随之调整，势必要求专业结构也及时做出调整。④职业岗位的层次决定专业的层次。职业岗位要求具有层次性，专业学制也要与职业岗位相一致，不然就可能因学制过长造成教育资源浪费，或者因学制太短而达不到职业岗位要求。⑤职业岗位知识、能力和素质决定专业的培养目标。职业岗位对人才知识、技能及综合素质的要求，决定了专业的培养目标、课程设置、教学安排等。⑥职业地位决定专业价值。职业地位是某种职业在社会中的综合排名，职业地位越高，与之相关的专业价值也就越大，选择该专业的学生增多，专业生源充足，有可能成为热门专业，专业发展前景广阔、发展迅速。①

从上文的分析不难看出，社会职业种类繁多，出于办学效益的考虑，不可能完全按社会职业来设置学校的专业，因此，需要对社会职业进行归类。通过职业分析的方法列出这些职业或岗位所需要的知识点、技能点，以及对工作态度的要求，然后再根据职业环境和职业能力的同一性原则，对各职业或岗位的共同点进行归纳。如果一组相关职业或岗位具有共同的基础文化要求、共同的专业基础、相近的专业技能，而且具有共同组织专业教学的可行性，有适宜的培养规模和必要的教学条件，就可以将其作为一个新的专业进行教学试验。经过一定周期的教学实践后，成功者就可以被列为正式专业。②

各国中等职业教育专业的数量不尽相同，多者高达500个，少的只有50个左右，但大多数国家在200~300个。同一行业领域里若干个专业组成专业大类，一般在10个左右。一个专业往往覆盖一个或若干个职业岗位。前者成为典型的"窄专业"，后者成为典型的"宽专业"。在专业培养目标上，为适应社会多样化需求并确保学校教育的统一性，在"宽专业"下可以开设若干专门化的培养方向。②

我国教育部2000年颁布的《中等职业学校专业目录》，将专业分为农林类、资源与环境类、能源类、土木水利工程类、加工制造类、交通运输类、信息技术类、

---

① 索德拉图，敖淑清. 高职专业设置中三个基本关系的分析[J]. 教育与职业，2007(35)：27-28.
② 姜大源. 论职业教育专业的职业属性[J]. 职业技术教育(教科版)，2002(22)：11-12.

医药卫生类、商贸旅游类、财经类、文化艺术与体育类、社会公共事务类和其他类13大类，覆盖了国家职业分类大典八大类职业领域中的第二类专业技术人员，第三类办事人员和有关部门人员，第四类商业、服务业人员，第五类农、林、牧、渔、水利业生产人员，第六类生产、运输、操作人员及有关部门人员等上千个职业岗位。德国"双元制"职业教育和学校形式的中等职业教育，其专业也分为十三大类职业领域，包括68个职业群共450个专业，其中"双元制"职业教育专业为350个，覆盖了德国上万个职业或职业岗位。①

---

① 姜大源. 论职业教育专业的职业属性[J]. 职业技术教育(教科版)，2002(22)：11-12.

第二章

产业结构与专业结构

第一节 产业与产业结构

一、产业结构

(一) 产业的概念

什么是产业？产业是社会分工的产物，是社会生产力发展的结果，并且随着社会生产力水平和分工专业化程度的提高而不断发展变化。在远古石器时代，人类靠采集、狩猎为生，原始群体共同劳动，没有社会分工，也就没有不同的生产部门，产业也就无从谈起。从旧石器时代发展到新石器时代，社会分工导致了农业的出现；农业成为社会生产的主要部门之后，相继发生了三次大的社会分工。18世纪下半叶的产业革命，把工业推向了历史的前台。可见，产业的产生、形成、发展与社会分工的产生与发展相联系。在英文中，"产业""工业""行业"都可以称为"industry"，而我们所研究的产业，是指国民经济中以社会分工为基础，在产品和劳务的生产和经营上具有某些相同特征的企业或单位及其活动的集合，简单地说，产业是指具有某些共同特征的企业集合，如工业产品、农业产品、商业服务、邮电服务、教育服务等。按大的分类，就是大的"集合体"，如社会生产就有工业、农业、商业、文化、教育等产业部门。如果细分一点，就是小的"集合体"，如工业产业部门又包括纺织、炼钢、造船等产业部门，农业部门又包括林业、牧业等产业部门。假如再细分一点，就有更小的"集合体"。这些大大小小的产业部门，就是大大小小的"集合体"。每个小的"集合体"都必然属于相应的一个大的"集合体"。

(二) 结构的概念

"结构"一词的含义是指某个整体的各个组成部分的搭配和排列状态，它较早地被应用于自然科学中。在经济领域，产业结构这个概念始于20世纪40年代。

产业结构可以从以下两个角度来考察。

1) 从"质"的角度动态地揭示产业间技术经济联系与联系方式不断发生变化的趋势，揭示经济发展过程的国民经济各部门中，起主导或支柱地位的产业部门的不断替代的规律及其相应的"结构"效益，从而形成狭义的产业结构理论。

2) 从"量"的角度静态地研究和分析一定时期内产业间联系与联系方式的技术经济数量比例关系，即产业间"投入"与"产出"的量的比例关系，从而形成产业关联理论。广义的产业结构理论包括狭义的产业结构理论和产业关联理论。

(三) 产业结构的概念

产业结构，也称为国民经济的部门结构，包括国民经济各产业部门之间及各产业部门内部的构成。社会生产的产业结构或部门结构是在一般分工和特殊分工的基础上产生和发展起来的。各产业部门的构成及相互之间的联系、比例关系不尽相同，对经济增长的贡献大小也不同。因此，包括产业的构成、各产业之间的相互关系在内的结构特征概括为产业结构。研究产业结构，主要是研究生产资料和生活资料两大部类之间的关系，从部门来看，主要是研究农业、轻工业、重工业、建筑业、商业、服务业等部门之间的关系，以及各产业部门的内部关系。

二、产业分类

产业分类方法主要有两大领域、两大部类分类法，三次产业分类法，资源密集程度分类法，战略产业分类法，标准分类法等分类方法。

(一) 两大领域、两大部类分类法

两大领域、两大部类分类法是按生产活动的性质及其产品属性对产业进行分类。按生产活动性质，产业部门可分为物质资料生产部门和非物质资料生产部门两大领域，前者指从事物质资料生产并创造物质产品的部门，包括农业、工业、建筑业、运输邮电业、商业等；后者指不从事物质资料生产而只提供非物质性服务的部门，包括科学、文化、教育、卫生、金融、保险、咨询等部门。

(二) 三次产业分类法

三次产业分类法是根据社会生产活动历史发展的顺序对产业结构进行划分。产品直接取自自然界的部门称为第一产业，对初级产品进行再加工的部门称为第二产业，为生产和消费提供各种服务的部门称为第三产业。三次产业分类法目前是世界上较为通用的产业结构分类方法。

我国的三次产业划分如下。

1. 第一产业

第一产业指农业，包括种植业、林业、牧业和渔业。

2．第二产业

第二产业指工业(包括采掘业，制造业，电力、煤气、水的生产和供应业)和建筑业，产业革命往往是由于制造业的革命引发的一场三次产业的全面变革。

3．第三产业

第三产业指除第一、第二产业以外的其他各业。根据我国的实际情况，第三产业可分为两大部分：流通部门和服务部门。第三产业具体可分为以下4个层次。

1) 流通部门(物流业)：包括交通运输、仓储及邮电通信业，批发和零售贸易、餐饮业。

2) 为生产和生活服务的部门：包括金融、保险业，地质勘查业、水利管理业，房地产业，社会服务业，农、林、牧、渔服务业，交通运输辅助业，综合技术服务业等。

3) 为提高科学文化水平和居民素质服务的部门：包括教育、文化艺术及广播电影电视业，卫生、体育和社会福利业，科学研究业等。

4) 为社会公共需要服务的部门：包括国家机关、党政机关和社会团体，以及军队、公安机关等。

(三) 资源密集程度分类法

资源密集程度分类法是以各产业所投入的、占主要地位的资源的不同为标准来划分的。根据劳动力、资本和技术三种生产要素在各产业中的相对密集度，把产业划分为劳动密集型产业、资本密集型产业和技术密集型产业。

1．劳动密集型产业

劳动密集型产业指生产主要依靠大量使用劳动力，而对技术和设备的依赖程度相对较低的产业，其衡量的标准是在生产成本中，工资成本与设备折旧和研究开发支出相比占有的比例较大。一般来说，目前劳动密集型产业主要指农业、林业，以及纺织、服装、玩具、皮革、家具等制造业。需要指出的是，随着技术进步和新工艺设备的广泛应用，劳动密集型产业的技术、资本密集度也在不断提高，并逐步从劳动密集型产业中分化出去，例如，食品业在发达国家就被划入资本密集型产业。

2．资本密集型产业

资本密集型产业指需要较多资本投入的行业、部门，也称资金密集型产业，具体指在其生产过程中劳动、知识的有机构成水平较低，资本的有机构成水平较高，产品物化劳动所占比例较大的产业，即每个劳动者所占用的固定资本和流动资本金额较高的产业。资本密集型产业具有以下特点：技术装备多、投资量大、容纳劳动力较少、资金周转慢、投资效果慢。当前，资本密集型产业主要指钢铁业、一般电子与通信设备制造业、运输设备制造业、石油化工、重型机械工业、电力工业等。

资本密集型工业主要分布在基础工业和重化工业,一般被看作是发展国民经济、实现工业化的重要基础。

3．技术密集型产业

技术密集型产业也称知识密集型产业,包括介于劳动密集型产业和资金密集型产业之间的经济类型的产业部门,指在生产过程中,对技术和智力要素的依赖大大超过对其他生产要素依赖的产业。其特点是单位劳动力占用资金比劳动密集型产业多,比资金密集型产业少。目前技术密集型产业包括微电子与信息产品制造业、航空航天工业、原子能工业、现代制药工业、新材料工业等。随着资本社会向知识经济社会转变,技术密集型产业将不断增多。

当前以智能制造为代表的技术密集型产业正迅猛发展,成为带动发达国家经济增长的主导产业。因此可以说,技术密集型产业的发展水平将决定一个国家的竞争力和经济增长的前景。

(四)战略产业分类法

战略产业分类法也称为产业地位分类法,即按照产业在一个产业政策中的战略地位不同而对产业进行分类的方法,其将产业划分为以下几种。

1．主导产业

主导产业是指能够依靠科技进步或创新,通过自身增长有效地带动其他相关产业发展的产业。

2．先导产业

先导产业是指在国民经济体系中具有重要的战略地位,并在国民经济规划中应先行发展以引导其他产业向某一战略目标方向发展的产业。

3．支柱产业

支柱产业是指在国民经济体系中占重要的战略地位,其产业规模在国民经济中占较大份额,起着支撑作用的产业。

4．重点产业

重点产业是指在国民经济体系中具有重要的战略地位,并在国民经济规划中被重点发展的产业。

(五)标准分类法

标准分类法分为如下两种。

1．国家标准分类法

国家标准分类法使用的标准是指一国或一地政府为了统一该国或该地产业经济

研究的统计和分析口径，以便科学地制定产业政策和对国民经济进行宏观管理，并根据该国或该地实际而编制和颁布的划分产业的一种国家标准。

2．国际标准分类法

为使不同国家的统计数据具有可比性，联合国于 1971 年编制和颁布了《全部经济活动的国际标准产业分类》(ISIC)。现在通行的是联合国统计司编制并推荐的《所有经济活动的国际标准行业分类》(2006 年修订，ISIC Rev.4)。ISIC Rev.4 将全部经济活动划分为 21 个门类，包括 99 个行业类别，这 21 个门类为：A.农业、林业及渔业；B.采矿和采石；C.制造业；D.电、煤气、蒸汽和空调的供应；E.供水、污水处理、废物管理和补救活动；F.建筑业；G.批发和零售业、汽车和摩托车的修理；H.运输和储存；I.食宿服务活动；J.信息和通信；K.金融和保险活动；L.房地产活动；M.专业、科学和技术活动；N.行政和辅助活动；O.公共管理和国防、强制性社会保障；P.教育；Q.人体健康和社会工作活动；R.艺术、娱乐和文娱活动；S.其他服务活动；T.家庭作为雇主的活动，家庭自用、未加区分的物品生产和服务活动；U.国际组织和机构的活动。

许多国家都有自己的国家标准分类法。我国编制和颁发的《国民经济行业分类与代码》就是参照《全部经济活动的国际标准产业分类》而制定的，因此产业划分与包括经济合作与发展组织(OECD)在内的大多数国家基本一致。

三、中国国家标准分类

国民经济行业分类是国家行业的标准分类，是对全社会经济活动进行的标准分类，是政府统计和企业统计的主要标准分类之一，在统计数据的采集、处理、分析及国际比较上具有重要地位。随着我国经济的快速发展，产业结构发生了巨大变化，新型产业不断涌现，我国国民经济行业分类标准也进行了数次调整。

根据国务院决定，我国于 1982 年进行了第三次人口普查，这次普查工作从 1979 年年底着手准备，1982 年 7 月 1 日开始全面登记。为满足第三次人口普查工作的需要，国家统计局从 1980 年开始，经过两年调查研究，结合我国当时经济社会发展的特点，在联合国《全部经济活动的国际标准产业分类》(1968 年版)的基础上，于 1982 年制定了《国民经济行业分类标准》，为便于数据加工处理和分析，该标准首次引用了三位数字的行业代码，共分 15 个大类、62 个中类、222 个小类，该标准的建立为第三次人口普查资料的开发利用和国家关于人口政策的制定起到了非常重要的作用。由于当时我国的标准化管理法律法规上的缺失，该标准没有以国家标准形式发布，因此全社会的行业分类并没有统一按照该标准执行，但为以后的《国民经济行业分类标准》正式出台打下了良好的基础。第三次人口普查之后，国家统计局会同国家标准局等部委以按照经济活动的同一性划分行业的原则，参照联合国《全部经济活动的国际标准产业分类》（1989年版），对1982版的《国民经济行业分类标准》进行了修订和完善，于1984年12月1日正式发布了国家标准版《国民经济行业分类和代码》（GB4754—84），并于1985年1月1日起实施。

《国民经济行业分类和代码》（GB4754—84)将经济活动单位按照活动性质划分为13个门类、75个大类、310个中类、668个小类，门类用罗马数字表示，大、中、小类用4位阿拉伯数字表示，其中，前两位代表大类，前三位代表中类，4位代表小类。13个门类如下：①农、林、牧、渔、水利业；②工业；③地质普查和勘探业；④建筑业；⑤交通运输业、邮电通信业；⑥商业、公共饮食业、物资供应和仓储业；⑦房地产管理、公用事业、居民服务和咨询服务业；⑧卫生、体育和社会福利事业；⑨教育、文化艺术和广播电视业；⑩科学研究和综合技术服务业；⑪金融、保险业；⑫国家机关、党政机关和社会团体；⑬其他行业。

经过十多年的改革开放，我国经济结构调整步伐加快，新兴行业不断出现，金融保险、信息咨询、旅游等现代服务业快速发展，工业经济结构升级显著——由技术含量低、劳动密集程度高、门类单一的结构，向劳动密集、技术密集、门类齐全的格局发展转变。为此在1994年，国家统计局和国家技术监督局根据我国经济发展的实际，在调查研究和广泛征求意见的基础上，完成了对《国民经济行业分类和代码》（GB4754—84)的第一次修订，于同年8月正式发布了《国民经济行业分类和代码》（GB/T4754—94)。该标准与原标准相比，门类从13个增加到16个，大类从75个增加到92个，中类从310个增加到368个，小类从668个增加到846个。

1995~2002年，我国国民经济以年均8.7%的幅度增长，产业结构升级明显，新兴产业不断涌现，商务经济、电子信息、生物工程、航空航天、医药制造、新能源和新材料等高新技术产业蓬勃发展，2001年我国加入世界贸易组织(WTO)，面对加入WTO的机遇和挑战，以及国内外形势的变化，急需一部更加完善、与我国经济发展相适应、与国际标准接轨的《国民经济行业分类》国家标准，为此在《国民经济行业分类和代码》（GB/T4754—94)使用了8年之后，国家统计局着手对该标准进行再一次修订，于2002年10月经国家质量监督检验检疫总局(下文简称国家质检总局)批准正式发布实施《国民经济行业分类》（GB/T4754—2002)。该标准共设20个门类，95个大类，395个中类，912个小类，与GB/T4754—94相比，门类增加4个，大类增加3个，中类增加27个，小类增加66个。

2002~2010年，我国国民经济以年均10.9%的速度高速增长，新兴产业如雨后春笋层出不穷。面对2013年即将开展的大规模的第三次经济普查，国家统计局组织对《国民经济行业分类》进行了第三次修订，2011年4月，国家质检总局和国家标准化委员会批准了由国家统计局修订的国家标准《国民经济行业分类》（GB/T4754—2011)。该标准对GB/T4754—2002部分大类、中类、小类的条目、名称和范围做了调整，涉及变化的行业门类有：①农、林、牧、渔业；②制造业；③信息传输、软件和信息技术服务业；④科学研究和技术服务业；⑤居民服务、修理和其他服务业；⑥卫生和社会工作；⑦公共管理、社会保障和社会组织。2017年该标准进行了第四次修订，此次修订保留了 GB/T4754—2011 的主要内容，对个别大类及若干中类、小类的条目、名称和范围进行了调整。现将 2017 年最新标准和 2011 年标准的 20 个门类进行比较（表 2-1）。

表 2-1　2017 年和 2011 年《国民经济行业分类》结构对照表

门类	GB/T4754-2017 大类	中类	小类	GB/T4754-2011 大类	中类	小类
A 农、林、牧、渔业	5	24	72	5	23	60
B 采矿业	7	19	39	7	19	37
C 制造业	31	179	609	31	175	532
D 电力、热力、燃气及水的生产和供应业	3	9	18	3	7	12
E 建筑业	4	18	44	4	14	21
F 批发和零售业	2	18	128	2	18	113
G 交通运输、仓储和邮政业	8	27	67	8	20	40
H 住宿和餐饮业	2	10	16	2	7	12
I 信息传输、软件和信息技术服务业	3	17	34	3	12	17
J 金融业	4	26	48	4	21	29
K 房地产业	1	5	5	1	5	5
L 租赁和商务服务业	2	12	58	2	11	39
M 科学研究和技术服务业	3	19	48	3	17	31
N 水利、环境和公共设施管理业	4	18	33	3	12	21
O 居民服务、修理和其他服务业	3	16	32	3	15	23
P 教育	1	6	17	1	6	17
Q 卫生、社会工作	2	6	30	2	10	23
R 文化、体育和娱乐业	5	27	48	5	25	36
S 公共管理、社会保障和社会组织	6	16	34	6	14	25
T 国际组织	1	1	1	1	1	1
合计	97	473	1381	96	432	1094

四、影响产业结构变化的因素

一切决定和影响经济增长的因素都会不同程度上对产业结构的变动产生直接或间接的影响。知识与技术创新、人口规模与结构、经济体制、自然资源禀赋、资本规模、需求结构、国际贸易等是一国产业结构演变过程中的基本制约因素，下文介绍几个影响产业结构变化的重要因素。

（一）技术革命

技术革命、技术创新和技术扩散均会对产业结构的升级产生影响，特别是技术革命，往往是一些新的产业部门诞生的根源。按照一般的划分，人类社会经历了4次技术革命。

1．第一次技术革命

第一次技术革命的主要标志是纺织机器的发明和蒸汽机的广泛使用，机器大工业代替了以手工劳动为基础的工场手工业，促进了人类社会从农业社会向工业社会的转变，生产力发生了质的飞跃。纺织工业的兴起、运输业的跃进(轮船和火车)、钢铁和机械工业的崛起都是第一次技术革命的成果。人类的能源结构从以木材为主转向了以煤炭为主，工业动力由以人力、水力、风力为主演进到以蒸汽动力为主。

2．第二次技术革命

第二次技术革命始于19世纪70年代，其主要标志是电力的广泛使用，发电机和电动机的发明，使生产力再次跃升。在内燃机技术基础上建立了汽车工业和航空工业，电力工业崛起(发电、输电、配电系统)，"弱电"工业产生("弱电"技术出现，相应产生了电信业、广播业等)。在第二次技术革命时期，工业生产进一步集中化，垄断企业不断涌现，企业内部管理出现了"泰勒制"，形成了生产流水线等。

3．第三次技术革命

第三次技术革命始于20世纪50年代，以原子能的利用、电子计算机的诞生和发展、高分子合成技术及空间技术等为标志。电子计算机技术的出现产生了巨大影响，人类拥有了以电子计算机为代表的崭新的生产手段，大大节省了体力，而且在一定程度上代替了人的脑力，使人们能用电脑代替一些以计算为主的复杂的脑力劳动，这是革命性的变化，极大地提高了劳动生产率。计算机技术的发展和计算机的广泛使用，使社会管理和企业管理的信息系统得以普遍建立，提高了管理效率和水平，信息产业逐渐成为主导产业。显而易见，这次技术革命带来了产业结构进一步调整和升级。

4．第四次技术革命

第四次技术革命发端于20世纪80年代，通常也称为新技术革命，以生物工程技术、信息网络技术、软件技术、新材料技术(如纳米技术)等为主要标志，这次技术革命是以人工智能、清洁能源、机器人技术、量子信息技术、虚拟现实及生物技术为主的全新技术革命。近20年来，高新技术的涌现和高新技术产业的崛起，对产业结构升级产生了重大影响，也为知识经济的兴起和发展提供了技术基础。特别值得注意的是信息网络技术和以生命科学为基础的生物技术、基因技术将对各次产业的发展起到日益重要的作用。技术革命促成产业由劳动密集型向资本密集型和技术密集型转变。第一次技术革命中的纺织工业基本上是属于劳动密集型产业，而第二次技术革命中发展起来的汽车、化工、钢铁等产业群则具有资本密集的特征，在第三次技术革命和第四次技术革命中诞生的新产业,如计算机工业、宇航工业等属于知识技术密集或资本密集型产业。新技术革命不仅促成了各个时期主导产业的变化,使各产业在产业结构中的地位发生变动,而且促进了劳动力就业结构的调整。

(二)技术创新

科学技术要成为推动经济增长的主要力量,必须从知识形态转化为物质形态,从潜在的生产力转化为现实生产力,而这一转化正是在技术创新这一环节实现的。技术创新是一个不间断的过程,从动态角度看,技术创新过程是由科学研究形成新的发明,新产品开发、试制和生产,试产营销等环节构成的。技术创新是产业成长和发展的推动力量。随着我国资源环境约束的日益强化,要素的规模驱动力逐步减弱,传统的高投入、高消耗、粗放式发展方式难以为继,经济发展进入新常态,需要从要素驱动、投资驱动转向创新驱动。推进大众创业、万众创新,就是要通过结构性改革、体制机制创新,消除不利于创新创业发展的各种制度束缚和桎梏,支持各类市场主体不断开办新企业、开发新产品、开拓新市场,培育新兴产业,形成小企业"铺天盖地"、大企业"顶天立地"的发展格局,实现创新驱动发展,打造新引擎、形成新动力。为此,2015年6月11日国务院颁发了《关于大力推进大众创业万众创新若干政策措施的意见》(国发〔2015〕32号)。

(三)自然资源禀赋

自然资源是社会生产过程所依赖的外界自然条件。一国自然资源的禀赋状况(包括地理位置、土地状况、矿藏总量及分布、水资源、气候等)对一国产业结构和经济发展有着重要的影响。当今许多发达国家的自然资源条件优越,印证了自然资源的重要性。自然条件的好坏直接影响一国农业的发展,而地下资源状况直接影响采掘工业、燃料动力工业的结构。石油输出国组织(OPEC)成员国的产业结构,以及澳大利亚、新西兰、韩国等国家在产业结构转换的过程中,就受惠于其国内良好的自然资源禀赋。但自然资源禀赋绝不是产业结构的决定性因素,自然资源条件好的国家并不一定经济发达,因此,自然资源的拥有状况往往并不被一些经济学家视为一国工业化发展与结构转换的决定因素。例如,日本自然资源奇缺,却在第二次世界大战后的30年内跻身世界经济强国前列;阿根廷拥有世界上最高产的土地和大量矿产,20世纪初,阿根廷跻身高收入国家,但近年来阿根廷的危机导致经济衰退,从一个侧面说明拥有大量自然资源并不能保证持续发展。自然资源状况对产业结构的影响是相对的,随着科学技术的进步,许多原来难以采掘的资源将得到开发,并能开展综合利用和节约代用;通过国际贸易可以弥补国内资源的短缺,缓解自然资源对一国或一地区产业结构的制约。从纵向发展过程看,对于大部分国家而言,作为工业化发展与经济增长的初始条件或先决条件,自然资源禀赋在一国产业结构转换过程中的不同阶段，其作用与影响是不同的：越是在初期、中期阶段，其影响与作用可能越大。当初级产品生产的比较优势被制造业所取代，从而完成了起飞与初期阶段向中期阶段的过渡时，自然资源禀赋的作用与影响会趋于减小。

(四)需求结构

需求(demand)是指人们在某一特定的时期内，在各种可能的价格下愿意并且能够购买某种具体商品或劳务的数量，需求是购买欲望和购买能力的统一，缺少任何一个都不能成为需求。总需求(aggregate demand)是一定时期内一种经济中各部门愿意支出的总量，包括消费者、企业和政府支出的总和，也可以分解为消费、投资、政府购买和净出口(出口减进口)。

个人消费结构在人均收入水平的不同阶段存在较大差异。

1)当收入极为有限而不能满足所有层次的需要时，温饱目标至关重要，居民自然倾向于把有限的收入用于购买生活必需品，引导和带动了农业和轻纺工业的优先发展，这既是工业化能够起步在需求结构上的根据，也是工业化首先从轻工业起步的需求依据。同时边际储蓄倾向，即储蓄增量与收入增量的比例低，也决定了人们既无实力发展资本密集型或技术密集型产业，也无资本对传统产业进行全面的技术改造，产业结构轻型化。

2)在人均收入中等水平阶段，温饱问题基本解决，随着收入的增长，需求结构的重心由必需品转向非必需品，边际消费倾向，即消费增量与收入增量的比例提高，使居民把增加的收入用于购买高档耐用消费品，相应地，使提供资本物品的产业也发展起来，并反过来推动农业和轻工业的生产效率大幅度提高，为主要提供耐用消费品和设备的重工业上升为主导地位提供资本和劳动力，从而促进了产业结构高度化。

3)在人均收入高水平阶段，不论从数量上还是档次上，物质享受已得到极大的满足，个人需求趋向多层次、多样化、个性化和时尚化，这样的消费结构必然带动多层次的产业结构递进升级，促进高加工度化和以信息咨询业等高科技和知识密集型产业为中心的现代服务业的蓬勃发展。个人消费结构是对产业结构变动影响最大的需求结构因素。

(五)人口规模与结构

人口规模具有数量与质量两个方面的规定：数量是指一国某一时点上的人口总量；质量指的是在既定的人口总量中不同的构成。在自然资源、资本数量与可利用技术既定的条件下，经济增长的速度或一定时期国民产出的增加取决于可供利用的劳动力数量。劳动力数量增加来源于人口自然增长、劳动参与率提高(尤其是妇女劳动参与率提高)、移民和劳动时间延长等因素。在经济发展初期，人口增长迅速，经济中劳动的作用主要表现为劳动力数量的增加。随着经济的发展,人口增长率在下降,在经济发展到一定阶段后,劳动力质量(劳动者身体与文化素质)起主要作用,而劳动力质量的提高主要源于人力资本投资。现实经济生活中,产业结构的变动或某个地区的兴衰都会迫使劳动力流动,引起摩擦性失业:一方面衰退行业劳动力需求减少引起大量失业(充分就业并不等于工作年龄人口中人人都有工作,一般认为自然失业率就是充分就业时的失业率);另一方面,一些新兴行业由于缺乏合格的劳动力而存在岗位空缺。

从总体来看,我国劳动力供求处于稳定状态,根据人力资源和社会保障部对100个中心城市的监测统计显示,2018年我国求人倍率(即招聘岗位的数量和求职人数比值)始终保持在1以上。2018年第四季度求人倍率为1.27,这意味着平均1个求职者对应1.27个就业岗位。就业岗位虽然数量充分,但就业结构性矛盾突出,即人力资源供给和岗位需求不匹配,存在"有人无岗"与"有岗无人"的现象,招工难和就业难并存,普遍存在技工短缺、熟练工短缺、新型人才短缺、大龄低技能劳动者就业面临挑战的现象。

当前,人口结构变化的重要趋势是老龄化社会的到来。我国从1971年开始全面实行计划生育,1982年定为基本国策,2001年颁布了《人口与计划生育法》。由于计划生育政策的实施,第四次人口普查时的人口平均增长率为12.8‰,第五次人口普查时该数值为10.7‰,第六次人口普查时该数值为5.7‰,计划生育改变了我国人口结构,2012年我国劳动力总数出现了下降,2012年中国发展基金会发布的《中国人口形势的变化和人口政策调整》研究认为,2027年中国人口将转为负增长。计划生育加速了中国社会老龄化的进程。国际社会界定一个国家的人口老龄化有两个标准:一是进入老龄化,即60岁以上人口占总人口的10%,65岁以上人口占总人口的7%(联合国标准),按照这个标准,美国在1965年进入老龄化社会,我国在2001年进入老龄化社会;二是进入深度老龄化,即老年人口赡养比达到5:1(学术标准),指每5个劳动人口(15~64岁)供养一个65岁以上的老人。中国人口统计数据显示,2010年中国老年人口赡养比约为8:1,2020年全面建成小康社会时该比例将迅速降为5:1,2030年为3.5:1;2050年为2:1,老年赡养负担接近德国和日本,较英国和美国更重。

(六)国际贸易

国际贸易是在开放条件下来自外部的影响产业结构变动的因素,它对产业结构的影响,主要是通过国际比较利益机制实现的。一般来说,各国产品生产的相对优势的变动,随着时间的推移会引起进出口结构的变动,进而带动国内产业结构、消费结构和贸易结构的变动。国际贸易的发展和经济全球化的推进,促进了产业的国际转移。在封闭经济中,产业结构的调整和升级并不伴随着对外产业转移,而是在一国范围内由发达地区向欠发达地区转移。国际产业转移是开放经济的产物，也是国际竞争日趋激烈的必然结果。

从总体上看，在过去的 30 年中，我国抓住了国际产业转移的有利时机，利用中等教育水平的劳动力和普通技能，通过发展简单劳动密集型产业，推动了中国经济高速增长。伴随着 2008 年的国际金融危机，我国劳动力成本持续上升，人民币持续升值、原材料和能源价格持续上升、出口退税率下调等因素使我国经济从出口导向型向内需拉动型转变，我国目前迫切需要转变经济发展方式和调整优化产业结构。

（七）其他因素

除上述因素外，一国资本的积累程度、国际投资规模(包括本国资金的流出和国外资金的流入)、经济体制(计划经济或市场经济)、产业政策、历史条件、战争与和平环境等，都会不同程度地影响一国的产业结构。

经济政策对产业结构的影响比较大。统计资料表明，1978～2012 年，我国 GDP(国内生产总值)年均增长 9.8%，而 2014 年降为 7.4%，说明我国经济进入了新常态，即经济由高速增长转为中高速增长，发展则必须由中低端水平向中高端水平迈进，产业结构必须转型升级。为此，2015 年 5 月 8 日我国国务院印发了《中国制造 2025》，即利用 10 年的时间，通过努力实现中国制造向中国创造("智造")、中国速度向中国质量、中国产品向中国品牌的三大转变，推动中国到 2025 年基本实现工业化，迈入制造强国行列。

总之，上述决定和影响产业结构的因素都不是孤立存在的，这些因素可能互相促进、互相制约，甚至互相抵触，综合地影响和决定着现有产业结构及其变化规律。

五、产业结构演变趋势

（一）三次产业之间的结构变化趋势

1) 从工业化发展的阶段来看，产业结构的演进有如下 4 个阶段：前工业化时期、工业化中期、工业化后期和后工业化时期。

在前工业化时期，第一产业增加值在国民经济中的比例逐渐缩小，其地位不断下降；第二产业有较大发展，工业重心从轻工业主导型逐渐转向基础工业主导型，第二产业占主导地位；第三产业也有一定发展，但在国民经济中的比例比还较小。在工业化中期，工业重心由基础工业向高加工度工业转变，第二产业仍居第一位，第三产业逐渐上升。在工业化后期，第二产业在三次产业中占有支配地位，甚至占有绝对支配地位。在后工业化时期，产业知识化成为主要特征。产业结构的发展就是沿着这样一个发展进程，即由低级向高级走向高度内在化的阶段。

2) 从主导产业的转换过程来看，产业结构的演进有以农业为主导、轻纺工业为主导、原料工业和燃料动力工业等基础工业为重心的重化工业为主导、低度加工型的工业为主导、高度加工组装型工业为主导、第三产业为主导、信息产业为主导等几个阶段。

3) 从三次产业的内在变动来看，产业结构的演进是沿着以第一产业为主导到第二产业为主导，再到第三产业为主导的方向发展的。

4) 从产业结构演进的顺序来看，产业结构由低级向高级发展的各阶段是难以逾越的，但各阶段的发展过程可以缩短。从演进角度看，后一阶段产业的发展是以前一阶段产业的充分发展为基础的。只有第一产业的劳动生产率得到充分的发展，第二产业的轻纺产业才能得到应有的发展，第二产业的发展是建立在第一产业劳动生产率大大提高的基础上，其中，加工组装型重化工业的发展又是建立在原料、燃料、动力等基础工业发展的基础上。同样，只有第二产业的快速发展，第三产业的发展才具有成熟的条件和坚实的基础。产业结构的超前发展会加速一国经济的发展，但有时也会带来一定的后遗症。

(二) 工业内部各产业的结构变化趋势

工业化可分为三个阶段。

1. 以轻工业为中心的发展阶段

英国等欧洲发达国家的工业化过程是从纺织、粮食加工等轻工业起步的。

2. 以重化工业为中心的发展阶段

在以重化工业为中心的发展阶段，化工、冶金、金属制品、电力等重化工业都有了很大发展，但发展最快的是化工、冶金等原材料工业。

3. 工业高加工度化的发展阶段

在重化工业发展阶段的后期，工业发展对原材料的依赖程度明显下降，机电工业的增长速度明显加快，这时对原材料的加工链条越来越长，零部件等中间产品在工业总产值中所占比例迅速增加，工业生产出现"迂回化"特点。加工度的提高，使产品的技术含量和附加值大大提高，而消耗的原材料并不成比例增长，所以工业发展对技术装备的依赖大大提高，深加工业、加工组装业成为工业内部最重要的产业。

以上三个阶段，反映了传统工业化进程中工业结构变化的一般情况，并不意味着每个国家、每个地区都完全按照这种顺序去发展。例如，1949年之后，在特定的历史条件下，我国首先集中力量建立起一定的重工业基础，改革开放初期再回过来进行发展轻纺工业的"补课"，而现在则主要以信息化带动工业化。

根据罗斯托的主导产业理论，经济的发展过程就是主导产业的演进过程。每个国家工业化进程的不同阶段总会有一个到几个主导产业在发挥作用，而后又有新的主导产业替代之前的主导产业。工业化先行国在工业化过程中出现的以主导产业为划分标志的各个阶段,基本上是按照时间顺序依次出现的,也就是说主导产业是顺序更替的。到目前为止,这种更替大致分为 7 个阶段(表 2-2):以农业为主导的阶段→以轻纺工业为主导的阶段→以原料和燃料动力等基础工业为主导的重化工业阶段→以低度加工组装型重化工业为主导的阶段→以高度加工组装型工业为主导的阶段→以第三产业为主导的阶段→以信息产业为主导的阶段。经济结构和产业结构的演进过程必然使社会职业结构不断变化。

表 2-2　工业化先行国主导产业顺序更替的 7 个阶段[①]

序号	主导技术	主导产业部门	主导产业群体
1	耕作	农业	农业
2	棉纺技术	轻纺工业	纺织、日用品等轻工业
3	机械技术	原料和燃料动力等基础工业	原料、燃料、动力、铁路修建等基础设施
4	机电技术 冶金技术	低度加工组装型重化工业	电力、电器、钢铁、机械制造、造船、汽车、化工
5	精密机械技术 精密化工技术	高度加工组装型工业	耐用消费品、原子能、合成材料、飞机制造
6	高新技术	第三产业	服务、运输、旅游、商业、房地产业、金融保险业
7	信息技术	信息产业	新能源、新材料、生物工程、宇航工业、信息产业

(三)农业内部结构各产业的结构变化趋势

随着农业生产力的发展,种植业的比例呈下降趋势,但其生产水平日益提高;畜牧业的比例逐渐提高;林业日益从单纯提供林产品资源转向注重其环境生态功能,保持和提高森林覆盖率越来越受到重视;渔业日益从单纯依靠捕捞转向适度捕捞、注重养殖,其比例稳步上升。1978 年我国农、林、牧、渔四业增加值比例分别为 80.0%、3.4%、15.0%、1.6%,经过近 40 年的发展,2017 年农、林、牧、渔四业和服务业增加值的比例分别为 53.10%、4.56%、26.86%、10.58%、4.9%,农、林、牧、渔四业结构日益协调合理,满足人民多样化、高质量的需求。

六、产业结构演变的理论

(一)配第—克拉克定律

早在 17 世纪,威廉·配第第一次发现了世界各国的国民收入水平的差异及其形成的不同的经济发展阶段,其关键在于产业结构的不同。威廉·配第 1672 年的研究指出:工业比农业的收入多,商业又比工业的收入多,即工业比农业、商业比工业附加值高。[②]

---

① 王述英. 新工业化与产业结构跨越式升级[M]. 北京:中国财政经济出版社,2005:64.
② 威廉·配第. 政治算术[M]. 陈冬野,译. 北京:商务印书馆,1978:11-35.

在吸收并继承了威廉·配第观点的基础上，科林·克拉克通过整理和比较40多个国家和地区不同时期三次产业劳动投入和总产出的资料，总结了劳动力在三次产业中的结构变化与人均国民的提高存在着一定的规律性：随着经济发展，人均国民收入水平相应提高，劳动力逐步从第一产业向第二产业转移；当人均国民收入水平进一步提高时，劳动力就会向第三产业转移。[①]

(二) 库兹涅茨法则

美国经济学家西蒙·库兹涅茨（Simon Kuzenets）在继承威廉·配第和科林·克拉克研究成果的基础上，对各国国民收入和劳动力在产业间分布结构的变化进行统计分析，得出了所谓的库兹涅茨法则[②]：第一，农业部门的国民收入在整个国民收入中的比例和农业劳动力在全部劳动力中的比例均处于不断下降中；第二，工业部门的国民收入在整个国民收入中的比例大体上是上升的，但是工业部门劳动力在全部劳动力中的比例则大体不变或略有上升；第三，服务部门的劳动力在全部劳动力中的比例基本都是上升的，而其国民收入在整个国民收入中的比例大体不变或略有上升。

(三) 主导产业扩散效应理论和经济成长阶段论

罗斯托首先提出了主导产业扩散效应理论和经济成长阶段论，他认为，无论在哪个时期，甚至在一个已经成熟并继续成长的经济体系中，经济增长之所以能够保持，是因为为数不多的主导部门迅速扩大，而且这种扩大又产生了对产业部门的重要作用，即产生了主导产业的扩散效应，包括回顾效应、旁侧效应和前向效应。罗斯托的这些理论被称为罗斯托主导产业扩散效应理论。他根据科学技术和生产力发展的水平，将经济成长的过程划分为5个阶段：传统社会、为"起飞"创作前提的阶段、"起飞"阶段、向成熟挺进阶段、高额大众消费阶段。后来罗斯托在《政治与成长阶段》一书中又增加了一个"追求生活质量"的阶段。

(四) 钱纳里的标准模式

标准模式是H·钱纳里与赛尔昆对101个国家1950～1970年的有关数据进行回归分析后得出的结论。该模式将经济发展分为准工业化阶段(初级产品生产阶段)、工业化实现阶段(包括工业化初级阶段、工业化中级阶段、工业化高级阶段)和后工业化阶段(包括发达经济初级阶段、发达经济高级阶段)等三大六小阶段[③]。

1) 第一阶段是传统社会经济阶段，即准工业化阶段，经济增长主要由初级产业(首先是农业)和服务业支撑，速度很慢。大量低效率使用的劳动力停滞在农业部门，还未发生向高生产率和技术进步快的非农业部门(首先是工业)的大规模转移。

---

① 科林·克拉克. 经济进步的条件[A]. 宫尺健一. 产业经济学[M]. 东京：东洋经济新报社，1987.
② 西蒙·库兹涅茨. 各国的经济增长[M]. 常勋等，译. 北京：商务印书馆，2005：382-406.
③ H·钱纳里等. 工业化和经济增长的比较研究[M]. 吴奇等，译. 上海：三联书店，1995：42-48.

2)第二阶段是高速增长的工业化阶段,即工业化实现阶段,经济增长主要由急速上升的工业制造业支撑。产业结构和生产方法剧烈转变,劳动力大规模从农业部门转入工业部门。新技术得到迅速采用和不断扩散,新主导产业部门不断代替旧主导产业部门。

在第二阶段,还可以根据反映经济发展阶段的人均收入、人均 GNP(国民生产总值)或人均 GDP,反映国民经济中工业化程度的工业或制造业的份额或三次产业部门的产值及就业比例,反映城市化程度的城市人口比例,反映生产要素密集程度的工业内部结构等 4 项指标,将工业化进程划分为工业化的初期、中期、后期三个时期:初期以轻纺工业为主;中期可以分为以原材料为主的中工业化时期和以高加工度为主的时期;后期即技术集约化阶段。

3)第三阶段是经济增长步入发达经济阶段,即后工业化阶段工业制造业的贡献率下降,服务业具有非常重要的意义。与耐用消费品有关的服务部门发展在减速,而与医疗、教育、文娱、旅游有关的服务部门则在加速发展,服务业就业人数所占比例日益增大。

(五)霍夫曼工业化经验法则

1931 年,霍夫曼在《工业化的阶段和类型》一书中使用了近 20 个国家的工业结构方面的时间序列资料,重点分析制造业中消费资料工业和资本资料工业的比例关系,即霍夫曼系数[①]。

霍夫曼系数=消费资料工业的净产值/资本资料工业的净产值。根据霍夫曼系数,工业化可分为 4 个阶段。

1)第一阶段:消费资料工业的生产在制造业中占主导地位,资本资料工业的生产不发达,此时,霍夫曼系数为 5(±1)。

2)第二阶段:资本资料工业的发展速度比消费资料工业快,但在规模上仍比消费资料工业小得多,这时,霍夫曼系数为 2.5(±1)。

3)第三阶段:资本品工业继续快速增长,并已达到和消费品工业相平衡状态,霍夫曼系数为 1(±0.5)。

4)第四阶段:资本品工业占主导地位,资本资料工业的规模超过了消费资料工业的规模,这一阶段被认为实现了工业化,霍夫曼系数为 1 以下。

在实际应用中,霍夫曼系数往往用轻工业品净产值与重工业品净产值的比值来表示。霍夫曼的工业阶段论阐述的主要是工业过程中重化工业阶段的演变情形。

第二节 改革开放以来我国产业结构演变

一个国家的经济发展不仅表现为经济数量的扩张,同时必然伴随着产业结构的

---

① 景跃军. 战后美国产业结构演变研究[D]. 长春:吉林大学博士学位论文,2004(6):40.

逐步演进，特别是在工业化中期阶段，经济增长以结构的加速转换为重要特征。改革开放40年来，我国的经济建设取得了举世瞩目的成就，人民生活水平和综合国力不断提高。伴随着国民经济持续快速增长，我国的产业结构发生了一系列巨大变化。

一、三次产业结构的变动及特点

改革开放以来，我国的产业结构经历了较大的变化。历史地看，三次产业之间的比例关系有了明显的改善，产业结构正向合理化方向转变（图2-1）。第一产业在GDP中的比例呈现持续下降的态势，同时内部结构不断优化；第二产业在波动中发展，但其比例长期稳定在40%～50%，工业内部结构得到升级，制造业增加值占全部商品增加值的比例由1978年的30.5%上升到2005年的52%；第三产业在国民经济中的比例处于不断上升中，增加值比例由1979年的21.6%大幅上升至2017年的51.9%。改革开放前7年三次产业结构为"二、一、三"，1985～2011年为"二、三、一"，2012年开始三次产业的结构发展出现质的变化，变为"三、二、一"。

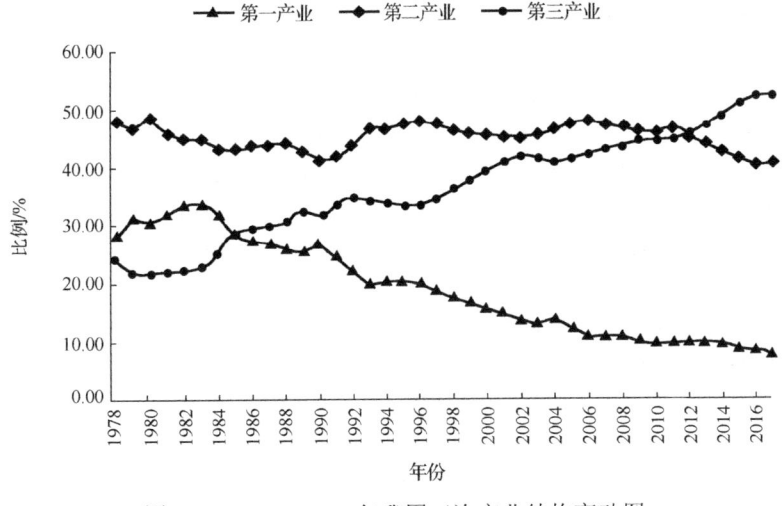

图2-1 1978～2017年我国三次产业结构变动图

（一）产出结构变动

表2-3显示了1978～2017年我国三次产业结构的组成情况及其变动趋势。改革开放以来我国三次产业结构变动情况具有如下特点。

1. 第一产业的比例呈日趋下降的趋势

在改革开放初期，第一产业占全国GDP的比例约30%，但到2017年已经下降到7.6%，降幅非常明显。需要特别指出的是，第一产业的比例在20世纪80年代中

表 2-3　1978～2017 年国内生产总值及构成

年份	国内生产总值/亿元	第一产业/亿元	第二产业/亿元	第三产业/亿元	第一产业比例/%	第二产业比例/%	第三产业比例/%	人均国内生产总值/元
1978	3 645.2	1 027.5	1 745.2	872.5	28.19	47.87	23.94	381
1979	4 062.6	1 270.2	1 913.5	878.9	31.27	47.10	21.63	419
1980	4 545.6	1 371.6	2 192.0	982.0	30.17	48.23	21.60	463
1981	4 891.6	1 559.5	2 255.5	1 076.6	31.88	46.11	22.01	492
1982	5 323.4	1 777.4	2 383.0	1 163.0	33.39	44.76	21.85	528
1983	5 962.7	1 978.4	2 646.2	1 338.1	33.18	44.38	22.44	583
1984	7 208.1	2 316.1	3 105.7	1 786.3	32.13	43.09	24.78	695
1985	9 016.0	2 564.4	3 866.6	2 585.0	28.44	42.89	28.67	858
1986	10 275.2	2 788.7	4 492.7	2 993.8	27.14	43.72	29.14	963
1987	12 058.6	3 233.0	5 251.6	3 574.0	26.81	43.55	29.64	1 112
1988	15 042.9	3 865.4	6 587.2	4 590.3	25.70	43.79	30.51	1 366
1989	16 992.3	4 265.9	7 278.0	5 448.4	25.10	42.84	32.06	1 519
1990	18 667.8	5 062.0	7 717.4	5 888.4	27.12	41.34	31.54	1 644
1991	21 781.5	5 342.2	9 102.2	7 337.1	24.53	41.78	33.69	1 893
1992	26 923.5	5 866.6	11 699.5	9 357.4	21.79	43.45	34.76	2 311
1993	35 333.9	6 963.8	16 454.4	11 915.7	19.71	46.57	33.72	2 998
1994	48 197.9	9 572.7	22 445.4	16 179.8	19.86	46.57	33.57	4 044
1995	60 793.8	12 135.8	28 679.5	19 978.5	19.96	47.18	32.86	5 046
1996	71 176.6	14 015.4	33 835.0	23 326.2	19.69	47.54	32.77	5 846
1997	78 973.0	14 441.9	37 543.0	26 988.1	18.29	47.54	34.17	6 420
1998	84 402.3	14 817.6	39 004.2	30 580.5	17.56	46.21	36.23	6 796
1999	89 677.0	14 770.0	41 033.6	33 873.4	16.47	45.76	37.77	7 159
2000	99 214.6	14 944.7	45 555.9	38 714.0	15.06	45.92	39.02	7 858
2001	109 655.2	15 781.3	49 512.3	44 361.6	14.39	45.15	40.46	8 622
2002	120 332.7	16 537.0	53 896.8	49 898.9	13.74	44.79	41.47	9 398
2003	135 822.7	17 381.7	62 436.3	56 004.7	12.80	45.97	41.23	10 542
2004	159 878.3	21 412.7	73 904.3	64 561.3	13.39	46.23	40.38	12 336
2005	185 895.7	21 803.5	87 127.3	76 964.9	11.73	46.87	41.40	14 259
2006	217 656.6	23 313.0	103 163.5	91 180.1	10.71	47.40	41.89	16 602
2007	268 018.9	27 783.0	125 145.0	115 090.9	10.34	46.69	42.94	20 337
2008	316 751.8	32 747.0	148 097.9	135 906.9	10.34	46.76	42.91	23 912
2009	345 629.2	34 154.0	157 850.1	153 625.1	9.88	45.67	44.45	25 963
2010	408 902.9	39 354.6	188 804.9	180 743.4	9.62	46.17	44.20	30 567
2011	484 123.5	46 153.3	223 390.5	214 579.6	9.53	46.14	44.32	36 018
2012	534 123.1	50 892.7	240 200.4	243 030.0	9.53	44.97	45.50	39 544

续表

年份	国内生产总值/亿元	第一产业/亿元	第二产业/亿元	第三产业/亿元	第一产业比例/%	第二产业比例/%	第三产业比例/%	人均国内生产总值/元
2013	588 018.7	55 321.7	256 810.0	275 887.0	9.41	43.67	46.92	43 320
2014	636 462.7	58 331.6	271 392.4	306 738.7	9.16	42.64	48.19	46 652
2015	685 992.9	57 774.6	282 040.3	346 178.0	8.42	41.11	50.46	50 028
2016	740 060.8	60 139.2	296 547.7	383 373.9	8.13	40.07	51.80	53 680
2017	820 754.3	62 099.5	332 742.7	425 912.1	7.57	40.54	51.89	59 201

注：本表按当年价格计算，2014年及以前的国民生产总值是没有修订的数据（比2018年《中国统计年鉴》的数据小）
资料来源：《中国统计年鉴》相关年份数据

期以前呈上升趋势，这与当时在全国推广家庭联产承包责任制极大地释放了农业生产力有关，到80年代中期后才开始下降，20世纪90年代以后，下降的趋势更加明显。

2．第二产业在GDP中所占的比例呈现先下降后上升然后又下降的趋势，但总的来看变化幅度比较平稳

在GDP结构中，第二产业的比例从1980年的48.22%下降到1990年的41.34%，到2006年，再次回升到47.4%，此后处于下降状态，一直下降到2017年的40.5%。从整体上看，第二产业始终在GDP结构中占据最重要的地位，自改革开放以来，第二产业在GDP中的比例没有发生大的变化。

3．第三产业占GDP的比例总体呈不断上升趋势，但2002年以来呈现出缓慢下降的趋势

由表2-3可以看出，自改革开放到20世纪80年代前期，第三产业在GDP结构中所占比例一直没有发生太大的变化，而在1983年以后，第三产业的比例迅速上升，在1985年超过了第一产业。1995～1999年第三产业增加较快，而2000～2006年第三产业发展相对稳定，2007年以来第三产业的发展又加快，2012年第三产业超过第二产业，到2017年第三产业的比例已超过第二产业11.4个百分点。

(二)就业结构变动

表2-4是改革开放以来三次产业就业人数和组成结构的变化趋势，从中可以发现以下特点。

1．三次产业劳动力投入的变动趋势与产业结构的变动趋势基本一致

第一产业的劳动力占总劳动力的比例自改革开放以后不断下降，从1978年的超过70%下降到2002年的50.0%，然后下降到2017年的27.0%；与此相对应，第二产业从1978年的17.3%提高到2012年的30.3%，而后下降到2017年的28.1%；第三产业的就业人员持续增加，从1978年的12.2%提升到2017年的44.9%。我国劳

动力三次产业的就业结构大致形成了目前 3∶3∶4 的格局,第一产业就业人数最少,我国劳动力就业结构发生了质的变化。

表 2-4 三次产业就业人数及组成结构

年份	经济活动参与人/万人	就业人数/万人	第一产业/万人	第二产业/万人	第三产业/万人	第一产业/%	第二产业/%	第三产业/%
1978	40 682	40 153	28 318	6 945	4 890	70.5	17.3	12.2
1979	41 592	41 025	28 634	7 214	5 177	69.8	17.6	12.6
1980	42 903	42 361	29 122	7 707	5 532	68.7	18.2	13.1
1981	44 165	43 725	29 777	8 003	5 945	68.1	18.3	13.6
1982	45 674	45 295	30 859	8 346	6 090	68.1	18.4	13.5
1983	46 707	46 436	31 151	8 679	6 606	67.1	18.7	14.2
1984	48 433	48 197	30 868	9 590	7 739	64.0	19.9	16.1
1985	50 112	49 873	31 130	10 384	8 359	62.4	20.8	16.8
1986	51 546	51 281	31 254	11 216	8 811	60.9	21.9	17.2
1987	53 060	52 784	31 663	11 726	9 395	60.0	22.2	17.8
1988	54 630	54 334	32 249	12 152	9 933	59.4	22.4	18.3
1989	55 707	55 330	33 225	11 976	10 129	60.0	21.6	18.3
1990	65 323	64 749	38 914	13 856	11 979	60.1	21.4	18.5
1991	66 091	65 491	39 098	14 015	12 378	59.7	21.4	18.9
1992	66 782	66 152	38 699	14 355	13 098	58.5	21.7	19.8
1993	67 468	66 808	37 680	14 965	14 163	56.4	22.4	21.2
1994	68 135	67 455	36 628	15 312	15 515	54.3	22.7	23.0
1995	68 855	68 065	35 530	15 655	16 880	52.2	23.0	24.8
1996	69 765	68 950	34 820	16 203	17 927	50.5	23.5	26.0
1997	70 800	69 819	34 840	16 547	18 432	49.9	23.7	26.4
1998	72 087	70 637	35 177	16 600	18 860	49.8	23.5	26.7
1999	72 791	71 394	35 768	16 421	19 205	50.1	23 0	26.9
2000	73 992	72 085	36 043	16 219	19 823	50.0	22.5	27.5
2001	73 884	72 798	36 399	16 234	20 165	50.0	22.3	27.7
2002	74 492	73 280	36 640	15 682	20 958	50.0	21.4	28.6
2003	74 911	73 736	36 204	15 927	21 605	49.1	21.6	29.3
2004	75 290	74 264	34 830	16 709	22 725	46.9	22.5	30.6
2005	76 120	74 647	33 442	17 766	23 439	44.8	23.8	31.4
2006	76 315	74 978	31 941	18 894	24 143	42.6	25.2	32.2
2007	76 531	75 321	30 731	20 186	24 404	40.8	26.8	32.4
2008	77 046	75 563	29 923	20 553	25 087	39.6	27.2	33.2
2009	77 510	75 827	28 890	21 080	25 857	38.1	27.8	34.1
2010	78 388	76 105	27 931	21 842	26 332	36.7	28.7	34.6
2011	78 579	76 420	26 594	22 544	27 282	34.8	29.5	35.7
2012	78 894	76 704	25 773	23 241	27 690	33.6	30.3	36.1
2013	79 300	76 977	24 171	23 170	29 636	31.4	30.1	38.5
2014	79 690	77 253	22 790	23 099	31 364	29.5	29.9	40.6
2015	80 091	77 451	21 919	22 693	32 839	28.3	29.3	42.4
2016	80 694	77 603	21 496	22 350	33 757	27.7	28.8	43.5
2017	80 686	77 640	20 944	21 824	34 872	27.0	28.1	44.9

注：本表中的第二产业包括交通运输和信息技术等第三产业专业,技工学校专业按第二产业专业计算

资料来源：依据《中国教育统计年鉴》和《中国劳动统计年鉴》相关年份数据计算

2. 虽然就业结构的变动趋势和产出结构的变动趋势一致，但在构成比例上，两者仍然有巨大的差异

表 2-5 显示了就业结构和产出结构在构成比例上的对比性差异。第一产业在 GDP 结构中所做出的贡献和其吸纳的劳动力数量是不相称的，这主要是由于第一产业的劳动生产率相对较低，人均劳动生产率低于第二产业和第三产业，说明第一产业仍有大量的剩余劳动力需要向非农产业转移。同时，需要注意的是，我国第三产业吸纳的劳动力人数最多，已成为吸纳就业的主体。

表 2-5　三次产业占 GDP 比例和劳动力就业结构的比较　　单位：%

年份	占 GDP 比例			劳动力就业结构		
	第一产业	第二产业	第三产业	第一产业	第二产业	第三产业
1978	28.19	47.87	23.94	70.5	17.3	12.2
1979	31.27	47.10	21.63	69.8	17.6	12.6
1980	30.17	48.23	21.60	68.7	18.2	13.1
1981	31.88	46.11	22.01	68.1	18.3	13.6
1982	33.39	44.76	21.85	68.1	18.4	13.5
1983	33.18	44.38	22.44	67.1	18.7	14.2
1984	32.13	43.09	24.78	64.0	19.9	16.1
1985	28.44	42.89	28.67	62.4	20.8	16.8
1986	27.14	43.72	29.14	60.9	21.9	17.2
1987	26.81	43.55	29.64	60.0	22.2	17.8
1988	25.70	43.79	30.51	59.3	22.4	18.3
1989	25.10	42.84	32.06	60.1	21.6	18.3
1990	27.12	41.34	31.54	60.1	21.4	18.5
1991	24.53	41.78	33.69	59.7	21.4	18.9
1992	21.79	43.45	34.76	58.5	21.7	19.8
1993	19.71	46.57	33.72	56.4	22.4	21.2
1994	19.86	46.57	33.57	54.3	22.7	23.0
1995	19.96	47.18	32.86	52.2	23.0	24.8
1996	19.69	47.54	32.77	50.5	23.5	26.0
1997	18.29	47.54	34.17	49.9	23.7	26.4
1998	17.56	46.21	36.23	49.8	23.5	26.7
1999	16.47	45.76	37.77	50.1	23.0	26.9
2000	15.06	45.92	39.02	50.0	22.5	27.5
2001	14.39	45.15	40.46	50.0	22.3	27.7
2002	13.74	44.79	41.47	50.0	21.4	28.6
2003	12.80	45.97	41.23	49.1	21.6	29.3
2004	13.39	46.23	40.38	46.9	22.5	30.6

续表

年份	占 GDP 比例			劳动力就业结构		
	第一产业	第二产业	第三产业	第一产业	第二产业	第三产业
2005	11.70	46.90	41.40	44.8	23.8	31.4
2006	10.70	47.40	41.90	42.6	25.2	32.2
2007	10.40	46.70	42.90	40.8	26.8	32.4
2008	10.30	46.80	42.90	39.6	27.2	33.2
2009	9.90	45.70	44.40	38.1	27.8	34.1
2010	9.60	46.20	44.20	36.7	28.7	34.6
2011	9.50	46.20	44.30	34.8	29.5	35.7
2012	9.50	45.00	45.50	33.6	30.3	36.1
2013	9.40	43.70	46.90	31.4	30.1	38.5
2014	9.20	42.60	48.20	29.5	29.9	40.6
2015	8.40	41.10	50.50	28.3	29.3	42.4
2016	8.10	40.10	51.80	27.7	28.8	43.5
2017	7.60	40.50	51.90	27.0	28.1	44.9

资料来源：《中国统计年鉴》相关年份数据

如图 2-2 所示为 1978～2017 年三次产业劳动力就业结构变化情况，图 2-3～图 2-5 分别为 1978～2017 年第一、第二、第三产业占 GDP 比例和劳动力就业结构对比情况。

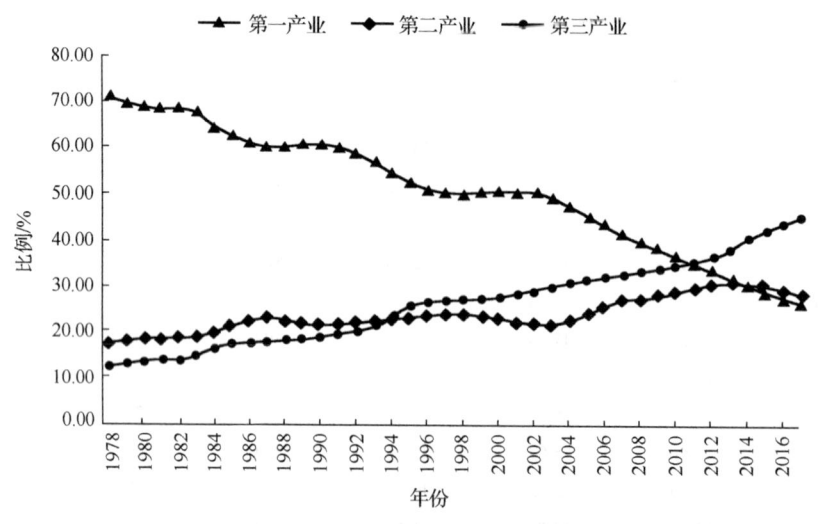

图 2-2　1978～2017 年三次产业劳动力就业结构变化图

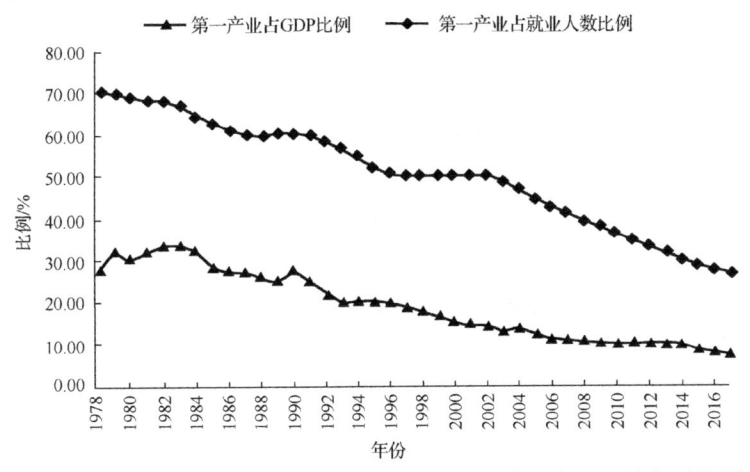

图 2-3　1978~2017 年第一产业占 GDP 比例和劳动力就业结构对比图

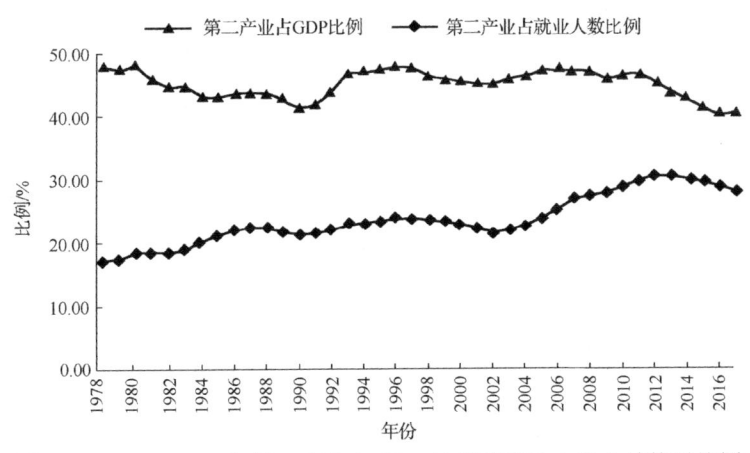

图 2-4　1978~2017 年第二产业占 GDP 比例和劳动力就业结构对比图

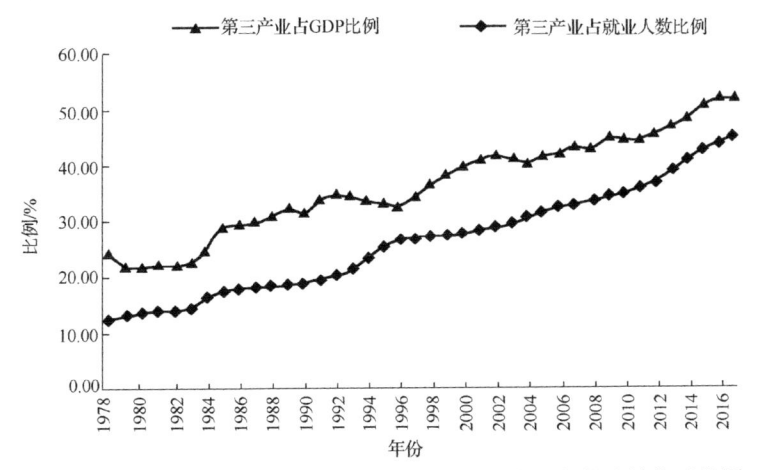

图 2-5　1978~2017 年第三产业占 GDP 比例和劳动力就业结构对比图

(三)劳动生产率变动

改革开放以来,我国整体经济效率不断提高。表 2-6 显示了我国三次产业劳动生产率的变动趋势。改革开放以来,我国全社会的劳动生产率持续上升,由 1978 年的 908 元/人增加为 2017 年的 105 713 元/人,尤其是 20 世纪 90 年代以后,第二产业和第三产业的劳动生产率提高得很快,第一产业的劳动生产率进入 21 世纪以来也有了较快的提高。

表 2-6　我国三次产业劳动生产率的变动　　　单位:元/人

年份	全社会劳动生产率	第一产业劳动生产率	第二产业劳动生产率	第三产业劳动生产率
1978	908	363	2 513	1 784
1979	990	444	2 652	1 698
1980	1 073	471	2 844	1 775
1981	1 119	524	2 818	1 811
1982	1 175	576	2 855	1 910
1983	1 284	635	3 049	2 026
1984	1 496	750	3 238	2 308
1985	1 808	824	3 724	3 092
1986	2 004	892	4 006	3 398
1987	2 285	1 021	4 479	3 804
1988	2 769	1 199	5 421	4 621
1989	3 071	1 284	6 077	5 379
1990	2 883	1 301	5 570	4 916
1991	3 326	1 366	6 495	5 928
1992	4 070	1 516	8 150	7 144
1993	5 289	1 848	10 995	8 413
1994	7 145	2 613	14 659	10 428
1995	8 932	3 416	18 320	11 836
1996	10 323	4 025	20 882	13 012
1997	11 311	4 145	22 689	14 642
1998	11 949	4 212	23 497	16 214
1999	12 561	4 129	24 988	17 638
2000	13 764	4 146	28 088	19 530
2001	15 063	4 336	30 499	21 999
2002	16 421	4 513	34 369	23 809
2003	18 420	4 801	39 202	25 922
2004	21 528	6 148	44 230	28 410
2005	24 775	6 704	49 307	31 964
2006	28 850	7 526	54 895	36 679
2007	35 290	9 315	62 336	45 629
2008	41 560	11 263	72 497	52 354
2009	44 957	12 193	74 781	57 253

续表

年份	全社会劳动生产率	第一产业劳动生产率	第二产业劳动生产率	第三产业劳动生产率
2010	52 758	14 512	85 790	65 926
2011	61 908	17 856	97 770	75 216
2012	67 724	20 321	101 184	83 761
2013	76 389	22 888	110 837	93 092
2014	82 387	25 595	117 491	97 800
2015	88 571	26 358	124 285	105 417
2016	95 365	27 977	132 684	113 569
2017	105 713	29 650	152 466	122 136

资料来源：根据《中国统计年鉴》相关年份数据计算

与此同时，三次产业之间的劳动生产率差距不断扩大，但到2012年又趋于缩小。如图2-6所示，20世纪90年代以前，三次产业的劳动生产率与全社会劳动生产率之间的差距不大，彼此的差距也不突出，第三产业和第二产业的差距甚至呈现出缩小的趋势。从1990年开始，第一产业和第二产业之间的差距持续扩大，第三产业与第二产业之间的差距也呈扩大态势。目前，第二产业的劳动生产率远远高于第一产业和第三产业，第三产业又高于第一产业，第一产业的劳动生产率远远低于全社会劳动生产率。

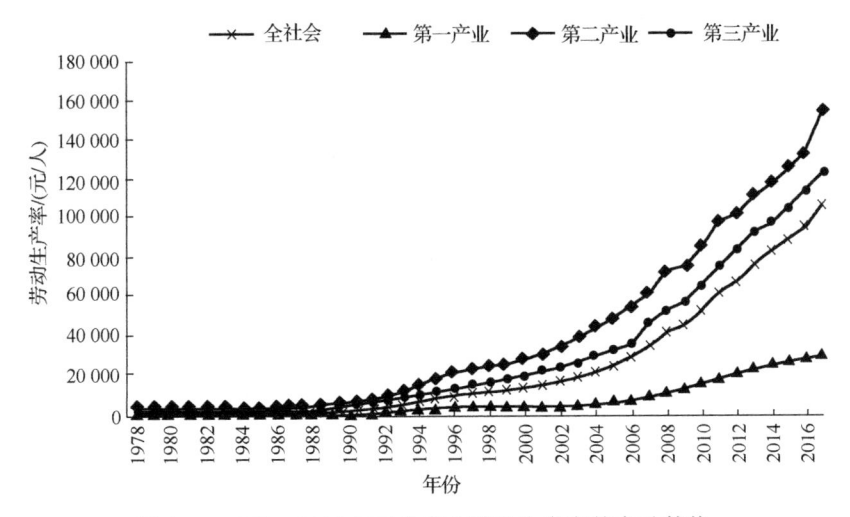

图2-6 1978～2017年三次产业劳动生产率的变动趋势

从三次产业劳动生产率的增长速度来看，我国三次产业劳动生产率的增长率均高于GDP的增长率，且出现了较大的波动，尤其是第三产业。农业劳动生产率的平均水平相对较低，且其提高的速度基本呈上升趋势。在未考虑物价因素下，1981～1990年，农业劳动生产率年均增长率为10.69%；1991～2000年，年均增长率为

12.29%；2001~2010 年，年均增长率为 13.35%；2011~2017 年，年均增长率为 10.75%。工业劳动生产率高于农业劳动生产率，且增速快于农业劳动生产率。20 世纪 90 年代，第二产业劳动生产率是第一产业的 13 倍，进入 21 世纪后，农业劳动生产率有了大幅度提高，工业劳动生产率约为第一产业的 7 倍。改革开放之后 40 年，第三产业劳动生产率年均增长率为 11.45%，总体呈上升趋势，特别是 20 世纪 90 年代以来，增幅更大。

二、第一产业内部结构变动及特点

三次产业内部的结构变化非常显著。改革开放以来，我国第一产业增加值结构变动的总体趋势是农业比例下降，林业比例相对稳定，牧业和渔业比例上升。表 2-7 显示了 1978~2017 年，农业、林业、牧业和渔业在第一产业内部的结构变化，图 2-7 则显示了这一变化趋势。

表 2-7 第一产业内部的结构变化趋势

年份	总产值/亿元	农业/亿元	林业/亿元	牧业/亿元	渔业/亿元	农业/%	林业/%	牧业/%	渔业/%
1978	1 396.90	1 117.50	48.06	209.27	22.07	80.00	3.44	14.98	1.58
1979	1 697.60	1 325.30	60.70	285.60	26.00	78.07	3.58	16.82	1.53
1980	1 922.56	1 454.10	81.38	354.23	32.85	75.64	4.23	18.42	1.71
1981	2 180.62	1 635.87	98.89	402.17	43.69	78.62	4.75	19.33	2.10
1982	2 483.26	1 865.30	110.04	456.70	51.22	75.12	4.43	18.39	2.06
1983	2 750.00	2 074.47	127.20	485.11	63.22	75.43	4.63	17.64	2.30
1984	3 214.04	2 380.15	161.61	587.23	85.05	74.05	5.03	18.27	2.65
1985	3 619.49	2 506.39	188.68	798.31	126.11	69.25	5.21	22.06	3.48
1986	4 013.01	2 771.75	201.19	875.71	164.36	69.07	5.01	21.82	4.10
1987	4 675.70	3 160.49	221.98	1 068.37	224.86	67.59	4.75	22.85	4.81
1988	5 865.27	3 666.89	275.30	1 600.61	322.47	62.52	4.69	27.29	5.50
1989	6 534.73	4 100.58	284.92	1 800.38	348.85	62.75	4.36	27.55	5.34
1990	7 662.09	4 954.26	330.27	1 967.00	410.56	64.66	4.31	25.67	5.36
1991	8 157.03	5 146.43	367.90	2 159.22	483.48	63.09	4.51	26.47	5.93
1992	9 084.71	5 588.02	422.61	2 460.52	613.56	61.52	4.65	27.08	6.75
1993	10 995.53	6 605.14	494.00	3 014.40	881.99	60.08	4.49	27.41	8.02
1994	15 750.47	9 169.22	611.07	4 671.99	1 298.19	58.22	3.88	29.66	8.24
1995	20 340.86	11 884.63	709.94	6 044.98	1 701.31	58.43	3.49	29.72	8.36
1996	22 353.73	13 539.75	778.01	6 015.54	2 020.43	60.57	3.48	26.91	9.04
1997	23 788.36	13 852.54	817.76	6 835.36	2 282.70	58.23	3.44	28.73	9.60
1998	24 541.86	14 241.88	851.26	7 025.84	2 422.88	58.03	3.47	28.63	9.87
1999	24 519.14	14 106.22	886.30	6 997.58	2 529.04	57.54	3.61	28.54	10.31
2000	24 915.76	13 873.59	936.52	7 393.08	2 712.57	55.68	3.76	29.67	10.89
2001	26 179.64	14 462.79	938.75	7 963.13	2 814.97	55.24	3.59	30.42	10.75

续表

年份	实际产值					比例结构			
	总产值/亿元	农业/亿元	林业/亿元	牧业/亿元	渔业/亿元	农业/%	林业/%	牧业/%	渔业/%
2002	27 390.75	14 931.54	1 033.50	8 454.64	2 971.07	54.51	3.77	30.87	10.85
2003	29 691.80	14 870.11	1 239.93	9 538.81	3 137.61	50.08	4.18	32.13	10.57
2004	36 238.99	18 138.36	1 327.12	12 173.80	3 605.60	50.05	3.66	33.59	9.95
2005	39 450.89	19 613.37	1 425.54	13 310.78	4 016.12	49.72	3.61	33.74	10.18
2006	40 810.83	21 522.28	1 610.81	12 083.86	3 970.52	52.74	3.95	29.61	9.73
2007	48 893.02	24 658.17	1 861.62	16 124.95	4 457.54	50.43	3.81	32.98	9.12
2008	58 002.15	28 044.15	2 152.90	20 583.56	5 203.38	48.35	3.71	35.49	8.97
2009	60 361.01	30 777.48	2 193.01	19 468.36	5 626.44	50.99	3.63	32.25	9.32
2010	69 319.76	36 941.11	2 595.47	20 825.73	6 422.37	53.29	3.74	30.04	9.26
2011	81 303.92	41 988.64	3 120.68	25 770.69	7 567.95	51.64	3.84	31.70	9.31
2012	89 453.05	46 940.46	3 447.08	27 189.39	8 706.01	52.47	3.85	30.40	9.73
2013	96 995.27	51 497.37	3 902.43	28 435.49	9 634.58	53.09	4.02	29.32	9.93
2014	102 226.09	54 771.55	4 256.00	28 956.30	10 334.26	53.58	4.16	28.33	10.11
2015	101 893.52	54 205.34	4 358.45	28 649.32	10 339.09	53.20	4.28	28.12	10.15
2016	106 478.73	55 659.89	4 635.90	30 461.17	10 892.92	52.27	4.35	28.61	10.23
2017	109 331.72	58 059.76	4 980.55	29 361.19	11 577.09	53.10	4.56	26.86	10.59

注：2003 年以后国家统计局将第一产业中的服务业划归第三产业，农、林、牧、渔四业增加值占总产值的比例之和小于100%

资料来源：《中国统计年鉴》相关年份数据

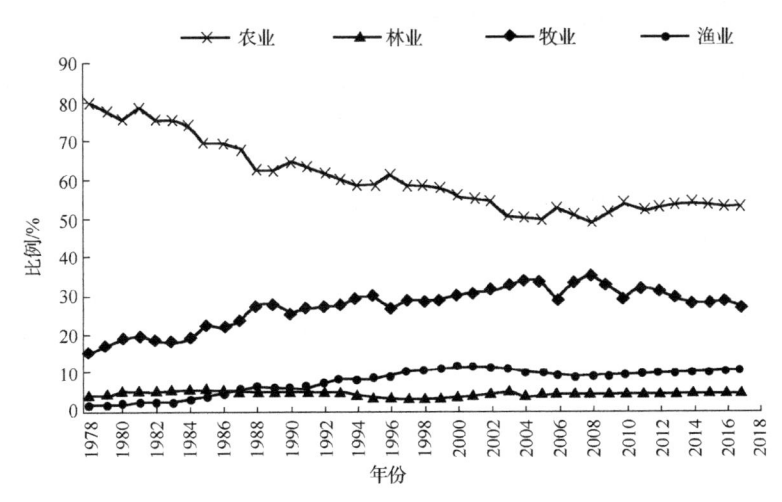

图 2-7 农业、林业、牧业、渔业在第一产业内部的比例变化趋势

在改革开放之前，农业在第一产业中始终占据最重要的地位。1978 年，农业约占第一产业的 80%，远远超过渔业、牧业和林业的总和。虽然农业在第一产业中的比例始终处于下降趋势，但是直到 2003 年，农业仍基本稳定在第一产业的 50% 左

右,大体上仍相当于渔业、牧业和林业的总和。在农业内部结构方面,种植结构(产品和品种结构)的调整取得了较快进展,粮经比例不断优化,经济作物种植面积不断扩大,蔬菜生产大幅增长,品种结构不断得到优化,产品优质化取得了较为迅速的发展,传统农业向现代农业转变的趋势增强。

在改革开放以后,林业的绝对量虽然也在不断增长,但是在第一产业中所占的比例变化不是太明显,最近几年增加较快。

1978年以后,牧业和渔业发展非常迅速。牧业在第一产业中的比例从1978年的约15%提升到2008年的35.49%(最高值),近几年有所下降;渔业从1978年的1.58%提高到2017年的10.59%。牧业和渔业在第一产业内部比例的迅速上升与国民收入的提高紧密相关。随着经济的快速发展,人民的生活水平不断改善,对肉类产品和鱼类产品的需求不断扩大,刺激了牧业和渔业的发展。同时,改革开放以后,我国的农产品逐渐进入国际市场,尤其是肉类、禽类和水产品在农产品出口中占据了比较大的比例,这也是牧业和渔业迅速发展的重要原因。

值得注意的是,第一产业内部的结构变化集中体现在20世纪90年代之前。由图2-7可以看出,在1990年以前,农业、牧业、渔业的变化幅度都比较大,但是在20世纪80年代末以后,尤其是进入90年代以后,这种变化的趋势突然变得缓和下来,产业结构转换走过了一个拐点,步伐明显比以往要小。进入21世纪,农业内部结构相对稳定,农林牧渔结构变化不大,说明第一产业内部结构目前处于相对稳定的阶段。

三、第二产业内部结构变动及特点

长期以来,我国第二产业对整个经济增长起着主要的支持作用,伴随着迅速增长,第二产业的内部结构也在不断优化。1978~2017年,我国第二产业总产值由1745.2亿元上升至33 2742.7亿元,平均增长速度达到14.44%,在GDP中的比例长期稳定在40%~50%,在国民经济中占据重要地位,特别是工业取得了长足的发展,其对国民经济的贡献率和拉动率在三次产业中居首位,国民经济工业化水平显著提高。第二产业特别是工业的增长成为中国经济快速增长的主要动力之一。按可比价计算,在1979~2005年GDP增长的9.6个百分点中,有5.3个百分点来自第二产业的贡献,3.1个百分点来自第三产业,1.2个百分点来自第一产业。

(一)工业结构的轻、重工业比例变化

伴随着工业化的快速发展,工业内部的结构也迅速变化。按照轻、重工业的比例关系,可将我国工业结构的演变过程大致分为4个阶段。

1)第一阶段:1978年至20世纪80年代前中期,主要解决了轻、重工业结构失衡的问题。这一时期,采用扶持轻工业发展的方针,将轻纺工业和耐用消费品放在优先发展的地位,轻工业的比例在短期内从约43%上升到约50%,既推动了工业的快速增长,也改善了轻、重工业的比例关系,工业内部结构趋于合理。与此同时,重工业也进行了结构调整和改造,为农业和消费品工业服务的机械工业有了较快的发展。

2) 第二阶段:20 世纪 80 年代中后期,轻、重工业保持基本平衡的发展态势。在 20 世纪 80 年代初开始实施的促进轻工业发展的政策作用下,轻工业增加值占工业总产值的比例连续上升,1985 年轻工业比例超过 45%,1990 年接近 50%,轻工业与重工业形成了平分秋色的格局(图 2-8)。

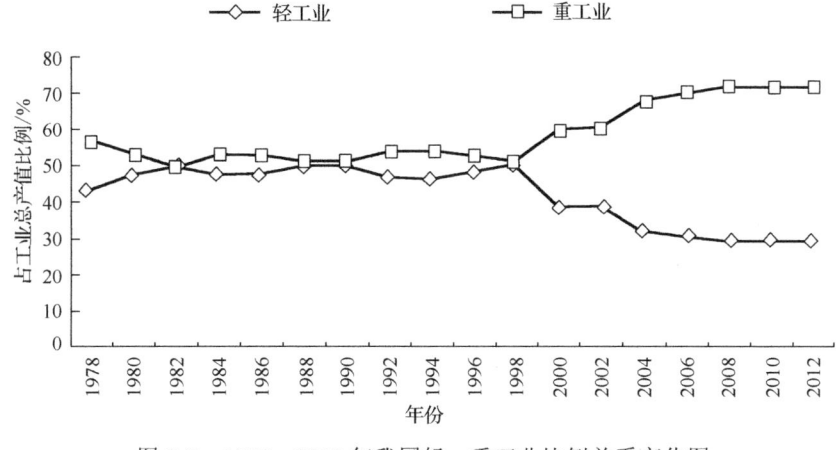

图 2-8 1978~2012 年我国轻、重工业比例关系变化图

3) 第三阶段:从 1992 年开始,随着人均收入水平的提高,居民对耐用消费品的需求逐步增加,拉动了以家用电器为核心的机电工业迅速发展,与此同时,在基础设施和基础工业瓶颈制约下推动起来的基础建设投资拉动了基础工业的发展,我国工业结构重新出现较明显的重工业化趋势,到 1998 年,重工业增加值占工业总产值的比例已接近 60%。这一时期,我国轻工业和重工业在工业总产值中的比例总体保持稳定。

4) 第四阶段:从 1999 年开始,重工业呈现快速增长势头,工业增长再次形成以重工业为主导的格局。2002 年以后,重工业在工业总产值中的比例迅速上升,由 2002 年的 60.9%上升为 2005 年的 68.9%,轻工业则从 2002 年的 39.1%回落为 2005 年的 31.1%。轻工业和重工业的比例差距明显拉大,重工业化趋势日益显著。

1978~2012 年中国轻工业和重工业总产值构成见表 2-8。

表 2-8 1978~2012 年中国轻工业和重工业总产值构成　　　单位:%

年份	轻工业	重工业
1978	43.1	56.9
1979	43.7	56.3
1980	47.2	52.8

续表

年份	轻工业	重工业
1981	51.5	48.5
1982	50.2	49.8
1983	48.5	51.5
1984	47.4	52.6
1985	47.4	52.6
1986	47.6	52.4
1987	48.2	51.8
1988	49.3	50.7
1989	48.9	51.1
1990	49.4	50.6
1991	48.4	51.6
1992	46.6	53.4
1993	46.5	53.5
1994	46.3	53.7
1995	47.3	52.7
1996	48.1	51.9
1997	49.0	51.0
1998	49.3	50.7
1999	49.2	50.8
2000	39.8	60.2
2001	39.4	60.6
2002	39.1	60.9
2003	35.5	64.5
2004	31.6	68.4
2005	31.1	68.9
2006	30.0	70.0
2007	29.5	70.5
2008	28.7	71.3
2009	29.5	70.5
2010	28.6	71.4
2011	28.2	71.8
2012	28.7	71.3

资料来源：《中国工业经济统计年鉴》相关年份数据

(二)工业结构的行业构成变化

从工业结构的行业构成变化来看，改革开放以来，我国一般加工制造业的比例相对稳定或有所下降，以电子及通信制造业为中心的技术密集型产业和高新技术产业迅速增长，带动了工业结构的升级。目前，我国工业结构正跨入以加工组装工业为中心的高加工度化阶段，正在从劳动密集型工业、资本密集型工业向技术密集型工业转换,工业的发展从数量扩张为主转向了以高质量发展为主,工业结构调整的重点也由解决比例失调转向推进产业结构升级。

总体来看,我国煤炭采选业、食品加工业、纺织业、普通机械制造业4个行业的比例明显下降,其中,纺织业下降的幅度最大。石油和天然气开采业、石油加工及炼焦业、交通运输设备制造业、电子及通信设备制造业、电力蒸汽热水生产供应业5个行业的比例显著增加,其中,电子及通信设备制造业的比例增幅最大,其在2004年工业总产值的比例达10.2%,比1985年提高了6.7个百分点。除了上述下降和上升比较明显的9个行业之外,其他行业的比例变动幅度不大(表2-9)。

表2-9 我国工业行业构成变化表　　　　　　　　　　单位:%

行业	1985年	1990年	1994年	2000年	2004年	2010年	2013年
煤炭采选业	2.3	2.4	2.0	1.5	2.1	3.2	5.7
石油和天然气开采业	1.9	2.3	2.6	3.7	2.1	1.4	2.2
黑色金属矿采选业	0.2	0.2	0.2	0.2	0.4	0.9	1.1
有色金属矿采选业	0.4	0.6	0.1	0.5	0.4	0.5	0.5
非金属矿采选业	0.4	0.5	0.7	0.4	0.5	0.4	0.4
开采辅助活动	—	—	—	—	—	—	0.3
其他采矿业	0.0	0.0	0.0	0.0	0.0	0.0	0.0
采盐业	0.2	0.0	0.0	0.0	0.0	—	—
木材及竹材采运业	0.5	0.5	0.5	0.1	4.3	—	—
农副食品加工业	11.3	11.6	10.4	4.4	1.5	5.0	3.1
食品加工业	—	—	1.5	1.7	1.2	1.6	1.3
饮料制造业	—	2.1	1.8	2.1	1.2	1.3	1.5
烟草加工业	—	2.8	1.7	1.7	5.2	0.8	1.5
纺织业	16.3	12.3	12.4	6.0	2.1	4.1	2.6
服装及其他纤维制品制造	2.4	2.2	2.6	2.7	1.4	1.8	1.3
皮革毛皮羽绒及其制品业	0.9	1.1	1.6	1.6	0.9	1.1	0.7
木材加工及竹藤棕草制品业	0.7	0.6	0.7	0.8	0.7	1.1	0.6
家具制造业	0.6	0.4	0.4	0.4	1.8	0.6	0.5
造纸及纸制品业	1.8	2.1	1.5	1.9	0.8	1.5	1.5
印刷业记录媒介的复制	—	0.9	0.8	0.7	0.6	0.5	0.5
文教体育用品制造业	—	1.5	0.6	0.7	4.1	0.5	0.7
石油加工及炼焦业	2.5	2.7	3.7	5.2	2.1	4.2	2.7
化学原料及制品制造业	6.6	8.0	6.2	6.7	6.3	6.9	7.0
医药制造业	1.7	1.9	1.7	2.0	1.5	1.7	2.7
化学纤维制造业	1.2	1.5	1.2	1.5	0.9	0.7	0.7
橡胶和塑料制品业	3.6	3.4	2.9	3.2	3.3	2.8	2.1
非金属矿物制品业	4.5	4.8	5.8	4.3	4.5	4.6	4.7
黑色金属冶炼及压延加工业	5.2	6.9	8.1	5.5	7.8	7.4	7.4
有色金属冶炼及压延加工业	2.2	2.7	2.3	2.5	2.8	4.0	3.8
金属制品业	2.8	2.8	3.3	3.0	2.9	2.9	2.5

续表

行业	1985 年	1990 年	1994 年	2000 年	2004 年	2010 年	2013 年
通用设备制造业	—	—	—	—	—	5.0	4.1
专用设备制造业	—	—	3.5	2.6	2.6	3.1	3.5
普通机械制造业	11.0	9.0	4.7	3.6	4.6	—	—
交通运输设备制造业	4.3	3.8	6.2	6.3	6.5	7.9	7.9
电气机械及器材制造业	4.4	4.3	4.5	5.6	5.4	6.2	5.5
电子及通信设备制造业	3.5	3.1	3.9	8.8	10.2	7.9	6.0
仪器仪表文化办公用机械	—	0.6	0.8	1.0	1.1	0.9	0.8
工艺品及其他制造业	—	1.4	1.5	—	1.0	0.8	0.2
废弃资源和废旧材料回收加工业	—	—	—	—	—	0.3	0.2
电力蒸汽热水生产供应业	3.3	3.6	3.9	5.4	6.7	5.8	11.7
煤气的生产和供应业	—	0.1	0.1	0.2	0.2	0.3	0.6
自来水的生产和供应业	—	—	0.3	0.4	0.3	0.2	0.9

注：—表示无数据

资料来源：1985 年、1990 年、1994 年、2000 年数据来自龙开元[①]；2004 年、2010 年和 2013 年数据来自《中国统计年鉴》相关年份数据

2000~2005 年，我国工业产业结构进一步改善。2000 年，位于工业增加值比例前五位的行业分别为电力蒸汽热水生产供应业、石油和天然气开采业、电子及通信设备制造业、化学原料及制品制造业、交通运输设备制造业，而到 2005 年，位于工业增加值比例前五位的行业则变为电子及通信设备制造业、黑色金属冶炼及压延加工业、电力蒸汽热水生产供应业、化学原料及化学制品制造业、石油和天然气开采业。统计数据显示，"十五"期间以电力、煤炭、石油为主的能源工业明显加强，钢铁、纺织、建材等传统的原材料和加工工业有所压缩，以电子及通信设备制造业为主的信息产业迅速成长。信息产业的迅速崛起，不仅打破了传统的行业生产格局，同时也为其他行业和领域提供了先进的技术、装备，促进了国民经济产业结构的优化升级进程。

四、第三产业内部结构变动及特点

改革开放以来，由于国家对第三产业的发展日益重视，我国第三产业进入了一个新的发展时期。1978~2017 年，第三产业的平均增长速度达到 17.14%，比同期国内生产总值的增长速度（14.86%）高 2.28 个百分点。第三产业的就业人员从 1978 年的 4890 万人增长到 2017 年的 34 872 万人，占总就业人数的比例也从 12.2%增加到 44.9%（图 2-5）。

在第三产业占国民经济的比例日趋增大的同时，其内部结构也发生了明显的变

---

① 龙开元. 改革开放后中国产业结构及其地区差异分析[R]. 科技部中国科技促进发展研究中心调研报告，2004 年第 77 期.

化。改革开放初期，我国的第三产业主要集中在商业、饮食、居民服务、交通运输、邮电等传统产业领域。1997年9月党的十五大报告中提出发展现代服务业，2007年国务院发布了《关于加快发展服务业的若干意见》（国发〔2007〕7号），对加快发展现代服务业起到了政策支持和促进作用。经过40年的发展，在传统服务业持续发展的同时，旅游、信息、咨询、科技服务、社区服务、金融保险、房地产、教育、文化等现代服务业也取得了长足的发展。表2-10显示了1991～2003年我国第三产业增加值构成的变化情况。从几个大的服务行业来看，批发和零售贸易餐饮业比例有所下降；传统的交通运输、仓储及邮电通信业比例大幅下降，其中，邮电通信业发展迅速，在第三产业中的比例呈上升态势；归入其他服务业的社会服务业，科学研究和综合技术服务业，教育、文化艺术和广播、电影、电视业，卫生体育和社会福利业等现代服务行业在第三产业中的比例均为上升趋势，其他服务业的比例由20世纪90年代初的16.8%上升到2003年的26.4%，上升了近10个百分点；此外，房地产业发展不断加快，其占第三产业比例有所上升。

表2-10 第三产业增加值构成表　　　　　　　　　　　　　　单位：%

行业	1991年	1995年	1997年	1998年	1999年	2000年	2001年	2002年	2003年
农林牧渔服务业	0.7	0.6	0.8	0.8	0.8	0.8	0.8	0.8	0.8
地质勘查业、水利管理业	1.1	1.4	1.3	1.2	1.2	1.1	1.0	1.0	0.9
交通运输、仓储及邮电通信业	19.5	17.0	16.5	16.4	16.5	18.1	18.0	17.8	17.0
其中：交通运输和仓储业	17.5	13.2	11.7	11.5	11.3	11.4	10.9	10.3	8.8
邮电通信业	2.0	3.8	4.8	4.9	5.2	6.7	7.1	7.5	8.2
批发和零售贸易餐饮业	28.9	27.5	26.7	26.1	25.6	24.5	23.9	23.5	23.6
金融保险业	17.8	19.4	19.7	18.6	17.9	17.4	16.8	16.5	16.5
房地产业	5.1	5.9	5.5	5.8	5.6	5.7	5.7	5.8	6.1
其他服务业	16.8	19.1	20.9	22.3	23.3	23.7	25.1	25.9	26.4
其中：社会服务业	6.2	8.6	9.5	10.5	10.7	10.9	11.6	12.1	12.4
卫生体育和社会福利业	3.0	2.7	2.7	2.7	2.7	2.8	3.0	3.0	3.0
教育、文化艺术和广播、电影、电视业	6.3	6.3	6.8	7.2	7.8	8.0	8.4	8.6	8.7
科学研究和综合技术服务业	1.3	1.5	1.9	1.9	2.1	2.1	2.1	2.2	2.2
国家机关、政党机关和社会团体	9.2	8.0	7.7	7.8	8.1	7.9	7.8	7.9	8.0
其他行业	0.9	1.0	1.0	1.0	1.0	0.9	0.9	0.9	0.9

资料来源：根据《中国统计年鉴》相关年份数据整理

从表2-10中还可以看出，在第三产业中，占比最高的是批发和零售贸易餐饮业，比例长期保持在20%以上；其次是交通运输、仓储及邮电通信业和金融保险业，比例最少的是农林牧渔服务业。虽然表2-10和表2-11由于统计指标的变化，指标内涵及其数据不一样，但各行业发展变化趋势基本上是稳定的。从表2-11来看，除批发和零售业，金融业，房地产业，租赁和商务服务业，科学研究、技术服务和地质勘查业有所上升外，其他行业均表现出不同程度的下降，说明我国现代服务业发展速度较快。

表2-11　2004～2012第三产业各行业发展情况表　　　　单位：%

行业	2004年	2005年	2006年	2007年	2008年	2009年	2010年	2011年	2012年
农林牧渔服务业	1.5	1.5	1.9	1.6	1.5	1.5	1.4	1.4	1.4
交通运输、仓储和邮政业	14.2	14.5	14.5	12.9	12.3	11.1	10.9	10.8	10.5
信息传输、计算机服务和软件业	6.5	6.4	6.2	5.9	5.9	5.4	5.0	4.7	4.7
批发和零售业	19.0	18.2	17.9	18.5	19.6	19.3	20.3	20.9	21.0
住宿和餐饮业	5.6	5.6	5.6	4.9	5.0	4.7	4.6	4.4	4.5
金融业	8.2	8.5	9.8	10.9	11.2	11.8	11.9	12.0	12.2
房地产业	10.9	11.1	11.2	12.2	11.1	12.4	12.9	12.9	12.5
租赁和商务服务业	4.0	3.9	3.8	4.2	4.2	4.1	4.4	4.5	4.6
科学研究、技术服务和地质勘查业	2.7	2.8	2.8	3.0	3.0	3.1	3.2	3.4	3.5
水利、环境和公共设施管理业	1.2	1.1	1.1	1.0	1.0	1.0	1.0	1.0	1.0
居民服务和其他服务业	3.8	4.2	4.1	3.5	3.5	3.5	3.5	3.5	3.4
教育	7.5	7.6	7.2	6.8	6.7	7.0	6.8	6.9	6.9
卫生、社会保障和社会福利业	4.0	3.9	3.7	3.6	3.5	3.4	3.4	3.6	3.8
文化、体育和娱乐业	1.6	1.6	1.5	1.4	1.4	1.5	1.4	1.5	1.5
公共管理和社会组织	9.4	9.2	8.8	9.6	10.3	10.1	9.2	8.7	8.6

资料来源：根据《中国统计年鉴》相关年份数据和国家统计局相关数据计算

五、我国产业结构面临的问题与调整政策

（一）我国产业结构面临的问题

现阶段我国经济产业结构还存在着一些问题与不足。

从三次产业结构来看，第三产业虽有了长足的发展，但其占GDP的比例仍然偏低。从就业结构的国际比较来看，同样表明我国第一、第二产业比例偏大，而第三产业比例偏小。改革开放以来，三大产业就业人员的比例由1978年的70.5∶17.3∶12.2调整为2017年的27.0∶28.1∶44.9，有了很大的变化，但仍未达到基本完成工业化时第一产业就业人数占总就业人数的比例降至20%以下的就业结构要求。

从三次产业内部结构来看，也存在一些不容忽视的问题。

1）在农业方面：一是农业基础设施仍比较落后，尚未从根本上改变"靠天吃饭"的局面；二是我国农业产业化和规模化经营还处于起步阶段；三是产业选择上趋同，大宗农产品区域布局不合理；四是农业社会化服务体系不健全，农业投入的风险较大。

2）在工业方面：一是生产结构不够合理，表现为低水平下的结构性、地区性生产过剩，也表现为企业生产的高消耗、高成本。二是产业组织结构不够合理，目前我国各类产业的一个普遍现象是分散程度较高，集中度较低。三是产业技术结构不

够合理。自主创新能力不强，缺乏核心技术，缺少自主知识产权，缺少世界知名品牌，更多地依靠廉价劳动力的比较优势来换取微薄的利益，成为低端产品的世界工厂。目前，我国出口商品中90%是贴牌生产，纺织服装出口占全球纺织服装贸易总额的24%，但自主品牌不足1%。美国《商业周刊》和国际品牌公司2006年公布的全球100个知名品牌中，美国拥有50个，欧洲38个，亚洲11个(日本8个，韩国3个)。中国的彩色电视机、手机、台式计算机、DVD播放机等产品的产量虽居世界第一，但关键的芯片却依赖进口，中国企业不得不将每部手机售价的20%、计算机售价的30%、数控机床售价的20%～40%支付给国外专利持有者。[1]四是高技术产业、环保产业等新兴产业相对落后。

3) 在服务业方面：一是服务业发展滞后，其增加值占GDP比例比中低收入国家的平均水平低十几个百分点，特别是现代服务业的数量和质量远远不能满足需求；二是从第三产业内部结构看，我国仍以传统的商业、服务业为主，一些基础性第三产业(如邮电、通信)和现代服务业及新兴服务业(如金融保险、信息、咨询、科技等)仍然发展不足。

(二) 我国产业结构调整的重点

1. 国家制定和施行《产业结构调整指导目录》

2005年11月9日召开的国务院常务会议审议并原则通过了《促进产业结构调整暂行规定》和《产业结构调整指导目录》。中华人民共和国国家发展和改革委员会第9号令规定自2011年6月1日起施行新的《产业结构调整指导目录(2011年本)》，此后，2013年和2015年又分别对该目录进行修订。《产业结构调整指导目录(2011年本)》共列条目1399条，其中，鼓励类为750条，限制类为223条，淘汰类为426条。

根据2005年中央会议的精神，全面贯彻落实科学发展观，坚持走新型工业化道路，以改革开放和科技进步为动力，增强自主创新能力，鼓励和支持发展先进生产能力，限制和淘汰落后生产能力，防止盲目投资和重复低水平建设，促进产业结构优化升级，是中国今后调整产业结构的主要工作。

2005年国务院确定了我国产业结构调整的8个重点：①巩固加强农业基础地位，加快传统农业向现代农业转变；②加强基础工业和基础设施建设，增强经济社会发展的保障能力；③大力发展先进制造业，发挥其对经济发展的支撑作用；④加快发展高新技术产业，增强对经济增长全局的带动作用；⑤促进服务业全面快速发展，提高服务业比例和水平；⑥大力发展循环经济，加快建设资源节约型和环境友好型社会；⑦调整区域产业布局，优化产业组织结构；⑧统筹国内发展和对外开放，推动产业结构优化升级。

---

[1] 马凯. 加快转变经济发展方式[N]. 解放日报，2007-11-13.

2．党的十七大提出加快转变经济增长方式，推动产业结构优化升级

1）推动产业结构优化升级，发展现代产业体系。

2）坚持走中国特色新型工业化道路。

3）大力推进信息化与工业化的融合，促进工业由大变强，加快发展装备制造业，推动大型装备制造和基础实验设施建设，改造和提升传统产业，淘汰落后生产能力。

4）着力提升高新技术产业，加快推进高新技术专项，大力发展高新技术产业群。

5）着力发展现代服务业，支持服务业关键领域、薄弱环节和新兴行业发展，加大对物流、信息、技术服务等生产性服务业的投入，提高服务业比例和水平。

6）加强基础产业基础设施建设，加快发展现代能源产业和综合运输体系。

3．党的十八大提出发展实体经济，着力构建现代产业发展新体系

习近平指出："产业结构优化升级是提高我国经济综合竞争力的关键举措。要加快改造提升传统产业，深入推进信息化与工业化深度融合，着力培育战略性新兴产业，大力发展服务业特别是现代服务业，积极培育新业态和新商业模式，构建现代产业发展新体系。"

1）加快传统产业转型升级，坚持利用信息技术和先进适用技术改造传统产业。

2）推进战略新兴产业、先进制造业健康发展。战略新兴产业是以重大技术突破和重大发展需求为基础，对经济社会全局和长远发展具有重大引领带动作用的产业。先进制造业是产业核心竞争力的集中体现，我国规划布局的节能环保、新一代信息技术、生物、高端装备制造、新能源、新材料、新能源汽车等重点领域与先进制造业发展紧密相关。

3）推动服务业特别是现代服务业发展壮大。积极拓展新型服务领域，不断培育形成服务业新的增长点。着力发展生产性服务业，培育研发设计、现代物流、金融服务、信息服务和商务服务，促进制造业与服务业、现代农业与服务业融合发展。

4）合理布局建设基础设施和基础产业。

5）发展现代信息技术产业体系。

此外，中央和地方政府还编制了一系列规划。从 2011 年起，我国先后颁布《工业转型升级规划》与《全国现代农业发展规划》，2012 年 1 月又发布《现代服务业科技发展"十二五"专项规划》。中央的这些长期规划是指导专业结构调整的重要依据。

4．党的十九大提出建设现代化经济体系

党的十九大报告指出，我国经济已由高速增长阶段转向高质量发展阶段，正处在转变发展方式、优化经济结构、转换增长动力的攻关期，建设现代化经济体系是跨越关口的迫切要求和我国发展的战略目标。

1）加快建设制造强国，加快发展先进制造业，推动互联网、大数据、人工智能

和实体经济深度融合,在中高端消费、创新引领、绿色低碳、共享经济、现代供应链、人力资本服务等领域培育新增长点、形成新动能。

2) 支持传统产业优化升级,加快发展现代服务业,瞄准国际标准提高水平。促进我国产业迈向全球中高端价值链,培育若干世界级先进制造业集群。

3) 加强水利、铁路、公路、水运、航空、管道、电网、信息、物流等基础设施网络建设。

4) 构建现代农业产业体系、生产体系、经营体系,完善农业支持保护制度,发展多种形式适度规模经营,培育新型农业经营主体,健全农业社会化服务体系,实现小农户和现代农业发展有机衔接。促进农村三次产业融合发展,支持和鼓励农民就业创业,拓宽增收渠道。

第三节　中等职业教育专业结构变化趋势

改革开放以来,我国产业结构经历了 4 个阶段。

1) 第一阶段(1978~1984 年):农业产业迅速发展时期。这一时期产业结构变动的主要特点是:第一产业在国民生产总值中所占的比例迅速上升,第二产业所占比例迅速下降。1978 年,第一产业在国民生产总值中所占的比例约为 28%,到 1984 年该比例就达到了 32.2%,上升了约 4.2 个百分点。与此同时,第二产业在国民生产总值中所占的比例则由 1978 年的 48.2%下降到 1984 年的 43%,下降了 5.2 个百分点。1978 年第三产业在国民生产总值中所占比例为 23.7%,到 1984 年上升到 24.8%,仅仅上升了 1.1 个百分点。上述变化说明在这一时期所进行的农村和农业改革极大地解放了农业生产力,推动了第一产业的发展,使工农业比例不协调的状况得到了较大改善。

2) 第二阶段(1985~1992 年):非农产业迅速发展时期。这一时期第二、第三产业在国民生产总值中所占的比例迅速上升,第一产业所占比例迅速下降。1985 年第一、第二、第三产业在国民生产总值中所占的比例分别约为 31%、44%和 25%,到 1992 年该比例分别约为 23%、48%和 29%。这一阶段资源配置的最大特点是劳动力从第一产业大量转移到第二、第三产业,特别是推动了第三产业的发展。

3) 第三阶段(1993~2008 年):第二产业高速发展时期。从总体来看,这一时期的显著特点是基础设施(包括能源、交通和通信设施)迅速发展,第二产业的比例迅速上升。1993 年我国第一、第二、第三产业在国民生产总值中所占的比例分别为 22.4%、48.3%、29.3%,到 2008 年这一比例分别为 10.3%、46.3%、42.9%。这一时期重工业比例显著增长,电力、钢铁、机械设备、汽车、造船、化工、电子、建材等工业成为国民经济增长的主要动力。

4) 第四阶段(2009 年至今):第三产业高速发展期。2008 年以来,国际金融危机爆发,世界经济整体进入低迷状态,我国制造业出口增幅下降,经济从外需带动型向内需拉动型转变。这一时期第三产业发展迅速，到 2012 年第三产业增加值比例超过了第二产业，三次产业的比例由 2008 年的 10.3%、46.8%、42.9%，变为 2017 年的 7.6%、40.5%、51.9%，第一产业增加值比例下降为不到 10%，第三产业超过第二产业十多个百分点，我国三次产业结构发生了质的变化，产业结构变为了"三、二、一"。

随着社会经济的不断发展，中等职业教育不仅学校布局发生变化和调整，而且与社会经济发展变化联系紧密的专业结构变化更为明显，突出表现在以下几个方面。

一、农林专业比例大幅度下降，受政策影响大

普通中专学校农林专业毕业生在全部毕业生中所占的比例，由 1980 年的 10%以上下降到 20 世纪末的不足 5%。从绝对数来看，普通中专学校毕业生从 1985 年的 42.87 万人发展到 2000 年的 150.72 万人，而同期农林专业毕业生从 3.12 万人增加到 7.13 万人。进入 21 世纪，农林专业毕业生从 2001 年的 9.9 万人下降到 2008 年的 4.2 万人，减少了约 57.6%，比例从 6.6% 下降至 1.9%。

从职业高中来看，由于 80 年代初以农业中学为主，因此农科专业的比例较高，从 1980 年至职业高中开始有分科统计的 1984 年，农林专业比例虽有所下降，但仍高达 37.11%。此后，受农业比较效益下降、乡村职业高中学校数在全国职业高中学校数所占比例逐渐降低等因素的影响，农林专业毕业生的比例不断降低，"七五"时期下降了 15.44 个百分点，"八五"时期下降了 7.39 个百分点，"九五"时期下降了 5.1 个百分点，"十五"时期下降了 2.68 个百分点。2004 年，职业高中农林专业毕业生 8.57 万人，为历年最低，普通中专学校农林专业毕业生 6.0 万人，二者合计为 14.57 万人，仅占两类学校毕业生总数(266.14 万人)的 5.47%。从 2005 年开始，职业高中农林专业毕业生数量在缓慢增加，但幅度不大(从 2004 年的 8.57 万人增加达到 2008 年的 10.78 万人，增长了 25.8%)。上述变化说明随着社会主义新农村和现代农业的建设，农村对中等农林专业人才的需求在增加。

总体来看，改革开放以来我国中等职业教育取得了长足发展，但农林专业却不断萎缩。2003 年中等职业学校在校生数量是 1985 年的 2.66 倍，而农林专业在校生数却减少了 34.21%，使农林专业在校生比例从 1985 年的 24.27% 下降到 2003 年的 4.40%。2003 年我国中等职业学校农科专业在校生数为 46.79 万人，占中等职业学校在校生总数(1256.8 万人)的 3.72%，高等教育农科专业在校生数为 24.97 万人，占高等教育在校生总数的 2.25%，中等职业教育与高等教育农科专业在校生人数之比约为 1.9：1，与农业劳动力和农业科技人员之比极不协调。

2009 年国家开始对中等职业教育涉农专业进行免学费政策，在一定程度上增强了农科专业的吸引力，2009 年以来招生人数大增，但三年过后，由于毕业生就业渠道不畅，农科专业招生人数和比例随着中等职业教育总体招生人数的减少而下降

(表 2-12)，2017 年招生人数仅为 2010 年的 24.7%，约减少了 3/4，远远高于总招生人数的下降比例(36.5%)。

表 2-12　2008～2017 年中等职业学校农科专业招生人数与比例变化表

年份	总招生数/人	农科招生数/人	农科招生数比例/%
2008	6 502 739	290 230	4.46
2009	7 117 770	749 386	10.53
2010	7 113 957	1 104 259	15.52
2011	6 499 626	854 314	13.14
2012	5 970 785	719 852	12.06
2013	5 412 624	467 279	8.63
2014	4 953 553	394 930	7.97
2015	4 798 174	343 258	7.15
2016	4 661 428	293 260	6.29
2017	4 515 235	272 369	6.03

资料来源：《中国教育统计年鉴》相关年份数据

二、第二产业专业比例低，且先上升而后下降

总的来看，随着我国工业化进程的不断推进，工科专业的比例不断提高。需要指出的是从 20 世纪 80 年代职业高中开始恢复发展以来，工科专业的比例就高于中等专业学校，这与中等职业教育服务于地方经济的办学宗旨不一致，普通中等专业学校(下文简称普通中专或中等专业学校)绝大部分位于地级市及以上，而职业高中主要分布在县域内，职业高中工科专业比例本应低于普通中专，而事实却相反，一方面说明农村职业学校与城市职业学校专业的同构性；另一方面说明职业高中许多专业设置面向城市职业，把转移农村剩余劳动力作为重要的办学方向。进入 21 世纪，加工制造类和信息技术类专业比例不断提高：加工制造类专业比例的提高充分反映了我国作为制造业大国对技能型人才的需求不断增加；信息技术类专业比例的不断提高，说明我国信息化带动工业化和走新型工业化道路的发展战略在不断推进。需要指出的是近年来职业高中加工制造类专业的比例超过了中等专业学校，加工制造行业往往工作环境差、待遇低、劳动强度大，农村职业高中的办学比例较高，但农村的办学条件较差，尤其是开展工学结合、校企合作的条件不足，可以说农村职业学校设立加工制造类专业缺乏优势。职业高中信息技术专业的比例高于中等专业学校，一方面反映了农村职业学校办学条件较差，信息技术类专业投资少、容易办；另一方面，也反映了农村职业学校面向城市办学的一面。从上述两个专业来看，我国中等职业教育仍存在城乡教育资源配置不合理的状况，需要逐步优化和调整。

从不包括中等师范学校在内的中等技术学校来看，第三产业专业的招生比例从 1979 年以来，一直没有低于 50%，即第一和第二产业的专业比例合计没有超过第

三产业(表 2-13)。职业高中与中等专业学校也表现出同样的规律。从中等专业学校、职业高中、技工学校和成人中专四类学校来看，第二产业的专业结构是不断提高的，这反映了我国工业化进程的不断加快，但从 2008 年开始，受国际金融危机的影响，我国制造业发展速度变缓，中等职业教育制造业和信息技术类专业比例下降。

表 2-13　中等专业学校分科类招生比例　　　　单位：%

年份	中等技术学校 第一产业专业比例	中等技术学校 第二产业专业比例	中等技术学校 第三产业专业比例	中等专业学校 第一产业专业比例	中等专业学校 第二产业专业比例	中等专业学校 第三产业专业比例	师范类比例
1978	17.2	34.9	47.9	10.3	20.9	68.8	40.1
1979	16.5	31.7	51.8	8.9	17.1	74.0	46.0
1980	15.3	32.9	51.8	8.3	17.8	73.9	45.9
1981	13.1	35.8	51.1	7.2	19.7	73.1	45.0
1982	13.4	35.4	51.2	7.7	20.3	72.0	42.6
1983	12.0	31.8	56.2	7.2	19.1	73.7	40.0
1984	12.1	32.0	55.9	7.8	20.6	71.6	35.7
1985	10.4	32.0	57.6	7.0	21.6	71.4	32.4
1986	11.1	33.2	55.7	7.4	22.1	70.5	33.5
1987	9.6	33.3	57.1	6.5	22.6	70.9	32.2
1988	9.3	33.0	57.7	6.5	23.0	70.5	30.4
1989	9.6	33.6	56.8	6.6	23.2	70.2	30.9
1990	10.0	33.5	56.5	6.9	23.1	70.0	31.1
1991	10.6	34.7	54.7	7.4	24.3	68.3	29.9
1992	10.7	34.8	54.5	7.7	25.1	67.2	27.9
1993	8.7	33.4	57.9	6.5	25.0	68.5	25.2
1994	6.2	36.2	57.6	4.7	27.5	67.8	24.1
1995	5.6	37.6	56.8	4.3	29.0	66.7	22.8
1996	5.7	39.2	55.1	4.5	30.7	64.8	21.6
1997	6.1	40.4	53.5	4.8	32.0	63.2	20.7
1998	6.1	40.5	53.4	4.9	32.6	62.5	19.6
1999	6.4	40.4	53.2	5.3	33.2	61.5	17.8
2000	5.3	41.2	53.5	4.5	34.8	60.7	15.6

注：本表中的专业按农科、林科、工科、医药、财经、政法、体育、艺术、师范、其他等专业分类进行统计

资料来源：依据《中国教育统计年鉴》相关年份数据计算

三、第三产业专业比例不断提高，结构不断优化

总的来看，第三产业专业随着经济的发展比例在不断变大，但从内部结构来看，各专业变化也存在一定的差异。变化最大的是师范类专业。在 20 世纪 80 年代初，中等专业学校师范类专业约占中等专业学校专业的 40%以上，经过近二十年的发展，到 20 世纪末该数值下降到 15%左右，进入 21 世纪，随着 2001 年我国教师资格制

度的全面实施,师范教育从三级变为两级,中等师范教育专业比例大幅度下降,而且专业也从普通师范教育转为学前教育专业。近些年,财经类、文体类、公共事业类和师范类专业比例在不断下降;商贸旅游类专业比例在缓慢增加;中等专业学校的医药卫生类专业比例在增加,而职业高中的医药卫生类专业比例在下降,总体趋势趋稳。

21 世纪以前,我国没有专门的职业高中专业目录,职业高中一直参照中等专业学校的专业目录进行专业设置,因此,导致了职业高中与中等专业学校专业设置的同构性。例如,普通中专财经类专业在"六五"和"七五"时期得到充分发展,"八五"和"九五"时期稳中有降,"十五"时期开始大幅度下降,而职业高中是在"八五"时期以前快速增长,之后开始下降,开始下降的时间比中等专业学校晚五年多(表 2-14 和表 2-15)。

总体来看,中等专业学校和职业高中近些年来的专业结构变化不大、日趋稳定,说明经过多年的发展,我国中等职业学校的专业结构能够适应产业结构发展的要求,培养的人才能够满足社会经济发展的要求。从我国职业高中和中等专业学校的专业结构比较来看,除了职业高中农林类、信息技术类专业的比例比中等专业学校高,中等专业学校医药卫生类、工程类、师范类专业的比例高于职业高中外,其他八大类专业的比例基本接近,说明城乡职业教育专业结构没有反映出城乡经济社会发展的差异性,两者专业设置的特色不明显。

表 2-14 1984～2000 年中等职业学校分科类招生比例 单位:%

年份	职业高中和中等专业学校				职业高中、中等专业学校和技工学校			
	第一产业专业比例	第二产业专业比例	第三产业专业比例	师范类比例	第一产业专业比例	第二产业专业比例	第三产业专业比例	师范类比例
1984	28.32	21.84	49.84	17.44	22.86	36.92	40.22	14.08
1986	21.06	26.53	52.41	16.84	17.00	40.69	42.31	13.59
1987	18.92	27.04	54.04	16.25	15.11	41.71	43.18	12.98
1988	15.75	27.96	56.29	15.38	12.52	42.74	44.74	12.22
1989	15.70	27.46	56.84	15.30	12.34	42.99	44.67	12.02
1990	17.05	26.25	56.70	15.05	13.26	42.65	44.09	11.71
1991	17.48	26.11	56.41	14.26	13.62	42.45	43.93	11.11
1992	14.96	26.37	58.67	13.57	11.67	42.57	45.76	10.58
1993	9.58	26.27	64.15	13.48	7.57	41.75	50.68	10.65
1994	7.89	28.77	63.34	21.45	6.23	43.69	50.08	16.96
1995	7.45	32.12	60.43	13.67	6.04	44.95	49.01	11.08
1996	7.72	32.85	59.43	13.67	6.21	46.04	47.75	10.98
1997	7.66	34.00	58.34	12.86	6.31	45.65	48.04	10.59
1998	7.75	34.48	57.77	12.36	6.65	43.79	49.56	10.60
1999	8.09	35.92	55.99	11.64	6.98	44.72	48.30	10.04
2000	7.29	39.58	53.13	10.26	6.19	48.71	45.10	8.71

注:本表中的专业按农科、林科、工科、医药、财经、政法、体育、艺术、师范、其他等专业分类进行统计,技工学校专业按第二产业专业计算;本表中缺少 1985 年的相关数据

资料来源:依据《中国教育统计年鉴》和《中国劳动统计年鉴》相关年份数据计算

表 2-15　2001~2017 年中等职业学校分科类招生比例　　　单位：%

年份	中等职业学校(机构)					中等职业学校(机构)和技工学校		
	第一产业专业比例	第二产业专业比例	制造类比例	第三产业专业比例	信息技术类比例	第一产业专业比例	第二产业专业比例	第三产业专业比例
2001	5.34	12.39	8.98	82.27	23.87	4.47	26.68	68.85
2002	4.95	12.73	9.49	82.32	24.63	4.01	29.20	66.79
2003	4.73	18.09	14.68	77.18	26.36	3.89	32.64	63.47
2004	4.22	22.37	18.56	73.41	25.33	3.35	38.36	58.29
2005	3.91	24.80	20.82	71.29	24.75	3.20	38.37	58.43
2006	4.02	27.77	23.75	68.21	24.29	3.30	40.79	55.91
2007	3.79	29.67	25.83	66.54	25.16	3.05	43.43	53.52
2008	4.46	28.50	24.63	67.04	24.72	3.58	42.72	53.70
2009	10.52	23.58	19.41	65.90	22.26	8.63	37.34	54.03
2010	15.52	22.96	16.37	61.52	19.45	12.69	37.03	50.28
2011	13.14	23.19	16.16	63.67	18.75	10.50	38.66	50.84
2012	12.06	21.89	15.01	66.05	17.56	9.55	38.16	52.29
2013	8.63	21.80	14.63	69.57	17.12	8.07	36.12	55.81
2014	7.97	21.11	12.62	70.92	16.37	6.28	37.86	55.86
2015	7.15	18.89	13.35	73.96	16.67	5.60	36.54	57.86
2016	6.29	17.07	12.21	76.64	16.83	4.89	35.53	59.58
2017	6.03	16.52	11.68	77.45	17.64	4.66	35.57	59.77

注：中等职业学校(机构)包括职业高中、中等专业学校和成人中专等机构，技工学校专业按第二产业专业计算
资料来源：依据《中国教育统计年鉴》和《中国劳动统计年鉴》相关年份数据计算

第三章

我国职业院校专业设置历程

第一节 中等职业学校专业设置

专业是教育与经济社会、学校与企事业单位连接的桥梁和纽带,是学校进行教学行政管理和教学工作的一个基本依据,科学合理地设置专业是学校实现教育目标的重要基础工作。为此,国家出台专业目录,引导学校合理设置专业。专业目录规定专业类别的划分和专业的名称,反映人才培养的业务范围和就业方向,是国家确定职业教育规划、设置和调整专业的重要依据,也是根据经济和社会发展的需要,指导毕业生就业,用人单位考核、录用毕业生的重要依据。国家需颁布一定时期内的专业目录,并根据社会经济的发展变化适时更新专业目录。1949 年以来我国一共颁布了 5 次《中等职业学校专业目录》。我国中等职业教育专业设置大致经历了计划经济体制下的政府主导和市场经济体制下的市场导向、政府有限两个时期。计划经济体制下建立起来的是政府主导的专业设置机制,在计划经济体制下我国中等职业教育是部门办学,有利于各部门按需培养人才,实现供求平衡。但随着我国市场经济体制的逐步建立,将专业作为资源配置、人才培养的实体单位使专业设置与资源配置、人才培养等联系在一起,增加了专业调整的成本和难度,最终造成专业设置固定和僵化。进入 20 世纪 90 年代后期,随着中等职业教育招生并轨制度的实施,中等职业学校面向市场办学,学生面向市场就业,政府简政放权,职业学校专业设置有了较大的自主权,政府只进行宏观调控,因此,我国中等职业教育专业设置进入了市场导向、政府有限的时期。

一、政府主导的专业设置

我国从 1953 年开始实行计划经济体制,计划经济体制是政府各职能部门作为资源配置的基础,为了有效地完成国家赋予的资源配置职能,当时实行的是部门办学,按部门需求设置专业,职业学校按部门人才需求数量和结构来培养人才,以便比较好地满足各部门在资源配置过程中的人才需求。政府主导的专业设置机制是国家汇总各部门设置的专业后颁布专业目录,各职业学校严格按照专业目录来设置专业,特殊情况需设置目录外专业时必须经过政府的严格审批，以体现国家计划的严肃性。这一时期中等专业教育人才培养目标与高等教育一样是培养国家干部，因此国家颁布的专业目录与高等教育一样按行业学科来分类，这一时期大致分为三个阶段。

（一）学习借鉴阶段（1949~1957年）

专业设置是学校的办学基础，当时我国没有统一的专业名称和专业标准。此前的职业学校只有科目设置，且各校科目的名称和内容也不统一。为了统一人才培养规格，急需一个统一的专业标准，在尚未建立自己的专业标准之前，我国中等职业教育主要是参照苏联模式，"我们所走过的道路就是苏联走过的道路，这在我们是一点疑问也没有的。"[①] "苏联的道路是按照历史发展规律为人类社会必然要走的道路。要想避开这条路不走，是不可能的。"中等专业学校在苏联的专业目录指导下，结合我国社会经济发展对人才的需求设置专业。

1949年之前的职业学校，大多培养目标不明确，学校教育与国民经济建设的需求脱节，设科范围过宽，且大多规模小、条件简陋，力量分散。据1950年的统计数据，全国中等职业技术学校共有500所，其中，医药类专业比例居首位，占36.2%，其次是农林类，占21%，工业类仅占18%。在工业类学校中，作为现代工业基础的地质、采矿、钢铁、化工、机械制造和电子技术等专业的基础十分薄弱，有的甚至是空白，无论是学校分布，还是科类设置均不适应新中国建设的需要。1951年8月，教育部召开全国中等技术教育会议，确立了中等技术教育采取以调整、整顿为主，有条件发展的方针政策。1952年9月，中南军政委员会教育部向所属省（市）文教厅（局）转发苏联中等技术学校专业设置一览表，要求各级教育部门和有关业务部门参照苏联专业设置情况，按照社会各项建设事业对中等技术干部的需要、所属学校的性质和条件，提出各校专业设置的计划。1953年，高等教育部发布了《中等专业学校专业一览表》。1953年7月，高等教育部颁布了《关于中等技术学校设置专业的原则的通知》，要求各业务部门在制定所属中等技术学校（中等专业学校）专业设置计划时，以中央各部门统一计划为原则（地方领导的学校除外），学校之间适当分工，所设专业力求集中单一，这样可以充分发挥教师的力量，并可避免在教学设备方面的困难。原有条件比较好的学校所设专业，以不超过4个为宜，新办或条件比较差的，最好设一或两个专业，至多不超过3个。各校所设专业，应以学校附近有专业性质相近的工厂、矿山和其他企业机关为依据。关于专业的选定，要考虑到学校的性质与发展方向，要求在较长的时期内不致变动。

1953年4月，高等教育部、农业部、林业部发布了中等农林技术学校调整的原则：办学科类单一的学校，以及农业学校、畜牧兽医学校、林业学校，根据学校所

[①] 中共中央文献研究室. 建国以来毛泽东文稿（第4册）[M]. 北京：中央文献出版社，1990：548.

在地的需要设置学科领域相近的 2 个或 3 个专业；少数地方农业生产综合发展，教学基础条件较好，或地处偏僻，不易同时举办各类学科配套教学的地区，可办综合性的农业学校。1954 年 9 月 26 日，政务院颁布的《关于改进中等专业教育的决定》中指出：在中央高等教育部统一领导下，各类中等专业学校均归中央各有关业务部门主管。为增强领导工作效率，原则上中央有关业务部门应对所属中等专业学校实行集中统一的直接领导。中央各业务部门应以国家计划委员会制定的专业一览表为基础，在该决定颁布后两个月内编制出按专业培养干部的专业目录，以便在其所属学校中合理地设置专业，保证满足本部门所属企业干部的需要。为了进行这项工作，各业务部门成立工作委员会，委员会的成员除本部门所指派的人员外应包括生产岗位上的专家及中央高等教育部的代表。然后，高等教育部"以国家计划委员会制定的专业一览表为基础，根据中央各有关业务部门的建议，规定各类中等专业学校的专业一览表及各校的科的组成。"对中等专业学校专业目录的制定程序进行了规定。

1955 年 5 月 28 日高等教育部《关于根据苏联新的中等专业学校专业一览表编制专业目录的通知》中指出：1953 年发布的中等专业学校专业一览表，是以苏联过去的专业一览表为蓝本制定的。1955 年苏联高等教育部、国家计划委员会及各业务部门根据长期培养干部的经验，编制了新的专业一览表，改变了过去专业划分过细的现象。苏联高等教育部等部门认为这样做对干部的培养计划和分配更加有利，决定自 1955～1956 年开始执行。苏联的这一经验对于我国培养中等专业干部也是基本适用的。为此，高等教育部特印发苏联新的专业一览表作为内部参考，希望各部委考虑以这个新的专业一览表为基础，制定需要培养的中等专业干部的专业目录。[①]中等专业教育的专业设置又在苏联新的专业目录的指导下开始调整。

我国的技工学校在解放初期主要以培训机构的形式存在，因此，技工学校的专业设置，要求各产业部门根据国家批准的技工培训计划设置相应的工种。1953 年我国开始大规模建设技工学校。1954 年 4 月，《技工学校暂行办法草案》规定：各产业主管部门应根据本部门对于技工的需要设置学校，并按照国家批准的技工培训计划，培养所需的技工，设置相应的工种。1956 年，劳动部参照苏联的经验，规定"每所技工学校的学生总额以 200—800 人为标准；工种设置以 4 种至 7 种为标准。"

总之，从 1949 年到完成"一五"计划期间，我国中等职业教育的专业设置历经两次调整，主要设有农科、工科、林科、医药、财经、体育和艺术 7 个科类，其中，工科有 13 类，其余行业学科目录下没有设专业类别而是直接设置具体专业，在专业数量和招生规模上以工科类为主。截至 1957 年，我国中等专业教育在校生共有 48.22

---

① 刘英杰. 中国教育大事典[M]. 浙江：浙江教育出版社，1993：1696.

万人，其中，工科类学生 25.95 万人，占总人数的 53.8%。[①]工科类专业比例高与我国"一五"期间"建立社会主义工业化的初步基础"的经济发展目标密切相关。从这一时期国家颁布的一系列政策可以看出，中等职业教育在进行专业设置时要求每个学校以一或两个专业为主，专业集中度比较高；在专业的选取上注重与当地的企业、厂矿相结合，充分体现了工学结合的原则。但是，此时的专业设置主要是模仿借鉴，专业种类没有根据中国社会经济发展的实际需要设置，专业划分过细。此外，这一时期的专业设置指令性很强，"以中央各部门统一计划为原则"，各校在专业设置上缺乏自主权，严格按国家的专业目录设置。

(二)急进与调整阶段(1958～1965 年)

1956 年我国基本完成了对农业、手工业和资本主义工商业的社会主义改造，原计划用 10～15 年的时间，实际只用了 4～5 年我国就进入了全面建设社会主义的历史时期。同时，第一个五年计划完成，全国各方面发展形势一片大好。1958 年 5 月，中国共产党第八次全国代表大会第二次会议正式通过了"鼓足干劲，力争上游，多快好省地建设社会主义"的总路线。要实现教育领域的"大跃进"，国家财力有限，只有放手发动群众，依靠群众的力量来实现"大跃进"。为此，1958 年 8 月中共中央、国务院发布《关于教育事业管理权力下放问题的规定》，根据中央集权和地方分权的原则，加强了地方对教育的领导管理，提出"改变过去条条为主的管理体制""职业学校、一般的中等专业学校和各级业余学校的设置和发展，无论是公办还是民办，由地方自行决定。"全国工厂、公社等各行各业大办学校，各行其是，没有了统筹规划和质量的要求，致使中等职业教育的专业设置在数量和结构变化上进入了急进发展时期，全国各地的学校专业种类剧增，专业设置种类庞杂，专业设置分散、重复，数量偏多。

1961 年 1 月，中国共产党第八届中央委员会第九次全体会议(下文简称中共八届九中全会)决定对国民经济实行"调整、巩固、充实、提高"，同年 7 月 3 日和 12 月 17 日，教育部先后两次召开中等学校调整的工作会议，确定"基本上采取毕业多少招多少的方针，保留中等专业学校 1670 所，其余学校均予裁并"。1962 年 5 月 25 日中共中央批转的教育部《关于进一步调整教育事业和精减学校教职工的报告》中提出大幅度裁并中等专业学校。教育部在 1962 年 12 月召开的第二次学校调整工作会议上提出：根据各项事业的分工(生产、工作的分工)按中等专业人才所应承担的工作及其职责范围，凡是需要人多的，均单独设置专业；凡是不需成批培养(如手工业操作)的行业所需的中等技艺人才，可以采用师傅带徒弟或培训班的方式进行培养。为了适应国民经济调整的需要，有效地指导各地调整专业结构，1963 年 5 月，

---

① 刘英杰. 中国教育大事典[M]. 浙江：浙江教育出版社，1993：1691.

教育部发出了《关于颁发中等专业学校专业目录的通知》，纠正了前一时期专业设置杂乱、失控的局面，统一了专业名称，颁布了专业目录。新颁布的专业目录中，把中等专业学校的专业"共分 8 科，包括 348 个专业，其中：工科类 242 个，农科 25 个，林科 11 个，医科 12 个，师范 2 个，财经 34 个，体育 1 个，艺术类 20 个。工科专业由原有 13 类改为 14 类。"[1]1963 年 10 月 28 日，国务院批转教育部《关于中等专业学校专业的设置和调整问题的规定》，针对中等专业学校在过去两年的调整中，由于统筹安排不够，存在有些专业过于分散和重复的情况；各类专业配套不够齐全，存在薄弱环节；有些专业划分过细，名称不统一；有些学校专业数量偏多，种类庞杂，变动频繁等问题，提出了中等专业学校各科各类专业设置的原则：统筹安排，专业配套、合理布局、稳定提高、统一专业名称。该规定还在总结经验的基础上，确立了宽窄并存，各部门、各地区学校有所侧重的基本格局，各校设置专业以教育部颁发的《中等专业学校专业目录》为准。[2]随后的两年内，中等职业教育的专业设置参照新颁布的专业目录，在规定的指导下进行调整，逐渐趋于正常化。《中等专业学校专业目录》标志着我国专业设置与调整由全盘照搬苏联模式逐渐走向自主探索的道路，也为我国中等专业学校专业设置制度的变迁提供了最初的路径，该目录具有三个特点：①把国家建设需要作为学校专业目录制定的根本依据；②中等专业学校设置的专业是按照国家建设部门加以分类的，如煤炭部门、建筑部门、运输部门、农业部门；③目录中的 347 种专业是以产品和职业为依据设置的，而不是按学科设置的；④工科、农林科专业比例较大。

1958~1965 年，由于办学部门专业设置的权力大，各部门又缺乏有效沟通，专业设置在数量与结构上出现了大起大落，偏离了教育发展规律，在骤升骤降中徘徊，出现了毕业生供求矛盾。正如 1964 年 10 月 12 日国务院批转高等教育部《关于中等专业学校招生和毕业生分配统筹规划问题的报告》中所指出的：目前的情况是，中等专业学校的招生计划，均由各部门根据本部门的需要拟制，国家计划委员会和高等教育部都没有进行统筹安排；毕业生由各部门自行分配，没有进行必要的余缺调剂。加之国民经济的调整，造成了有的部门毕业生供大于求、有的部门毕业生又不够的状况，并由此产生了大量的资源浪费和人才积压的现象。例如，原冶金工业部根据本部门的需要，在所属学校中设置了冶炼、采矿、地质、机电、建筑、测绘、铁道运输、财经、医科等 45 个专业，导致各专业力量分散，该部每年只需要百余名铁道运输专业的毕业生，却不得不专门开设这个专业；而铁道部所属中等专业学校的铁道运输专业毕业生，却有两千余人无法分配工作。因此，该报告指出：各部门

---
[1] 刘英杰. 中国教育大事典[M]. 浙江：浙江教育出版社，1993：1696.
[2] 中国教育年鉴编辑部. 1949-1981 中国教育年鉴[M]. 北京：中国大百科全书出版社，1984：214.

和地方所属中等专业学校的专业设置,应该根据适当分工的原则,进行必要的调整,避免专业设置过于分散和重复。

国家各项事业发展的规模和速度,归根结底取决于社会经济的发展水平,盲目扩大中等职业教育的专业种类,使其超出经济和社会发展所需要和承受的能力,不但不能发挥中等职业教育促进经济和社会发展的作用,反而会造成较大的损失。调整后的新专业目录与"一五"时期的专业目录相比,具有如下特点。首先,在专业种类方面增加了两个师范类专业,扩大了满足社会需要的范围;工科专业也从 13 类增至 14 类。其次,专业数量有所增加,工科类专业招生规模扩大。由于 1961~1962 年对中等专业学校进行了大批调整、撤销和合并,1962 年我国的中等专业学校只有 871 所,中等职业教育的在校生数为 39.24 万人,其中,工科类专业招生规模仍位居榜首,其在校生人数 17.76 万人,约占在校生总数的 45.3%。[①]医科、财经类招生规模有所上升。《中等专业学校专业目录》的诞生标志着我国中等职业学校专业目录的设置注重结合中国的实际情况,从被动借鉴到主动创新,是一次创举。1949~1980 年中等专业学校分科招生数比例如表 3-1 所示。

表 3-1 1949~1980 年中等专业学校分科招生数比例 单位:%

年份	合计	中等技术学校									中等师范学校
		小计	工科	农科	林科	医药	财经	体育	艺术	其他	
1949	100	44.0	10.2	4.8	0.3	17.1	11.4	—	—	0.2	56.0
1950	100	41.5	13.2	8.8	1.3	6.8	8.6	—	0.1	2.7	58.5
1951	100	40.3	11.2	8.2	1.2	9.3	10.3	0.0	0.1	0.0	59.7
1952	100	48.1	19.8	8.8	1.7	8.1	9.6	0.0	0.1	—	51.9
1953	100	53.5	28.4	5.1	1.8	12.5	5.4	—	0.3	—	46.5
1954	100	65.2	35.5	7.1	1.2	15.6	5.0	0.4	0.4	—	34.8
1955	100	66.9	36.2	10.9	1.9	12.0	5.1	0.5	0.3	—	33.1
1956	100	65.3	34.9	13.4	2.2	8.7	4.7	0.8	0.4	0.2	34.7
1957	100	48.7	28.0	0.2	1.4	15.7	1.8	0.9	0.7	—	51.3
1958	100	77.5	37.3	23.0	3.0	11.4	1.3	0.7	0.8	0.0	22.5
1959	100	57.1	29.0	12.6	2.2	10.0	1.2	0.8	1.2	0.3	42.9
1960	100	58.8	24.9	15.3	2.1	11.4	1.8	0.7	1.5	1.1	41.2
1961	100	63.8	28.3	14.4	1.1	15.1	3.8	0.4	0.5	0.2	36.2
1962	100	67.1	35.2	4.1	0.0	20.2	5.8	—	1.8	—	32.9
1963	100	68.7	32.5	12.6	1.6	13.4	7.3	0.1	1.2	—	31.3
1964	100	71.9	34.7	14.5	1.7	12.1	8.1	0.1	0.7	0.0	28.1
1965	100	70.2	30.6	7.6	1.2	17.5	11.4	0.2	1.1	0.6	29.8
1966	100	60.8	12.3	15.2	3.0	17.8	9.4	0.6	1.8	0.7	39.2
1967	100	75.1	11.3	23.8	3.7	25.2	7.3	0.8	1.5	1.5	24.9

[①] 刘英杰. 中国教育大事典[M]. 浙江:浙江教育出版社,1993:1692.

续表

年份	合计	中等技术学校									中等师范学校
		小计	工科	农科	林科	医药	财经	体育	艺术	其他	
1968	100	54.8	12.1	11.0	2.7	16.4	8.2	0.6	2.8	1.0	45.2
1969	100	53.7	10.7	9.0	4.1	17.6	6.3	1.8	2.5	1.7	46.3
1970	100	45.5	11.4	8.2	1.9	15.0	5.2	0.6	2.0	1.2	54.5
1971	100	47.0	11.2	9.1		17.0	—		—	9.7	53.0
1972	100	42.7	14.3	4.9		17.0				6.5	57.3
1973	100	56.0	20.9	8.1		19.6	5.7	—		1.7	44.0
1974	100	54.6	18.5	8.3		19.4	6.6	0.3	0.8	0.7	45.4
1975	100	53.6	15.7	10.3		19.5	6.5	0.3	0.8	0.5	46.4
1976	100	55.5	16.1	11.2		19.4	6.8	0.2	1.0	0.8	44.5
1977	100	57.0	18.9	9.8		18.4	8.3	0.3	0.7	0.6	43.0
1978	100	59.9	20.9	10.3		16.9	8.7	0.4	1.1	1.6	40.1
1979	100	54.0	17.6	8.0	0.9	16.1	8.9	0.4	0.7	1.4	46.0
1980	100	54.1	17.8	7.3	1.0	14.1	10.3	0.5	0.9	2.2	45.9

注：一表示无数据

(三)调整与完善阶段(1978～1999年)

1966～1976年，我国教育事业遭到严重破坏，中等职业教育畸形发展。改革开放以来，国家开始在恢复中大力发展职业教育，专业设置又迈上了正常的轨道。改革开放40多年，中等职业教育的专业设置经历了计划经济体制向市场经济体制的转变，国家对职业教育的专业设置进行改革和调整，4次修订专业目录，适应了国家经济社会发展的需要，专业数量稳中有进、结构日趋完善，有效地促进了经济社会的发展。

改革开放极大地解放了生产力，国民经济各行业得到了全面的发展，迫切要求中等职业教育培养各行业人才。1979年6月8日，教育部发出《全日制中等专业学校工作条例(征求意见稿)》指出："专业设置应根据国家需要，科学技术的发展和学校的条件来决定，一个学校的专业设置，应性质相近，数量不宜过多，划分不宜过窄并力求稳定。"1980年12月教育部发出《关于修订中等专业学校专业目录的通知》，决定对1963年颁发的《中等专业学校专业目录》进行修订，编制新的全国中等专业教育专业目录，要求各部委根据社会、经济、科技发展新情况，修订《中等专业学校专业目录》，以适应我国科学技术的发展水平和国家建设需要，并提出专业划分应体现"基础知识厚一些，专业面宽一些，实际技能好一些，适应性强一些"的要求。1982年8月25日，教育部汇总各部委拟定的专业目录方案，形成《中等专业学校专业目录(征求意见稿)》，与1963年颁发的专业目录相比有较大的变化：增加了文科、理科和政法三科；专业目录共分为11科，其中，工科包括274个专业，农科22个，林科12个，医科25个，师范2个，文科2个，理科16个，财经43个，政法 9 个,体育 1 个,艺术(含艺术类)27 个。工科由 14 类增至 16 类,专业总数由 348 个增至 433 个。[①]1985 年 5 月 27 日,《中共中央关于教育体制改革的决定》中指出:"中等职业技术教育要同经济和社会发展的需要密切结合起来,在城市要适应提高企业的技术、管理水平和发展第三产业的需要,在农村要适应调整产业结构和农民劳动致富的需要。"

我国自 1980 年开始大规模恢复发展农业中学和职业中学,职业学校的专业设置是根据工农业生产和人民生活的实际需要,在保持工种(专业)相对稳定的要求下进行的。根据 1981 年 11 个省(自治区、直辖市)的初步统计,我国职业高中共设置 385 个工种(专业),其中,工科 220 个,农林 52 个,医科 22 个,财经 39 个,政法 2 个,体育 5 个,文教 13 个,艺术 24 个,旅游服务 8 个。根据 1984 年《中国教育统计年鉴》中"职业中学、农业中学高中阶段分科"统计指标,职业高中专业分为:工科、农科、林科、医药、师范、财经、政法、体育、艺术、修理服务、其他共 11 类。与 1981 年的统计数据相比,1984 年我国职业高中设置的专业中,农林科分为农科、林科,增加了师范、修理服务和其他类专业,充分体现了农村经济社会发展变化对专业变化的要求。

1992 年,邓小平南方谈话、中国共产党第十四次全国代表大会召开,正式确立了"建立社会主义市场经济体制",这是中国经济体制的重大变革。市场经济与我国以往的计划经济有着本质的差别,中等职业教育适应经济体制的改革要面向市场办学,面向市场需求培养人才,专业设置要主动适应市场经济的发展需要,必须做出相应的变革。根据 1991 年《国务院关于大力发展职业教育的决定》提出的"要面向社会实际需要,合理规划职业技术学校的布局和专业设置"的要求,中华人民共和国国家教育委员会(下文简称国家教委)在 1992 年 1 月 27 日印发了《关于修订普通中等专业学校专业目录的通知》。历经一年多的时间,1993 年 3 月国家教委颁布实施了《普通中等专业学校专业目录》(含专业目录、专业简介、新旧专业名称对照表),并发出《关于印发〈关于普通中等专业学校专业设置的管理原则〉的通知》,指出:《中等专业学校专业目录》是中等专业学校进行教学行政管理和学校教学工作的一个基本文件,科学合理地设置专业是学校实现教育目标的重要基础工作,从 1994 学年度开始,中等专业学校须按新目录所列专业招生。此次国家教委新颁布的《普通中等专业学校专业目录》中,专业划分为 9 科、49 类,其中,工科 289 个专业,农科 31 个,林科 16 个,医药卫生科 30 个,财经科 37 个,管理科 64 个,政法科 12 个,艺术科 38 个,体育科 1 个,共计 518 个专业。

1994 年颁布的《普通中等专业学校专业目录》也成为职业高中的专业目录。1994

---

① 刘英杰. 中国教育大事典[M]. 浙江:浙江教育出版社,1993:1696.

年《中国教育统计年鉴》中的"职业高中学生分科统计"将职业高中专业分为工科、农科、林科、医药卫生科、财经科、管理科、政法、艺术、体育、师范共10类，与中等专业学校的专业目录分科标准相同，说明职业高中设置专业也借鉴了中等专业学校的专业目录。

1995年以前，国家没有公布技工学校的专业目录，技工学校的办学规模和工种（专业）设置从经济和社会发展需要出发，由办学主管部门核定。工种（专业）设置，以操作技术复杂、技术业务知识要求高的为主，为增强学生就业后的适应能力，要求专业不宜划分过细。

为适应经济建设和技术进步的需要，以及严格技工学校教学规范化管理，根据1993年9月劳动部《关于深化技工学校教育改革的决定》的有关要求，依据《中华人民共和国工种分类目录》和企业的生产实际，劳动部于1995年7月和11月、1996年12月先后分三批颁布了《技工学校专业目录》，目录共包括28个行业、525个专业。28个行业包括的专业个数分别为印钞造币3个、机械工业36个、航空工业18个、纺织工业27个、邮电10个、新闻出版12个、医药10个、石油天然气13个、煤炭28个、核工业12个、有色金属工业18个、化学工业10个、轻工业69个、兵器工业17个、地质矿产6个、民用航空7个、冶金工业17个、交通26个、烟草工业7个、电子工业20个、国内贸易26个、船舶工业3个、建筑材料工业15个、建筑31个、石油化工18个、水利水业4个、电力工业28个、铁道34个。与《中等专业学校专业目录》相比，《技工学校专业目录》有以下特点：一是按行业分类，专业分得比较细，可进一步细分为工种；二是专业主要集中在第二产业，没有第一产业，第三产业只包括了4个行业，而第二产业包括24个行业。

改革开放以来，我国经济建设进入了全新的发展时期，这一阶段的专业设置也呈现出新的特点，中等专业学校在专业种类方面，文、理两科经历了从有到无的过程，反映出专业设置是一个不断探索、适应和调整的过程；管理、政法科的出现，标志着专业设置从以第一、第二产业为主开始向第三产业拓展。在专业结构方面，第二产业的专业数量稳中发展，第三产业的专业所占比例开始上升。截至1999年，我国中等职业教育在校生人数904.8万人，其中，工科类342.45万人，占总人数的37.85%。师范类、医药卫生类、财经类、管理类招生规模上升。在专业数量方面，历经两次改革之后，专业目录种类达到历史新高，究其原因：一是改革开放前期沿袭苏联模式设置的专业口径过窄；二是计划经济体制下实行部门办学，计划招生、计划分配，招生即招干，能够实现专业对口，并且随着国民经济的快速发展和产业门类的增加，专业数也处于不断扩张中。1998~2000年中等专业学校分科招生数比例如表3-2所示。

表 3-2　1980~2000 年中等专业学校分科招生数比例　　　　　单位：%

| 年份 | 合计 | 中等技术学校 |||||||||| 中等师范学校 |
		小计	工科	农科	林科	医药	财经	政法	体育	艺术	其他	
1980	100	54.1	17.8	7.3	1.0	14.1	10.3	—	0.5	0.9	2.2	45.9
1981	100	55.0	19.7	6.0	1.2	12.5	11.5	2.3	0.5	0.9	0.4	45.0
1982	100	57.4	20.3	6.4	1.3	12.0	12.9	2.8	0.5	0.8	0.4	42.6
1983	100	60.0	19.1	6.1	1.1	12.9	16.3	3.2	0.4	0.8	0.1	40.0
1984	100	64.3	20.6	6.4	1.4	12.8	17.1	3.8	0.5	1.1	0.6	35.7
1985	100	67.6	21.6	5.8	1.2	13.2	19.1	4.0	0.7	1.4	0.6	32.4
1986	100	66.5	22.1	6.0	1.4	12.8	17.4	3.4	0.8	1.2	1.4	33.5
1987	100	67.8	22.6	5.5	1.0	13.5	18.6	3.0	1.0	1.2	1.4	32.2
1988	100	69.6	23.0	5.3	1.1	14.1	19.6	2.7	1.2	1.3	1.3	30.4
1989	100	69.1	23.2	5.5	1.1	12.7	20.0	2.6	1.3	1.3	1.4	30.9
1990	100	68.9	23.1	5.9	1.0	12.6	19.3	2.8	1.4	1.5	1.3	31 1
1991	100	70.1	24.3	6.3	1.1	12.1	19.4	2.8	1.3	1.8	1.0	29.9
1992	100	72.1	25.1	6.6	1.1	12.0	20.2	2.8	1.3	1.8	1.2	27.9
1993	100	74.8	25.0	5.5	1.0	11.9	23.8	2.8	1.4	2.1	1.3	25.2
1994	100	75.9	27.5	3.8	0.9	10.3	16.6	2.8	2.5	1.4	10.1	24.1
1995	100	77.2	29.0	3.5	1.1	9.5	16.7	2.8	3.0	1.4	10.5	22.8
1996	100	78.4	30.7	3.7	1.0	9.2	15.3	3.1	3.4	1.4	10.8	21.6
1997	100	79.3	32.0	3.9	0.9	9.2	13.6	3.1	3.8	1.5	11.3	20.7
1998	100	80.4	32.6	4.0	0.9	10.0	11.2	3.3	4.3	1.4	12.0	19.6
1999	100	82.2	33.2	4.2	1.1	10.6	11.2	3.8	4.8	1.6	11.7	17.8
2000	100	84.4	34.8	3.6	0.9	13.5	9.7	3.7	5.5	1.9	10.8	15.6

注：—表示无数据

资料来源：依据《中国教育统计年鉴》相关年份数据统计

二、市场导向、政府有限的专业设置

1992 年我国确立了"建立社会主义市场经济体制"，中等职业学校积极面向市场设置专业，1998 年我国中等职业教育开始实行招生并轨制度的改革，毕业生全部面向市场就业，中等职业学校专业设置全面面向市场。伴随着我国市场经济体制的不断深化、产业结构的调整、技术的革新，以及职业流动性的增强，原有的专业设置针对性强、专业口径过窄、培养的毕业生适应市场变化的能力弱的特点开始显现。为了适应新情况、新形势，教育部自 1998 年开始修订《中等职业学校专业目录》，2000 年颁布了新的专业目录，新的专业目录不再按行业学科进行分类，而是按照专业大类进行归类，专业名称与职业分类相适应，专业内涵更加明确，充分体现了职业教育的特色，能更好地适应市场对人才的需求。这一时期，中等职业学校根据经济社会发展要求可以自主设置专业，不再需要政府的审批，但设置的专业需在政府主管部门进行备案登记，体现了市场导向、政府有限的特点。

1998年7月9日，教育部印发了《关于制定职业高级中学专业目录的通知》，提出了制定职业高中专业目录的指导思想、制定原则和组织分工，成立了全国职业高级中学专业目录制定工作委员会，负责组织领导和协调工作。这是我国首次制定职业高中专业目录，实际上这次制定的专业目录后来成为职业高中和中等专业学校共同的专业目录。2000年9月教育部制定并颁布了《中等职业学校专业目录》和《关于中等职业学校专业设置管理的原则意见》，此次颁布的新专业目录可谓"改头换面"，在继承的基础上进行了较大改革。新专业目录结合了中等职业学校专业设置的客观要求，改变以往按照行业学科划分专业的方法，结合行业、企业及职业岗位的需要，一方面把专业按专业相近性原则归为13个大类；另一方面专业设置面拓宽、数量减少。新的专业目录把专业分为13大类，其中，农林类19个专业，资源与环境类25个，能源类20个，土木水利工程类19个，加工制造类62个，交通运输类17个，信息技术类16个，医药卫生类22个，商贸与旅游类16个，财经类8个，文化艺术与体育类24个，社会公共事务类22个，其他类。与1993年的专业数量相比，减少了248个，专业调减幅度达48%。从2001年开始，中等职业学校在新颁布的专业目录指导下设置专业、进行招生。截至2007年，我国中等职业教育在校生人数1506.87万人，其中，第二产业专业在校生426.59万人，占在校生总数的28.31%，[1]第三产业的专业种类和招生规模比例均有所提高。

2000年颁布的《中等职业学校专业目录》具有以下特点：①在专业分类方面，基本按产业、行业分类的有8个，按技术领域分类的有6个，根据实际需要进行复合分类的有4个，其中，行业与技术领域有重复[2]；②在专业名称方面，体现了职业教育的特色；③在专业结构方面，第三产业的专业比例上升，与第二产业并驾齐驱，第一产业专业比例继续减少；④在专业设置方面，专业数量减少，新专业和复合型专业比例不断增多。

为认真贯彻落实《中共中央国务院关于深化教育改革全面推进素质教育的决定》的要求，提高高级技工学校教学质量，强化技能训练，逐步构建高级职业培训与高等职业教育相沟通的课程体系，原劳动和社会保障部组织有关专家，在广泛调研的基础上，编制了《高级技工学校专业目录和教学计划(试行)》，以使高级技工学校在设置专业和实施教学中有所依据。我国于2001年和2003年分两批共颁布了80个高级技工学校专业目录，这些专业目录依据《中国职业分类大典》进行分类，其教学计划按照高级技工学校的办学方向和职业性原则，注重教学内容的科学性、先进性和规范性，突出实践环节和技能训练，以确保中、高级职业学校课程的相互衔接和

---

[1] 中华人民共和国教育部网站. 2007年中国教育统计数据[EB/OL]. http://www.moe.gov.cn/edoas/website18/level2.jsp?tablename=1020.2009-8-6.

[2] 长江职业学院课题组. 高等职业教育专业设置的依据、原则和分类方法——高职高专教育专业设置与管理问题的研究[J]. 湖北成人教育学院学报, 2001(5)：2-6.

沟通。这些专业目录没有按行业进行专业分类，以煤炭行业为例，《高级技工学校专业目录》设置了 6 个相关专业：综合机械化采煤、煤矿机械维修、综采机械维修、煤矿电气设备维修、综采电气设备维修、选煤，与 1995~1996 年技工学校煤炭类的专业相比较，有三个专业与以前相同，三个专业进行了技术综合，在岗位上从以培养操作工为主转向以培养维修工为主。

为贯彻落实《中共中央办公厅国务院办公厅印发〈关于进一步加强高技能人才工作的意见〉的通知》(中办发〔2006〕15 号)精神，进一步深化技工院校教学改革，规范教学管理，加快技能人才培养，人力资源和社会保障部历时两年组织有关专家在充分调研的基础上，对原来的《技工学校专业目录》和《高级技工学校专业目录》统一进行重新修订，于 2009 年制订了《全国技工院校专业目录》(下文简称《目录》)。新制订的《目录》涵盖了技工院校机械加工制造、电工电子、计算机信息、交通运输、商贸服务、农林等 7 类 120 个主体专业，包括中级、高级、预备技师培养层次。《目录》是规范技工院校专业设置、教学活动和教学管理的指导性文件。技工学校、高级技工学校、技师学院要依据新制订的《目录》设置和调整专业。

《目录》与原劳动部 1994 年、1995 年公布的三批《技工学校专业目录》，以及原劳动保障部 2002 年、2003 年公布的两批《高级技工学校专业目录》相比，具有以下特点：①专业分类大幅度减少，仅有 7 类；②从以往的以第二产业为主设置专业，转向第一、第二、第三产业并进设置专业；③同一名称专业设置了满足中级、高级两个或包括预备技师三个层次人才培养的需求；④新的专业目录在内容上做了较大的调整，包括专业编码、专业名称、培养目标、学习年限、职业能力、对应的相关职业工种、职业资格、专业主要教学内容、对应上下级专业编码，实际上把专业设置和教学计划有机地结合起来，克服了以往专业目录与教学计划分别颁布的弊端，使使用单位和学生能更有效地利用专业目录。

2005 年国务院《关于大力发展职业教育的决定》中提出大力发展工学结合、校企合作的人才培养模式，为了适应经济社会发展和市场需求变化对中等职业教育人才培养提出的新要求，规范和引导中等职业学校科学设置和调整专业，保证人才培养质量和就业质量，2007 年 10 月教育部职成教司下发《关于做好〈中等职业学校专业目录〉修订相关工作的通知》，开启了新的《中等职业学校专业目录》修订工作，历时两年半，于 2010 年颁布实施新的专业目录。新的专业目录与 2000 年的目录相比，在内容体系上做了重大调整，设置了专业名称、专业(技能)方向、对应职业岗位、职业资格证书举例、继续学习专业举例等内容，专业类别由原来的 13 个增加到 19 个，专业数由原来的 270 个增加到 321 个，专业技能方向(即原专门化举例)由原来的 470 个增加到 927 个，列出对应岗位(职业)1185 个，列举职业资格证书 720 个，列举继续学习专业方向 554 个。新的专业目录充分体现了职业教育"5 个对接"的理念：专业与产业、职业岗位对接，专业课程内容与职业标准对接，教学过程与生产过程对接，学历证书与职业资格证书对接，职业教育与终身学习对接。新的专业目录促进了中等职业教育为支撑产业发展、服务国计民生做出更大的贡献。

三、我国中等职业教育专业设置的变化特点

(一)专业设置数量呈橄榄状分布

从教育部门颁布的《中等专业学校目录》来看，1963年中等职业教育专业设置数量是347个，1982年433个，1993年518个，2000年270个，2010年321个，专业设置数量分布为"中间大，两头小"的橄榄状。《全国技工院校专业目录》中包括的专业，从20世纪90年代中期的23个行业、538个专业到2009年的7大类、120个主体专业，专业种类与数量减少，这些变化主要是经济、社会和技术等因素综合作用的结果。新中国成立初期，我国各项事业处于起步阶段，工业化程度低，科学技术水平不高，社会分工程度相对较低，对管理干部和工人的技能要求专业化程度不高，所以专业设置以综合为主，专业种类较少。改革开放初期受计划经济体制影响，我国的招生和就业实行一体化，即招生就是招工(招干)，中等专业干部强调为部门服务，技术工人强调对口培养，随着技术进步和社会生产力的发展，社会分工不断细化，产业、行业和职业种类不断增加，中等职业教育的专业数量也需要不断扩张，专业种类呈上升趋势。随着1992年我国确立建立社会主义市场经济体制的改革目标，企业用工面向市场，毕业生劳动就业制度采取"自主择业，双向选择"的政策。为了更好地适应市场就业需求，满足学生职业生涯持续发展的需要，中等职业教育需要拓宽专业口径，按照职业岗位群设置专业、培养人才。同时，由于信息技术和生产的自动化，企业对劳动者的技能要求越来越综合化，单一技能已经不能满足现代生产的需要。在这种情况下，专业种类呈现出减少的趋势。从以上专业数量的变化规律来看，我国的中等职业教育的专业设置经历了综合—分化—综合的过程，这是一个螺旋式上升、曲折中前进的动态发展过程。

(二)专业设置结构与三次产业结构的演变相适应

随着国民经济的发展和变化，我国第一、第二、第三产业的增加值结构从1952年的50.5∶20.9∶28.6发展到1978年的27.9∶47.9∶24.2，再到2010年的10.1∶46.8∶43.1，与此相对应，三次产业的就业结构从1952年的83.5∶7.4∶9.1发展到1978年的70.5∶17.3∶12.2，再到2010年的36.7∶28.7∶34.6。1949年以来中等职业教育专业设置在三次产业中的比例大体呈现出如下状况(表3-3)：①第一产业专业种类及所占比例变化不大，反映了第一产业分工程度低，职业变化不大；在校生人数比例随第一产业比例的下降而下降。②第二产业专业种类随着工业化进程的加快和现代工业体系的建立而不断增加，在校生比例下降，如果加上以第二产业专业为主

的技工学校在校生,则在校生比例也在增加。③第三产业增加值在国民经济中的比例在不断增加,专业种类和在校生人数在不断增加。进入21世纪,我国开始进入工业化中期,第二产业在国民经济中的比例变化不大,第二产业的资本有机构成提高,就业比例增长幅度很小,因此,其对应的专业和招生规模比例变化不大;相反,第三产业在国民经济中的比例不断上升,其对应的专业种类和在校生人数比例上升,这与我国近年来大力发展第三产业,第三产业的就业空间不断增大有关。随着我国产业结构的升级和优化,预计第三产业专业比例还会进一步提升。据统计,在发达国家,第三产业的增加值占GDP的比例为60%~70%,而我国第三产业的增加值占GDP的比例刚超过50%,这说明我国第三产业继续提升发展的空间较大,将吸纳更多的人就业,中等职业教育势必进一步扩大第三产业的专业比例。

表3-3 我国中等职业学校三次产业的专业设置变化表

年份	第一产业专业				第二产业专业				第三产业专业			
	专业种类	专业种类占比/%	在校生数/万人	在校生数占比/%	专业种类	专业种类占比/%	在校生数/万人	在校生数占比/%	专业种类	专业种类占比/%	在校生数/万人	在校生数占比/%
1955	—	—	5.33	16.80	—	—	17.76	55.80	—	—	8.90	27.40
1965	36	10.37	5.38	13.70	242	69.74	17.76	45.27	69	19.89	16.10	41.03
1985	44	10.16	80.41	20.62	274	63.28	101.05	25.91	115	26.56	208.54	53.47
1995	47	9.07	58.75	7.13	289	55.79	267.81	32.50	182	35.14	497.52	60.37
2000	47	9.07	64.11	7.09	289	55.79	342.45	37.88	182	35.14	509.06	55.03
2007	19	7.03	52.57	3.30	126	46.67	419.47	26.36	125	46.30	1119.05	70.34
2013	32	9.97	172.23	11.21	122	38.01	334.93	21.80	167	52.02	1029.22	66.99

注:本表中中等职业学校不包括技工学校,2000年及以前数据不包括成人中专;一表示无数据
资料来源:根据《中国教育统计年鉴》相关年份数据计算

(三)三类中等职业学校的专业分类逐渐走向趋同

2000年以前中等专业学校的专业设置以学科为基础进行专业分类,2000年的专业目录结合行业、企业和社会职业岗位需求来划分专业门类。这种演变显示出我国中等职业教育的专业设置是一个逐步摆脱学科本位思想、彰显能力本位职业教育特色的过程,是一个不断适应产业分类、职业演变,合理定位人才培养目标的过程。

长期以来技工学校一直按行业对专业进行归类,体现了职业教育特色,但随着社会经济的发展,按行业进行归类专业规模会越来越庞大,2009年人力资源和社会保障部颁布的技工院校专业目录借鉴了教育部门的分类标准,2010年教育部颁布的《中等职业学校专业目录》也借鉴了2009年《全国技工院校专业目录》的一些优点,可见,随着三类中等职业学校(中等专业学校、职业高中、技工学校)培养目标统一为培养高素质劳动者和技能型人才,专业目录也在逐渐走向趋同。

（四）国家政策对专业设置产生一定的影响

2008 年中国共产党第十七届中央委员会第三次全体会议通过的《中共中央关于推进农村改革发展若干重大问题的决定》中明确提出："加快普及农村高中阶段教育，重点加快发展农村中等职业教育并逐步实行免费"。《中共中央 国务院关于 2009 年促进农业稳定发展农民持续增收的若干意见》进一步明确指出："加快发展农村中等职业教育，2009 年起对中等职业学校农村家庭经济困难学生和涉农专业学生实行免费。"人力资源和社会保障部 2009 年颁布的《全国技工院校专业目录》新增加了农林类，共包括 19 个专业，与 2009 年财政部、国家发展改革委、教育部、人力资源社会保障部联合发布的《关于中等职业学校农村家庭经济困难学生和涉农专业学生免学费工作的意见》规定的 21 个涉农专业相比，有 18 个专业是一致的，2009 年的《全国技工院校专业目录》中没有农村经济管理专业和农业机械化专业，但增加了一个涉农专业——农机使用与维修，与以往的技工院校专业目录相比，涉农专业大幅度增加，这是技工院校响应国家服务"三农"号召的重要举措，总的来说，技工院校从以往的以服务第二产业为主转为向第一产业、第三产业进军。

（五）专业名称逐步科学化、规范化

职业教育专业设置是面向职业岗位（或职业岗位群）的，专业名称是体现其专业内涵和本质的一个重要方面，专业名称的变化是由于技术进步而导致的职业或岗位内涵发生变化的结果，因此，专业名称必须规范化。与以往的专业名称相比，2000年 9 月教育部制定并颁布的《中等职业学校专业目录》中的专业命名更加准确、科学和规范，充分体现了职业教育人才培养目标和职业岗位的需求，且具有"时代感"。例如，很多专业名称中包括"技术""应用"等，如地震监测技术、水利水电工程技术、机电技术应用、计算机及应用等，这与技能型人才的岗位工作相得益彰，与学科型的专业名称泾渭分明。2010 年颁布的《中等职业学校专业目录》更加体现了就业导向的原则，突出了与产业、企业、岗位及职业资格的对接。

纵观 70 年来我国中等职业学校专业设置的改革与发展，有两条线贯穿其间：一条是权力配置制度的变迁；另一条是专业划分标准的变迁。权力配置的变迁经历了集权—分权—集权—分权的多次反复；专业划分标准经历了按行业部门分类—按学科分类—按社会需求分类的历程。总的来看，为适应市场经济体制的要求，我国中等职业学校专业设置已走出了政府主导的模式，向市场导向模式发展，但现实中还存在许多问题亟待解决：①专业设置缺乏企业的广泛参与，致使专业设置的适应性不强；②缺乏专业设置标准，开设新专业没有准入门槛，现实中一些职业学校专业设置随意性大，频繁设置新专业、更换专业名称，办学条件不能满足人才培养的要求，影响人才培养质量；③政府对专业设置缺乏宏观调控。近年来，一些地方政府放开了中等职业学校专业设置权，却从以往的"一管就死"走向了"一放就乱"的局面，由于政府缺乏对职业学校专业设置的监管，专业设置重复、分散的现象较普遍，一哄而起、一哄而散的现象时有发生，培养的人才不能满足社会需求，使有限的教育资源存在浪费现象。为此，需要进一步完善中等职业学校专业设置机制，逐步建立以专业设置标准为基础，市场导向、学校主体、产业参与、政府调控的专业设置动态调整机制。

第二节 高职院校专业设置

一、新中国成立以来我国专科专业设置

新中国成立后，为了推动国家的工业化和现代化，我国非常重视高等教育的发展。1950年，全国高等教育会议召开，1952年，国家专门成立了高等教育部。针对过去高等教育体制存在的系科混乱、结构不清等问题，国家通过院系调整和借鉴苏联的经验，对高等教育的学科、专业等进行了全面的改革和调整。根据"以培养工业建设人才和师资为重点，发展专门学院，整顿和加强综合性大学"[1]的指导方针，依照苏联高等学校的模式，将工、农、师、医等系科从原有综合大学中剥离出来，或单独设立，或重新合并，建立了相应的多种形式的专门学院或大学，以培养国家建设所需要的各种专业人才。

高等学校全面学习苏联经验，几乎全面照搬了苏联的"专才"教育模式，在很短的时间内，迅速将遗留的高等学校改造、改组为目标明确的新式大学，从原来的通才教育模式调整为学科、专业导向的专才教育模式[2]，导致高等教育出现两个方面的变化：①大量压缩专科，表3-4的统计资料表明，我国高等教育全日制专科学生比例在调整前的1952年为31.3%，调整后的1955年下降为15.2%，1957年进一步下降为10.8%，1958年教育管理权限下放，专科层次学生比例提高到20%左右，但1961~1963年的"调整、整顿、提高"又将大量专科学校压缩，到1963年专科学生比例进一步下降到4.3%，到1966年也没有超过5%。②主要培养应用型、职业型人才。新中国建立以前，中国高等教育采用的主要是美国式的通才教育理念，以学科和学术为导向，新中国成立以后迅速转为借鉴苏联经验，推行应用和职业色彩浓厚的专才教育理念。[3]专才教育的一个基本思路就是国家建设需要什么样的人才，学科专业就据此做出相应的结构调整。这次教育结构的调整，形成了专业设置专门化、单一化的专门院校，国民经济各部门、各地区都大多有了大、中专院校，较好

---

[1] 何东昌. 中华人民共和国重要教育文献[M]. 海口：海南出版社，1998：213.
[2] 刘法虎. 中国高校学科专业设置的回顾与展望[J]. 北京航空航天大学学报(社会科学版)，2003(2)：99-102.
[3] 汪晓村，鲍健强，池仁勇等. 我国大学本科专业设置与调整的历史演变和现实思考[J]. 高等教育研究，2006(11)：33-34.

地适应了国民经济有计划按比例发展和国家工业化对管理和技术干部的要求。但在满足国民经济管理需求的同时，多科综合型大学大幅度减少，1947 年我国有综合大学 55 所，而 1953 年仅为 14 所，到 1983 年也只有 36 所，影响了中国高等教育的国际竞争力[1]。有的学者认为"实际上自 1952 年起以后的几十年中，中国可以说没有一所学科设置完备或较为完备的多学科综合性大学，而多数单科或多学科的独立学院，离开了作为大学母体的文、理两个学院，其基础课的教学必大为削弱。这样，从各综合性大学独立出来的学院，实际上都变成为技术性学校。"[2]

表 3-4 1949～1967 年高等教育本、专科学生数及比例[3]

年份	学生数/人			比例/%		
	合计	本科	专科	合计	本科	专科
1949	116 504	93 917	22 587	100	80.6	19.4
1950	137 470	124 650	12 820	100	90.7	9.3
1951	153 402	112 461	40 941	100	73.3	26.7
1952	191 147	131 287	59 860	100	68.7	31.3
1953	212 181	151 497	60 684	100	71.4	28.6
1954	252 987	194 294	58 693	100	76.8	23.2
1955	287 653	243 930	43 723	100	84.8	15.2
1956	403 176	350 387	52 789	100	86.9	13.1
1957	441 181	393 329	47 852	100	89.2	10.8
1958	659 627	518 767	140 860	100	78.6	21.4
1959	811 947	660 373	151 574	100	81.3	18.7
1960	961 623	774 515	187 108	100	80.5	19.5
1961	947 166	807 881	139 285	100	85.3	14.7
1962	829 699	765 517	64 182	100	92.3	7.7
1963	750 118	717 733	32 385	100	95.7	4.3
1964	685 314	661 885	23 429	100	96.6	3.4
1965	674 436	644 008	30 428	100	95.5	4.5
1966	533 766	509 361	24 405	100	95.4	4.6
1967	408 930	395 667	13 263	100	96.8	3.2

由于当时我国高等教育总体上是部门办学，培养应用型人才，因此本、专科教育没有多大的差别，这也是多年来理论和实践界一直认为我国专科教育是本科教育的"压缩饼干"的原因。从我国高等院校专业目录的设置来看，多年来我国高等院校专业目录是按行业部门或行业部门兼学科设置的，从 1954 年制定的《高等学校专业目录分类设置》到 1998 年制定的《普通高等学校本科专业目录》，我国共制定了

---

[1] 曹晔. 新中国教育结构五次大的调整及当前面临的形势[J]. 河北师范大学学报(教育科学版), 2013(11): 65-70.
[2] 刘敬坤, 徐宏. 中国近代高等教育发展历程回顾(下)[J]. 东南大学学报(哲学社会科版), 2004(2): 115-121.
[3] 教育部计划财务司. 中国教育成就统计资料(1949-1983)[M]. 人民教育出版社, 1984: 63.

5 个本科专业目录。从 1952 年高校开始设置专业至 1953 年初，我国普通高校设置的专业数共计 215 种，涉及工科、农科、林科、医药、师范、文科、理科、财经、政法、体育、艺术 11 个门类。1954 年 7 月颁布的《高等学校专业目录分类设置（草案）》完全以 11 个行业部门来进行专业划分，共分为 40 个专业类和 257 种专业。为了适应国民经济"调整、巩固、充实、提高"的要求，1963 年 9 月国务院批准颁发了《高等学校通用专业目录》，仍然采用 11 个专业门类，共设置专业 432 种。1988 年颁布的《高等学校本科专业目录》仍然是 11 个门类，共设置 77 个专业类、702 种专业。1993 年 7 月颁布的《普通高等学校本科专业目录》，摒弃了以前的学科与行业相结合的专业分类法，采用学科门类分类法，专业目录分为 10 个学科：哲学、经济学、法学、教育学、文学、历史学、理学、工学、农学、医学，包括 71 个专业类、504 种具体专业。[①]

新中国成立后，为适应计划经济体制的要求，高校专业设置管理的权力主要集中在国家教育主管部门，对于高等学校设置、调整目录外专业和国家控制布点的专业，均要严格控制。特别是设置医学类（含专科）、公安类专业时，还要由教育主管部门和卫生、公安部门审核，然后上报教育部，再由教育部与原卫生部、国家中医药管理局和公安部共同审批。[②] 计划经济体制下的专业设置具有强烈的计划经济色彩，专业设置强调以行业为基础，突出"专业对口"，虽然满足了国民经济各部门对人才的需求，但专业设置也存在口径过窄、范围过小等现象。随着经济社会的发展，专业数量必然急剧增加，因此，需要不断修订专业目录，以更好地适应经济社会发展的需要，1954～1998 年共修订了 5 次。1992 年国家提出发展社会主义市场经济体制，为了适应学生面向市场就业需要的现状，1993 年修订的《高等学校本科专业目录》开始解决专业划分过细与专业范围狭窄等问题，专业数量从 1988 年的 702 种减少到 504 种，而 1998 年修订的专业目录，开始大幅度减少专业，专业数量缩减为 249 种，专业口径大大拓宽。1979～1998 年高等教育本、专科学生数及比例如表 3-5 所示。

表 3-5　1979～1998 年高等教育本、专科学生数及比例

年份	学生数/人 合计	本科	专科	比例/% 合计	本科	专科
1979	1 019 950	671 474	348 476	100	65.8	34.2
1980	1 143 712	862 359	281 353	100	75.4	24.6

---

① 郭雷振. 我国高校本科专业目录修订的演变——兼论目录对高校专业设置数量的调节[J]. 现代教育科学，2013(3)：44-54.
② 兰利琼，李茂国. 高等学校专业设置管理中的权力制衡研究[J]. 高等工程教育研究，2011(1)：42.

续表

年份	学生数/人 合计	本科	专科	比例/% 合计	本科	专科
1981	1 279 472	1 060 645	218 827	100	82.9	17.1
1982	1 153 954	928 901	225 053	100	80.5	19.5
1983	1 206 823	929 319	277 504	100	77.0	23.0
1984	1 395 656	1 007 721	387 935	100	72.2	27.8
1985	1 703 115	1 122 643	580 472	100	65.9	34.1
1986	1 879 994	1 204 727	675 267	100	64.1	35.9
1987	1 958 725	1 277 805	680 920	100	65.2	34.8
1988	2 065 923	1 335 220	730 703	100	64.6	35.4
1989	2 082 111	1 321 190	760 921	100	63.5	36.5
1990	2 062 695	1 320 124	742 571	100	64.0	36.0
1991	2 043 662	1 320 004	723 658	100	64.6	35.4
1992	2 184 376	1 329 427	854 949	100	60.9	39.1
1993	2 535 517	1 417 357	1 118 160	100	55.9	44.1
1994	2 798 639	1 516 871	1 281 768	100	54.2	45.8
1995	2 906 429	1 638 200	1 268 229	100	56.4	43.6
1996	3 021 079	1 794 630	1 226 449	100	59.4	40.6
1997	3 174 362	1 986 125	1 188 237	100	62.6	37.4
1998	3 408 764	2 234 647	1 174 117	100	65.6	34.4

资料来源：根据《中国教育统计年鉴》相关年份数据计算

二、高等教育大众化以来高职高专的专业设置

(一)我国高等职业教育发展历程

1980年10月南京市政府率先创办了"自费走读、不包分配、择优录用、短期学制"的金陵职业大学，标志着我国高等职业学校的诞生。1982年国务院《关于第六个五年计划的报告》提出"要试办一批花钱省、见效快、可收学费、学生尽可能走读、毕业生择优录用的专科和职业大学"。1983年4月国务院批转教育部和国家计划委员会(下文简称国家计委)《关于加速发展高等教育的报告》中指出：采取多层次、多种规格和多种形式加快高等教育的发展，要在发展中逐步调整好高等教育内部的比例关系，多办一些专科，注重发展一些为建设所急需的短线专业。1985年5月《中共中央关于教育体制改革的决定》中提出积极发展高等职业技术教育[①]，同年7月国家教委印发《关于同意试办三所五年制技术专科学校的通知》，上海电机制造学校、西安航空工业学校、国家地震局地震学校在全国率先开始试办五年制技术

---

① 何东昌. 中共中央关于教育体制改革的决定[A]//何东昌. 中华人民共和国重要教育文献. 海口：海南出版社，1998：2285.

专科,标志着五年一贯制高等职业教育的诞生。1986 年 12 月国务院《关于发布〈普通高等学校设置暂行条例〉的通知》中规定"称为高等职业学校的,须符合下列规定:(一)主要培养高等专科层次的专门人才",标志着高等职业学校作为一种教育类型得到了国家的认可。

1990 年 11 月 27 日～12 月 1 日,国家教委在广州召开全国普通高等专科教育工作座谈会,并于 1991 年印发了《关于加强普通高等专科教育工作的意见》(教高〔1991〕3 号),该意见进一步明确普通高等专科教育应培养高等应用型专门人才,明确了毕业生的就业去向是生产服务一线和基层,并指出:普通专科教育改革的目标是逐步发展高等职业教育,培养经济建设需要的各类应用型人才。现有大多数短期职业大学一部分应办成以培养高级技艺性人才为目标的高等职业教育;一部分根据需要,经过上级主管部门审定并报国家教委批准,可以明确为普通高等专科学校①。1991 年 1 月,国家教委决定以中国人民解放军总后勤部管理的中国人民解放军军需工业学校为依托,将其改建为邢台高等职业技术学校,并开始试办高中起点的高等职业教育,主要招收普通高中和职业学校的毕业生,学生经过三年的学习,毕业时获得专科毕业证书和职业资格证书,形成了"双起点、双学制、双证书、订单式"的办学特色。1994 年 10 月和 1996 年 6 月国家教委先后两次扩大试点范围,先后批准成立了成都航空工业学校等 18 所国家重点中专学校开办高职教育班(高职班),试点学校数量上升到 22 所,开设专业 66 个,高等职业教育开始了全面试点。一些地方政府也加大了探索力度,如 1994 年 4 月 28 日深圳市政府率先试办了深圳高等职业技术学院。1994 年 7 月国务院发布的《关于〈中国教育改革和发展纲要〉的实施意见》中提出:"有计划地实行小学后、初中后、高中后三级分流,大力发展职业教育,逐步形成初等、中等、高等职业教育和普通教育共同发展、相互衔接、比例合理的教育系列"②。1995 年 9 月 25 日国家教委印发的《关于开展建设示范性普通高等工程专科学校工作的通知》中指出:"一些岗位针对性强的专业,要积极试办高等职业教育,努力探索高等工程教育举办高等职业教育的路子。"1995 年 10 月 6 日国家教委颁发的《关于推动职业大学改革与建设的几点意见》(教职〔1995〕12 号)中指出:职业大学是我国高等教育的一种办学形式,是高等职业教育的重要组成部分。积极发展高等职业教育,推动职业大学的改革与建设,是我国高等教育进行结构调整,主动适应地方经济建设和社会发展需要的一项重大改革③。1996 年 5 月 15

---

① 何东昌. 关于推动职业大学改革与建设的几点意见[A]//何东昌. 中华人民共和国重要教育文献. 海口:海南出版社,1998:3092.

② 何东昌. 关于推动职业大学改革与建设的几点意见[A]//何东昌. 中华人民共和国重要教育文献. 海口:海南出版社,1998:3661.

③ 何东昌. 关于推动职业大学改革与建设的几点意见[A]//何东昌. 中华人民共和国重要教育文献. 海口:海南出版社,1998:3885.

日我国颁布的《职业教育法》指出：职业学校教育分为初等、中等、高等职业学校教育，以法律的形式明确了高等职业技术教育。1996年6月国务院召开了第三次全国职业教育工作会议，会议确定了积极发展高等职业教育的方针。会议指出：发展高等职业教育要充分利用现有教育资源和设施，主要通过对现有学校的改革、改组、改制来实施。国家教委近几年进行了大量调查研究，并多次召开会议研究如何推动高等职业教育的发展，成立了高等职业教育协调领导小组，将确定一些省(自治区、直辖市)和学校进行高职的试点。[①]1997年3月国家教委批准邢台高等职业技术学校更名为邢台职业技术学院，成为我国第一所以"职业技术学院"命名的学校。1997年5月国家教委下发了《关于招收应届中等职业学校毕业生举办高等职业教育试点工作的通知》，国家教委决定从1997年起在北京、上海等10个省(直辖市)开展招收应届中等职业学校毕业生举办高等职业教育的试点工作。[②]1997年9月国家教委印发的《关于高等职业学校设置问题的几个意见》规定"新设高等职业学校一般称为职业技术学院"，同时还要求其他通过改革、改组、改制发展高等职业教育的学校照此更名。1999年我国开始实施高等教育大众化战略，把发展高等职业教育作为大众化的重要内容。1999年1月，教育部、国家计委印发《试行按新的管理模式和运行机制举办高等职业教育的实施意见》，明确了发展高等职业教育的政策。同时，高等职业院校设置、审批权下放给地方，极大地促进了高等职业教育的发展，这使高等教育的层次结构发生了变化。[③]1999年6月13日中共中央、国务院颁布《关于深化教育改革全面推进素质教育的决定》，对大力发展高等职业教育的路径做了明确的规定，形成了多元举办高等职业教育的体制。该决定提出"要大力发展高等职业教育""现有的职业大学、独立设置的成人高校和部分高等专科学校要通过改革、改组和改制，逐步调整为职业技术学院(或职业学院)。支持本科高等学校举办或与企业合作举办职业技术学院(或职业学院)。省、自治区、直辖市人民政府在对当地教育资源的统筹下，可以举办综合性、社区性的职业技术学院(或职业学院)。"进一步完善了多元化举办高等职业教育的体制。从此，我国高等职业教育走上快车道。

为了落实第三次全国教育工作会议和《中共中央国务院关于深化教育改革，全面推进素质教育的决定》的精神，教育部于1999年11月在北京召开了全国第一次高职高专教学工作会议，并于2000年1月颁布了《教育部关于加强高职高专教育人才培养工作的意见》，该文件进一步明确了高职高专人才的培养目标——培养"适应生产、建设、管理、服务第一线需要的，德、智、体、美等方面全面发展的高等技术应用性专门人才"，同时指出专业设置"要根据高职高专教育的培养目标，针对地

[①] 王明达. 在全国职业教育工作会议上的总结讲话[J]. 中国职业技术教育，1996(7)：27-35.
[②] 顾坤华，赵惠莉. 我国高等职业教育的创立、变革与发展——纪念职业大学创办30周年[J]. 教育学术月刊，2010(10)：93-96.
[③] 中国高等教育学会. 改革开放30年中国高等教育发展经验专题研究[M]. 北京：教育科学出版社，2008：549-551.

区、行业经济和社会的需要,按照技术领域和职业岗位(群)的实际要求设置和调整专业。专业口径可宽可窄,宽窄并存。同时,要妥善处理好社会需求的多样性、多变性与学校教学工作相对稳定性的关系。尽快组织制订《高职高专教育专业设置指南》,指导高职高专院校的专业设置工作。要尽快组织高职高专教育各大类专业教学指导委员会,指导有关专业的教学工作;要以人才培养模式改革为重点,开展高职高专专业教学改革试点工作"。从此,高等职业教育按照自身的要求来设置专业。2000年3月15日,教育部颁布了《高等职业学校设置标准(暂行)》(教发〔2000〕41号),对高职院校师资队伍、教学条件、实习实训场所、课程设置等做出了明确规定,对规范专业设置也起到了积极的作用。

(二)高等职业教育专业目录

高职高专教育专业设置是伴随着高等职业教育的探索和发展而逐渐完善的,例如,1993年5月国家教委高教司下发了《普通高等学校工程专科基本专业目录》(教高司〔1993〕3号),共分20类:地质类,矿业类,冶金类,材料类,机械类,仪器仪表类,热能与核能类,电气类,电子类,通信类,土建类,水利类,测验类,环境类,化工制药类,轻工、粮食食品类,纺织类,运输类,管理工程类,军工类,共设工程专科专业232个,该目录包括专业名称、课程设置、实践环节、专业方向和相近专业等,体现了应用型人才培养的要求。1995年10月国家教委《关于推动职业大学改革与建设的几点意见》(教职〔1995〕12号)中指出:在条件成熟后,将对全国职业大学开设的专业进行汇总,在总结分析各类高等职业教育专业设置情况的基础上,逐步进行规范。

各地在实践中加大了探索力度,尤其是从1999年高等职业教育大规模发展以来,高职高专教育的专业设置越来越符合职业教育特点。2000年上海市教育委员会在全国率先颁布了《上海高等学校高职高专指导性专业目录和专业介绍》,该专业目录的特点有:①按照国民经济行业分类,确定专业;②按照行业要求确定专业内涵;③高职高专并轨通用;④专业口径宽窄并举。该专业目录分设有农林牧渔业类,制造业类,电力、煤气及水的生产和供应业类,建筑业与房地产业类,仓储运输业类,金融保险业类,社会服务业类,贸易、旅游及餐饮业类,卫生事业类,教育、文化艺术及广播影视业类,电子信息业类及综合通用类12个专业科类共129个专业。①根据对湖北省2001年高等学校专科与高职专业的汇总和分类,目前湖北省共有专科与高职专业总名称数730个,其中,名称相异的专业332个,内涵独立有代表性的专业186个。在上海市2000年颁布的129个专业中,湖北省覆盖了84个,还有45

---

① 长江职业学院课题组. 高等职业教育专业设置的依据、原则和分类方法——高职高专教育专业设置与管理问题的研究[J]. 湖北成人教育学院学报, 2001(5): 2-6.

个上海市设置的专业湖北省没有,其中大部分是湖北省需要增加的。当然湖北省也有很多专业是上海所没有的,这也体现了专业设置所针对的地方性的技术领域与服务对象的差异。①

从 2000 年教育部发展规划司统计的高职高专专业目录来看,许多专业大类中设置的新专业(目录外专业)数超过了目录内专业,有的新专业的学生比例接近一半以上或更高(表 3-6 和表 3-7)。

表 3-6　2000 年高等职业院校部分工科类专业设置与学生数

专业大类	目录内/外专业及新专业所占比例	设置专业数/个	毕业生数/人	招生数/人	在校生数/人
机械类	目录内专业	19	15 813	26 854	63 591
	目录外新专业	24	7 149	14 000	21 149
	新专业所占比例/%	55.8	31.1	34.3	25.0
仪表仪器类	目录内专业	4	308	518	1 171
	目录外新专业	9	1 780	1 726	5 103
	新专业所占比例/%	69.2	85.2	76.9	81.3
电子信息类	目录内专业	16	38 346	153 166	290 919
	目录外新专业	17	9 596	40 646	79 375
	新专业所占比例/%	51.5	20.0	21.0	21.4
化工类	目录内专业	8	16 097	25 252	76 351
	目录外新专业	8	1 146	1 514	3 855
	新专业所占比例/%	50	6.6	5.7	4.8
纺织类	目录内专业	10	1 052	2 248	4 578
	目录外新专业	7	1 149	1 640	4 336
	新专业所占比例/%	41.2	52.2	42.2	48.6

资料来源:教育部发展规划司

表 3-7　2004 年高等职业院校部分工科类专业学生数

专业类别	目录内/外专业及新专业所占比例	毕业生数/人	招生数/人	在校生数/人
电子信息类专业	目录外新专业	9 855	20 201	52 919
	目录内外专业	17 243	36 038	93 178
	新专业所占比例/%	57.2	56.1	56.8
机械类	目录外新专业	20 181	94 405	181 138
	目录内外专业	58 075	205 242	421 774
	新专业所占比例/%	36.7	46.0	42.9
仪表仪器类	目录外新专业	1 017	2 217	5 563
	目录内外专业	1 778	5 859	11 845
	新专业所占比例/%	52.7	37.8	47.0

---

① 长江职业学院课题组. 高职高专教育专业设置与管理问题的研究——国内外高职高专教育专业设置与管理的比较[J]. 湖北成人教育学院学报,2002(2):36-42.

续表

专业类别	目录内/外专业及新专业所占比例	毕业生数/人	招生数/人	在校生数/人
电气信息类	目录外新专业	59 245	96 828	248 840
	目录内外专业	227 706	388 559	1 049 148
	新专业所占比例/%	26.0	24.9	23.7

资料来源：教育部发展规划司

2004年10月19日教育部印发了《普通高等学校高职高专教育指导性专业目录（试行）》（教高〔2004〕3号）和《普通高等学校高职高专教育专业设置管理办法（试行）》（教高〔2004〕4号），从2005年起，高职高专教育的招生和统计等工作使用该目录，这是国家首次颁布的高职高专专业目录，标志着我国高职高专教育逐步走向成熟。文件规定对目录的管理遵循"专业大类原则不变，专业类相对稳定，专业基本放开"的原则。教育部每两年对专业目录进行一次调整；省级教育行政部门可依据高等学校的办学条件、办学质量和办学效益等实际情况，核定学校举办高职高专教育的专业类范围和每年新增专业的数量；学校可在核定的专业类中自主设置和调整目录内专业，也可依据专业目录中的专业名称以"（）"形式标出专业方向或本校该专业内涵的特色。进一步下放了专业设置的管理权限，对目录内专业，学校依法自主设置的专业报所属省级教育行政部门备案即可；但对目录外专业，省级教育主管部门要根据有关规定制定目录外专业设置标准与听证制度，以保证专业设置的科学性和规范性。对于医学类、公安类等国家控制专业，应按照国家有关规定管理。同时，把高职院校的专业设置范围和年增专业数量等权限与院校的评估结论挂钩；对连续三年达不到本省（自治区、直辖市）平均就业率的高职高专教育专业，应通过调节招生计划等方式减少或限制招生。2006年高职高专院校部分专业中新专业学生数占学生总数比例如表3-8所示。

表3-8 2006年高职高专院校部分专业中新专业学生数占学生总数比例　　单位：%

专业类别	毕业生比例	招生数比例	在校生数比例
化工技术类	19.6	5.7	7.9
机械设计制造类	6.7	1.7	2.6
自动化类	6.5	1.3	2.5
机电设备类	31.4	12.3	17.1
汽车类	8.4	2.3	3.9
计算机类	8.1	3.9	4.8
电子信息类	10.1	3.8	5.5
通信类	10.9	4.9	6.1
纺织服装类	6.5	2.2	3.2

资料来源：教育部发展规划司

《普通高等学校高职高专教育指导性专业目录（试行）》的制定是根据高职高专教育的特点，以职业岗位群或行业为主、兼顾学科分类的原则进行划分的，体现了职业性与学科性的结合,并兼顾了与本科目录的衔接。专业名称采取了"宽窄并存"的做法,专业内涵体现了多样性与普遍性相结合的特点,同一名称的专业,不同地区不同院校可以且提倡有不同的侧重与特点。该目录分设农林牧渔、交通运输、生化与药品、资源开发与测绘、材料与能源、土建、水利、制造、电子信息、环保气象与安全、轻纺食品、财经、医药卫生、旅游、公共事业、文化教育、艺术设计传媒、公安、法律19个大类,下设78个二级类,共532种专业。为体现职业教育的特点,管理类专业暂分别归属于不同的专业大类中。

该目录的颁布和实施有效地指导了各地或各高职高专院校的专业设置,尤其是2004年4月19日教育部办公厅印发了《关于全面开展高职高专院校人才培养工作水平评估的通知》(教高厅〔2004〕16号),下发了《高职高专院校人才培养工作水平评估方案(试行)》《高职高专院校人才培养工作水平评估工作指南(试行)》《高职高专院校人才培养工作水平评估专家组工作细则(试行)》三个文件,要求"各省级教育行政部门应制定本地区高职高专院校人才培养工作水平评估工作的总体规划和年度计划,保证五年内完成对本地区所有高职高专院校的第一轮评估;应从2004年起对本地区高职高专院校分期分批开展评估,公布评估结论,并向我部推荐少量优秀院校,作为示范性高职院校候选单位。"这无疑对高职高专院校专业设置和建设起到了重要的推动和促进作用。

(三)我国高等职业教育专业设置

伴随着制造业的快速发展,我国高等职业教育发展迅速。1980年,我国工业制成品出口额在世界出口总额所占比例仅为0.8%,2005年这一比例增至9.6%,在世界制成品出口国排名中由1980年的第26位跃居2005年的第3位。1998~2007年,外资进入中国的趋势伴随着中国改革开放的深入而逐渐凸显。特别是2001年12月正式加入世贸组织后,我国积极参与经济全球化进程,抓住国际产业加快转移的历史性机遇,出台引进外资的优惠政策,大量外资涌进中国,对外贸易发展焕发出勃勃生机,赢得了历史上最快、最好的发展时期。长三角地区随着浦东的开发已逐渐成为中国改革开放的龙头。中国沿海众多出口导向型制造企业充分发挥低成本的优势,逐渐形成了国际竞争力,赢得了大量的OEM(贴牌生产)订单,成为国际制造业的生产外包基地,而支撑这些企业实现低成本优势的,是来自中国农村的大量低成本劳动力和沿海地区逐渐形成的专业化产业集群,尤其是在IT产品、玩具、服装、制鞋等产业。2004年,全国制造业就业人员中,属于农业户口的达55.2%;在全国城镇制造业单位就业的农村劳动力达到679.75万人,占城镇单位使用农村劳动力总数(1318.6万人)的51.55%。[1] 2007年中国制造业增速已连续20年居全球之首。2006

---

[1] 国家统计局人口和就业统计司,劳动和社会保障部规划财务司.中国劳动统计年鉴2005[M].北京:中国统计出版社,2005:71-77.

年，中国制造业有 172 类产品的产量居世界第一，制造业的增加值达到了 10 956 亿美元。根据国家统计局的统计数据，2006 年中国规模以上的制造企业达 20 多万家。2010 年中国制造业在全球制造业总产值中所占的比例已达到 19.8%，而美国是 19.4%，中国从此成为世界第一制造业大国。

大量外资、三资企业的出现，突破了传统的人事制度的制约，制造业的快速发展，对制造类和电子信息类等专业高技能人才产生了巨大的需求，两大类专业招生人数从 2000 年的 26 万多，增加到 2006 年的 85 万多。2008 年，一场突如其来的金融危机席卷全球，由于计划生育政策的实施，我国人口红利逐渐丧失、劳动力成本大幅上升，加上原材料价格上升、人民币不断升值、出口退税政策的取消等，我国的劳动力成本优势不再，一些外资企业开始向东南亚地区转移，欧美发达国家实施再工业化战略，致使珠三角、长三角地区出现中小企业倒闭潮。我国制造类和电子信息类专业招生规模缩减，到 2012 年已减少至 70 多万人。2000～2006 年全国高等职业院校加工制造和电子信息类专业学生数情况如图 3-1 所示。2011 和 2012 年高职高专分科招生和毕业生情况如表 3-9 所示。

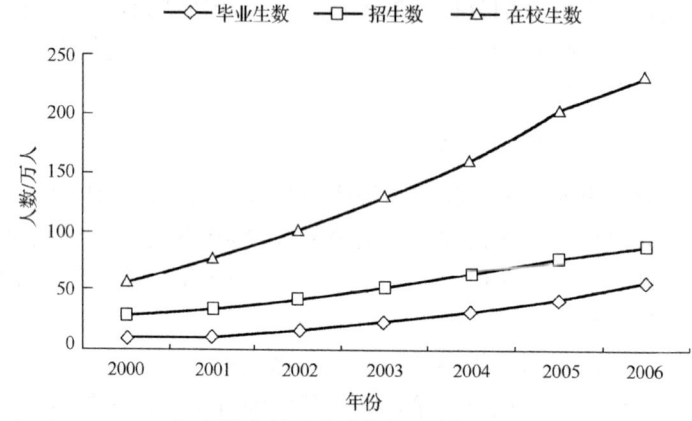

图 3-1　2000～2006 年全国高等职业院校加工制造和电子信息类专业学生数

表 3-9　2011 和 2012 年高职高专分科招生和毕业生情况统计表

专业大类	毕业生数/人 2011 年	毕业生数/人 2012 年	招生数/人 2011 年	招生数/人 2012 年	毕业生比例/% 2011 年	毕业生比例/% 2012 年	招生比例/% 2011 年	招生比例/% 2012 年
农林牧渔	59 580	58 308	57 103	56 236	1.81	1.82	1.76	1.79
交通运输	116 379	127 177	142 769	153 172	3.54	3.96	4.39	4.87
生化与药品	85 344	81 411	76 758	70 212	2.60	2.54	2.36	2.23
资源开发与测绘	40 777	43 511	49 534	50 023	1.24	1.36	1.52	1.59
材料与能源	46 523	45 115	45 655	41 412	1.42	1.41	1.42	1.32
土建	252 816	271 421	363 343	365 236	7.70	8.46	11.18	11.60
水利	11 036	10 955	14 003	13 908	0.34	0.34	0.43	0.44
制造	457 549	430 682	422 391	405 538	13.93	13.41	13.00	12.88

续表

专业大类	毕业生数/人 2011年	毕业生数/人 2012年	招生数/人 2011年	招生数/人 2012年	毕业生比例/% 2011年	毕业生比例/% 2012年	招生比例/% 2011年	招生比例/% 2012年
电子信息	394 674	370 232	313 628	297 772	12.01	11.53	9.65	9.46
环保、气象与安全	15 955	14 649	15 516	14 560	0.49	0.46	0.48	0.46
轻纺食品	64 209	62 363	56 745	51 904	1.95	1.94	1.75	1.65
财经	668 498	671 797	689 471	691 807	20.35	20.94	21.22	21.98
医药卫生	276 239	279 290	311 438	298 521	8.41	8.70	9.59	9.48
旅游	106 716	108 371	108 430	110 237	3.25	3.38	3.34	3.50
公共事业	32 915	31 195	32 815	32 418	1.00	0.97	1.01	1.03
文化教育	430 851	388 794	343 259	297 878	13.11	12.12	10.57	9.46
艺术设计传媒	152 434	150 028	155 198	146 639	4.64	4.68	4.78	4.66
公安	24 066	16 741	11 095	11 504	0.73	0.52	0.34	0.37
法律	48 775	46 825	39 447	38 785	1.48	1.46	1.21	1.23
总计	3 285 336	3 208 865	3 248 598	3 147 762	100	100	100	100
其中：师范生	198 650	183 755	179 603	150 568	6.05	5.73	5.53	4.78

资料来源：根据2011年和2012年《中国教育统计年鉴》相关数据计算

从分科招生数来看，按照传统的学科分科统计，2000年工科招生数占招生总数的35.1%，2006年提高到40.8%，2010年达到42%。按照2004年颁布的《普通高等学校高职高专教育指导性专业目录（试行）》统计，加工制造类和信息电子类专业招生人数占全部招生人数的比例2000年为25.6%，2006年提高到29.1%，近几年来，由于制造业的不景气，该比例有所下降，2011年为24.5%，2012年为24%。说明随着我国各地对职业教育投资的不断增多，高职院校逐渐增加第二产业专业的设置，但第二产业专业中，由于制造业比例下降，所以与加工制造业相关的专业比例也在下降，而增加了其他类专业的比例，专业设置面拓宽。表3-10说明高职高专三次产业中，第二产业专业设置比例在增加。

表3-10 高职高专三次产业专业结构 单位：%

产业	毕业生比例 2011年	毕业生比例 2012年	招生比例 2011年	招生比例 2012年
第一产业	1.81	1.82	1.76	1.79
第二产业	29.17	29.46	31.66	31.71
第三产业	69.02	68.72	66.58	66.50

资料来源：根据2011年和2012年《中国教育统计年鉴》相关数据计算

第四章

职业教育专业设置理论

第一节 职业教育专业

一、专业的相关概念

(一)专业的概念

对于专业的概念,不同领域的学者给出了众多的解释,且各有侧重。

1. 社会学视野的专业

从社会学角度来看,人类所有的职业大致可以分为两类,即一般性职业和专业,专业是职业的一个亚类,故专业也称专业性职业(professional occupation)。专业性职业区别于一般职业之处在于其从业者需拥有深奥的知识和复杂的技能,即每一个专业都是一个科学的知识体系。典型的专业性职业有医生和律师。凯尔·桑德斯认为专业(profession)是指一群人在从事一种需要专门技术的职业,这种职业需要特殊的智力来培养和完成,其目的在于提供专门性的社会服务。近代西方哲学家怀特海认为,专业是一种行业,其活动有理论的基础、科学的研究,可以验证,并且能从理论分析与科学验证中积累知识来促进这个行业的活动。[1]弗雷德逊也指出:"专业是一个正式职业;为了从事这一职业,必须进行以智能为特质的岗前训练,掌握相应的知识和某些高深的学问,它们不同于纯粹的技能。"我国学者赵康将专业看成一个富有历史、文化含义而又变化的概念,主要指一部分知识含量极高的特殊职业。[2] 刘婕认为社会学中的专业(即专门职业)是在社会分工、职业分化中形成的一类特殊的职业,是指那些通过特殊的教育或训练掌握了科学或高深的知识技能,并以此进行专门化的处理活动的人,从而解决人生和社会问题,促进社会进步的专门性职业。[3]王沛民

---

[1] 黄典波. 图解微观经济学[M]. 北京:机械出版社,2010:1.
[2] 赵康. 专业、专业属性及判断成熟专业的六条标准——一个社会学角度的分析[J]. 社会学研究,2000(5):30-39.
[3] 刘捷. 专业化:挑战21世纪的教师[M]. 北京:教育科学出版社,2002:42.

认为，专业是在社会的各行业中相对于普通职业的专门职业。[1]可见，专业是指一群人从事一种需要专门技术的职业，这种职业需要特殊的智力来培养和完成，其目的在于提供专门性的社会服务。专业作为一种服务于社会的职业或行业，是相对于普通职业而言的专门职业，并且强调从事专业活动需要有专门性知识的积累。

2. 教育学视野下的专业

在西方，高等教育中的"专业"一词多用"profession"或"speciality"表示，指的是范围大小不同的专门领域。正如美国著名的教育家约翰·S·布鲁贝克在他的《高等教育哲学》一书中提到的，任何一个人都不可能成为通晓一切知识或掌握这种百科全书式知识的人，今天一个人只能希望成为精通有限领域学问的人。[2]我国对专业的较有代表性的表述和定义列举如下。

《辞海》对专业的表述：高等学校或中等专业学校根据社会分工需要而划分的学业门类。[3]《现代汉语词典》的表述：高等学校的一个系里或者中等专业学校里，根据学科分工或生产部门的分工把学业分成的门类。[4]《教育大辞典》的表述：中国、苏联等国高等教育培养学生的各个专门领域，大体相当于《国际教育标准分类》的课程计划或美国高等学校的主修。[5]《高等教育辞典》的表述：狭义指高等学校专业，即高等学校培养高级专门人才的基本教育单位，由特定的专业培养目标和相应的课程体系组成。[6]《实用教育大词典》的表述：高等学校或中等专业学校根据社会分工、经济和社会发展需要，以及学科发展和分类状况，而划分的学业门类。[7]潘懋元的《高等教育学》一书的表述：专业是课程的一种组织形式，课程的不同组合形成不同的专业。[8]周川等认为专业是课程的一种组织形式，课程的不同组合形成不同的专业。[9]董新伟等认为专业是高等学校或职业学校根据某职业岗位对劳动者的素质和技术要求，依据教育的基本规律，以及终身教育的基本理论而组建的课程群。[10]

也有学者将专业从社会学和教育学两个方面认识，例如，周川认为："何为专业？我们大体可以从广义、狭义和特指三个方面来加以理解。从广义的角度

---

[1] 王沛民. 研究和开发"专业学位"刍议[J]. 高等教育研究，1999(2)：43-46.
[2] 约翰·S·布鲁贝克. 高等教育哲学[M]. 王承绪，译. 浙江：浙江教育出版社，1987：8-10.
[3] 夏征农. 辞海[M]. 上海：上海辞书出版社，1999：62-66.
[4] 中国社会科学院语言研究所词典编辑室. 现代汉语词典[M]. 北京：商务印书馆，1995：36-46.
[5] 顾明远. 教育大辞典(第三卷)[M]. 上海：上海教育出版社，1991：26-28.
[6] 朱九思，姚启和. 高等教育辞典[M]. 武汉：湖北教育出版社，1993：330-332.
[7] 王焕勋. 实用教育大词典[M]. 北京：北京师范大学出版社，1995：76-83.
[8] 潘懋元，王伟廉. 高等教育学[M]. 福州：福建教育出版社，1995：80-85.
[9] 周川. "专业"散论[J]. 高等教育研究，1992(1)：65-67.
[10] 董新伟. 振兴辽宁老工业基地背景下高等职业院校专业设置于调整研究[M]. 大连：东北财经大学出版社，2009：12.

看，专业即某种职业不同于其他职业的一些特定劳动特点。狭义的专业，主要是某些特定的社会职业。这些职业从事的是比较高级、复杂、专门化程度较高的脑力劳动；因而也就必须经过专门教育和训练以获得较高专门知识和能力才能胜任的劳动。所谓特指的专业，是指高等教育学意义上的专业——高等学校中的专业。"[1]

综合各种代表性的说法，我们可以将专业定义为：社会生产部门的分工需要各个专业领域的专门就业人才，学校根据社会分工的职业岗位性要求对学生进行相应专门学科学业的教育教学活动，其中，学业门类也就是所说的专业名称，即专业名称体现出特定职业岗位的技术技能性。每个专业都有自身的课程群，课程群就是组成一个专业所需要涉及的各科知识体系，也就是组成一个专业的各个相关学科，学科课程以专业为主线，体现出专业的特殊性，并且符合教育教学的自身规律，也是岗位性要求在专业上的具体体现，所以专业是高等职业学校培养社会分工所需技能型人才的重要依据。

(二) 专业设置

专业设置的概念是20世纪50年代从苏联引进的，我国最早提及专业设置的官方文件是《教育部关于全国农学院院长会议的报告》(1952年)，该报告指出应根据各业务部门的具体需要并参照苏联的经验进行专业设置，会议着重讨论了专业的设置问题。刘春生认为专业设置是指高等学校和职业学校专业的设立与调整。所谓"设立"，是指专业的新建与开设；所谓"调整"，则是指专业的变更或取消。[2]专业设置必须与社会产业、行业结构的不断变化和调整相适应，是学校培养专业类别人才的依据，是学生和就业岗位的桥梁，关系到学生就业的需要，是学生选择未来职业方向的准备，也是用人单位按专业挑选人才的依据，是学校专业结构的最基本组成要素及核心，专业只有适应社会经济发展的需求，才可以为社会经济发展起促进作用。所以，专业设置是否合理、是否具有针对性，对培养院校的发展、经济的促进、自身专业的稳定性起着至关重要的作用。

(三) 专业结构

我国教育专业结构、类别结构主要是指中等专业学校和大专学校的各类比例，以及系科专业的比例结构及其相互关系，[3]这里提到的专业结构是指一所学校内部设置的专业之间的联系状态，其基本形式有三种：同质结构、近质结构、异质结构。[4]所谓同质结构，是指学校只设置一个或若干性质完全相同的专业；所谓近质

---

[1] 周川. "专业"散论[J]. 高等教育研究，1992(1)：79-83.
[2] 李艳. 高等职业教育专业设置的研究综述[J]. 职教论坛，2008(22)：73-76.
[3] 靳希斌. 教育经济学[M]. 北京：人民教育出版社，2008：141.
[4] 谢勇旗. 高等职业教育专业设置研究[D]. 天津：天津大学硕士学位论文，2004：7.

结构，是指学校设置性质相近的若干个专业；所谓异质结构，是指学校所设的各种专业性质各异，彼此之间基本没有联系。

(四) 专业集群

专业集群是借鉴经济学中产业集群的一个概念。所谓产业集群是指大量专业化的企业(或产业)及相关支撑机构在一定地域范围内柔性集聚，结成密集的合作网络，植根于当地不断创新的社会文化环境。专业集群是由若干个相近的专业或专业方向共同组成的专业群。[1]专业集群中的各个专业或专业方向，面向企业中的岗位链，均能在同一个教学体系中完成其基本教学内容，专业集群的边界可以用是否能在同一个体系中完成主要实践性教学来界定。例如，机械制造、机械修理、模具设计与制造等专业可以形成一个专业集群，市场营销、电子商务、物流管理、商务英语、国际贸易等专业可以构成一个专业集群。不难看出，专业集群具有共同的知识、技术或处于同一行业内，共性是专业集群的基础。从社会的角度来看，专业集群是职业分化的结果，随着职业的细分，许多职业需要不断地细化为多个工种或岗位，从而形成多个专业。从技术的角度来看，专业集群是具有共性技术专业的集合。因此，专业集群是适应技术或职业变化的需要而产生的。从学校的角度来看，专业集群是管理专业的需要，没有专业集群，学校的专业犹如一盘散沙，在我国，专业的载体是二级院(系)，因此，专业集群与学校的二级院(系)具有一致性，一个院(系)肯定是一个专业集群，但也存在多个院(系)组成一个专业集群的情况。院(系)是学校教学行政管理的要求，专业集群是专业建设的需要。专业集群是专业的组合体，像市场营销学的产品组合一样，也存在宽度、深度和关联性等特点，即涉及专业个数、各专业包含的专业方向数、各个专业在教学与就业等方面的联系等特点。专业集群建设就是研究专业集群的合适宽度，各个专业的深度，专业或专业方向的选择，各专业之间的共性和差异及其关联性等。

(五) 专业生命周期

随着社会的进步和科学技术的发展，产业结构不断进行调整、优化和升级，一些新的职业不断产生，旧的职业不断消亡，即使存在的职业，其内涵也在不断发展变化。同时，产品是产业的市场表现，产品具有生命周期，产业也具有生命周期。专业都要经历一个由成长到衰退的发展演变过程，这个过程便称为专业的生命周期。专业的发展过程大致分为 4 个阶段：形成期、成长期、成熟期和衰退期(图 4-1)。加强对专业的生命周期的了解，对于我们认识专业成长的阶段更为有利，继而可以针对阶段特征合理调整专业。

---

[1] 杜安杰. 浅论高职"专业集群"建设思想[J]. 四川工程职业技术学院学报，2007(2)：30-33.

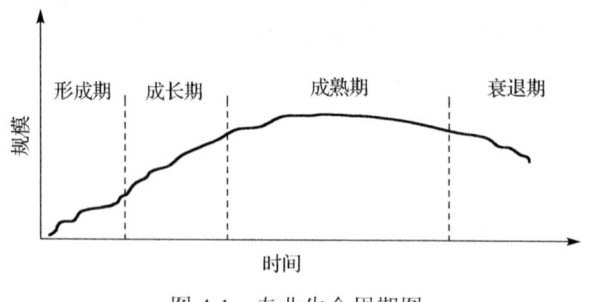

图 4-1　专业生命周期图

二、中、高职专业设置

(一)专业设置的方法

从大的方面来看，专业设置可分为两类：单一专业和综合专业。随着科学技术进步，学科交叉和相互渗透，职业综合化趋势越来越明显，因此，综合专业不断增多，具体来说，专业设置的方法有以下几种。

1．职业(工种)法

职业(工种)法根据社会职业的分类和需求来设置专业。发达国家职业学校的专业划分大多依据职业分类，一般一个专业要覆盖若干个职业岗位，例如，美国俄亥俄州教育部确定的职业技术教育专业目录分为 8 个组，覆盖 49 个职业领域，其中，农商业和谷类工人组覆盖了农产品、动物管理技师、花卉和盆景工人、自然资源等 12 个职业领域。[1]又如，德国的农业专业的分支专业有奶制品、牛养殖、羊养殖、谷物生产等；社区服务专业的分支专业有金融咨询、老年护理、儿童服务、社区工作、残疾人工作、青年工作、酒精麻醉品工作等。[2]

2．技术领域法

科学认识世界，技术改造世界，一项技术的发明，往往被应用到多个领域，当然在不同领域也存在一定的差异。技术领域的分类是：植物栽培育种技术(农业、林业)；捕获技术(水产业、狩猎)；饲养育种技术(畜牧业、水产业)；采掘技术(采油、采煤、矿业)；材料技术(冶金、石油、化工、水泥)；机械技术(合部制造业及各种加工组装技术)；交通运输技术(汽车、火车、轮船、飞机、运输业)；建筑技术(土木建筑业)；动力技术(火力发电、水力发电、核电、煤气)；信息技术(电信、电话、广播、电视、信息)；控制技术(计测控制产业)；系统技术(信息机械制造与服务业)；医疗保健技术(医疗器械、药品制造业、医院、环境保护产业)。

---

[1] 梁绿琦，王文槿，赵婉莹. 国外职业学校专业设置的比较研究[J]. 中国职业技术教育，2001(6)：54-57.
[2] 戴明来，杨丽娜. 国外高职教育专业设置分析[J]. 中国成人教育，2007(3)：124-125.

3. 专业集群法

专业集群法是指根据社会发展和经济建设的需要，依托主干专业派生出与主干专业性质相近的专业，形成专业群。专业群体的构建依据主要有两方面：一方面是按照核心产业—相关产业—附加产业的产业链思路，形成主干专业和相关专业互相联系的专业群；另一方面是按照关键岗位—次要岗位—边缘岗位的岗位群的思路，形成与岗位群对应的主次分明、相互结合的专业群。[①]由于这些专业是由主干专业辐射、派生出来的，师资和设备共用程度高，办学投入较少，办学质量也易于保证，因此，能够较好地适应不同行业对同类人才的需求。例如，市场营销专业是主干专业，可以派生出电子商务、市场营销与策划、连锁经营专业等次要专业，国际贸易与实务专业、商务管理专业为边缘专业，构建起以市场营销为主，多专业相互渗透、彼此支撑、主次分明、有机结合、协调发展的就业导向型应用性专业群体。

4. 复合专业法

复合专业法即充分利用学校不同专业主干课程的优势，将几个不同领域专业的某些课程有机地重新组合在一起，形成课程组合。这一课程组合可以满足某职业岗位对从业人员的基本能力要求，该课程组合与职业岗位的结合点就是一个新专业，如将文秘、公关、外语、计算机应用、经济管理等专业理论知识组合在一起，就形成了电子商务专业。

5. 专业拓展法

社会分工是不断细化的，一些职业随着经济社会的发展不断分化，导致一个职业变成两个或更多。专业拓展法就是根据职业的分化，对原有专业进一步细化拓展。这种方法主要是利用专业之间的交叉性、相近性连续不断地开拓新专业，使后续专业与原先专业在质上有一定的变化，但又有某些共性与连续性。例如，土木专业可以拓展为铁道工程专业，在此基础上还可以继续拓展成建筑工程管理专业。这种方法对于将旧专业改造或调整成市场需要的新专业具有明显的效果。

6. 异质设置法

异质设置法主要根据经济建设和社会发展的需求，设置与学校原有的专业性质相差甚远，甚至根本不相关的专业。这种设置方法对于满足社会需求、使学校及时地适应经济社会发展有着积极的作用，同时，在满足学生兴趣、增加学生职业门类的选择方面也有着重要价值。但是，这种方法教育投入比较大，对教育资源的相互利用率低，教育成本高，教学管理也比较复杂，一般不采用这种方法。

---

① 方光罗. 高职院校专业设置的原则探析[J]. 中国高教研究，2008(5)：81-82.

(二)中、高职专业设置的差别

1. 内涵不同

职业教育的概念可以定义为一类以明确某职业为培养目标的教育，是对该职业所需各项知识与技能进行传授的教育。明确的职业导向性是职业教育区别于其他教育类型的特性。而技术教育是人类在某一领域技术积累到一定程度后形成的对这一领域技术进行传授的教育，目的在于传授某些具体技术，并不需要有明确的职业导向性。①例如，木匠师父教一个年轻人制作木门，这个年轻人接受了木门制作这项技术的教育，而木匠是一个职业，这个年轻人如果想以后成为木匠，还要跟师父学习其他技能。德国职业学校的专业设置以职业分类为导向，具有以从事某一职业为明确培养目标的特性。职业教育的专业即为职业工种，如房地产销售、电工、化学实验员、面包师等。②

明确的职业导向性不仅是职业教育的特性，而且明确了职业教育的教育目的。然而，我国目前的职业教育专业设置忽视了职业教育的特性，专业设置与技术教育和普通教育的趋同的问题较为明显。以 2010 年教育部修订的《中等职业学校专业目录》中的信息技术类为例，该类专业包括计算机应用、数字媒体技术应用、计算机平面设计、计算机动漫与游戏制作、计算机网络技术、网站建设与管理、网络安防系统安装与维护、软件与信息服务、客户信息服务、计算机速录、计算机与数码产品维修、电子与信息技术、电子技术应用、数字广播电视技术、通信技术、通信运营服务、通信系统工程安装与维护和邮政通信管理。从中不难看出，我国的职业学校专业设置并没有明确的职业导向性，所开设的专业几乎均属于技术教育或普通教育范畴。①

2. 专业设置的依据不同

中等职业教育专业设置应该以职业岗位或职业岗位群为依据，针对一个行业岗位或一组相关职业岗位来设置专业。对于就业相对稳定、需求量大的岗位，可以每个行业岗位设置一个专业，以体现专业性和深度。对于变动性较大，每个具体岗位需求量不大，但相近岗位比较密集的岗位群，可以依据岗位群设置专业，这样有利于毕业生在该岗位群内不同岗位之间选择或变更岗位，扩大就业面。

1999 年颁布的《中华人民共和国职业分类大典》将我国的职业分为 8 大类、66 个中类、413 个小类、1838 个细类，职业即分类中的细类或小类。教育部在 2000 年公布的《中等职业学校专业目录》，涵盖了各大职业门类 1000 多个职业岗位。③

---

① 高松. 关于职业教育特性及职业院校专业设置问题的思考[J]. 职教论坛，2012(12)：52-55.
② 高松. 德国双元制职业教育专业设置及对我国的启示[J]. 职业技术教育，2012(19)：83-87.
③ 钟山学院《高等职业教育专业设置》课题组. 关于高等职业教育专业设置的思考[J]. 中国职业技术教育，2004(14)：39-40.

高等职业教育专业设置是按服务对象或技术领域分类,其专业是技术专业。技术专业知识由与职业岗位技术工作相关联的知识和职业世界的有关知识构成,它不像学科专业那样强调知识的完整性和系统性,而是强调职业岗位技术工作的针对性、适应性和应用性。[①]

从以上分析不难看出,由于我国把技术教育和职业教育统称为职业教育,中、高职人才培养目标定义为技能型和高技能人才,淹没了技术教育与职业教育的差别,致使中、高职职业院校专业设置都表现出技术专业的特点。

第二节 职业教育专业设置与建设

一、专业设置的依据

(一)经济社会依据

1. 经济发展水平

职业是社会分工的产物,社会分工是建立在私有制与劳动分工基础上的,私有制的独立出现了商品交换,为获得更多利益,会不断扩大商品生产,必然导致社会分工,社会分工要求出现相适应的劳动分工,即不同劳动者从事不同的职业。由此可见,职业是在私有制出现之后产生,并非人类与生俱有。

人类社会初期,社会生产力十分低下,原始人群内部只存在按性别和年龄划分的自然分工,没有社会分工。在生产力不断发展的推动下,人类出现了三次社会大分工,且每次大分工都推动新的产业和职业的产生:①发生在原始社会后期的第一次社会大分工,使游牧部落从其他部落中分离出来;②发生在原始社会末期的第二次社会大分工,使手工业从农业中分离出来,随着生产力的发展特别是金属工具的使用,出现了各种各样的手工业生产,如纺织、榨油、酿酒、金属加工和武器制造等,它们逐渐从农业中分离出来;③原始社会瓦解、奴隶制社会形成时出现第三次社会大分工,社会上出现了不从事生产而专门从事商品交换的商人。可见,随着社会生产水平的不断提高,职业是不断增加和变化的。

英国科学家科林·克拉克在威廉·配第的基础上,深入分析研究就业人口在三次产业中分布结构的变动趋势后,得出了关于产业结构与劳动力分布关系的演变规律,即配第—克拉克定理,其主要结论是:随着经济的发展和人均国民收入水平的提高,劳动力首先由第一产业向第二产业移动;当人均国民收入水平进一步提高时,劳动力便由第二产业向第三产业移动。劳动力在产业间的分布状况为:第一产业将

---

① 张海峰. 论高职专业开发的目标、原则与机制[J]. 职业技术教育(教科版),2003(7):18-20.

减少，第二、第三产业将增加。人均国民收入水平越高的国家，农业劳动力在全部劳动力中所占的比例相对来说越小，而第二、第三产业中劳动力所占的比例相对来说越大；反之，人均国民收入水平越低的国家，农业劳动力所占的比例相对越大，而第二、第三产业劳动力所占比例相对越小。

经济发展水平不同，其产业和职业存在较大的差异。正如古典经济学家亚当·斯密所言："各种行业之所以各个分立，似乎也是由于分工有这种好处。一个国家的产业与劳动生产力的增进程度如果是极高的，则其各种行业的分工一般也都达到极高的程度。未开化社会中一人独任的工作，在进步的社会中，一般都成为几个人分任的工作。"[①]

2．技术水平

技术水平决定了专业设置的广度和深度。18 世纪 60 年代以蒸汽机的发明和使用为标志的第一次科技产业革命，使人类的生产技术由手工技术过渡到机械技术，由工场手工业过渡到大机器生产的工业技术体系。蒸汽机的发明和应用带动着纺织机、鼓风机、抽水机、磨粉机等机器的发展，进而带动了纺织、印染、冶金、采矿和其他工业部门的迅速发展。此外，由于蒸汽机极大地推动了社会生产力的提高，使棉花、布匹、煤炭及各种原材料和产品的运输成为十分突出的问题，直接推动了轮船、火车的发明，并从根本上改变了交通运输技术的面貌。工业革命机器的发明使得社会生产分为两大部门：生产生产资料的部门和生产生活资料的部门。生产生产资料的部门为生产生活资料的部门提供机器、设备、运输工具等，这些生产手段的应用使生产生活资料部门的效率大幅度提高，这种生产方式称为迂回生产，即先生产生产资料，再用生产出来的生产资料去生产消费品。例如，捕鱼的时候，放弃一天的收获，用这一天来编织渔网，以便今后能捕到更多的鱼。迂回生产提高了生产效率，而且迂回生产的过程越长，生产效率越高。随着科学技术水平的不断提高，迂回生产的过程变长，生产生产资料的职业和从业人数增多，这就是工业化过程，重工业的比例不断增加。

19 世纪 60 年代起，一系列电气发明相继出现，在德国、美国、英国、法国出现了一系列以电力技术发展为中心的技术发明和技术革新，开辟了继蒸汽时代之后的又一个新的经济和技术时代——电气时代，这也是近代史上的第二次技术革命。电能与其他能源相比，具有能够实现快速、精确控制的优势，它作为动力能有效地促进生产过程的机械化、自动化。第二次产业革命使新兴工业部门异军突起，诞生了电气工业、石油工业、汽车工业、化学工业、电子工业和电话通信业等新的产业部门，在国民经济中逐步占据主导地位。随着工业、农业和交通运输业的发展，社

---

① 亚当·斯密. 国民财富的性质和原因的研究[M]. 杨敬年，译. 陕西：陕西人民出版社，2006：4-5.

会对于生产资料的需求不断增长。重工业作为生产生产资料的工业，在国民经济中的主导作用也日益显示出来。

总之，在前两次工业革命中，随着产业结构的深刻变革，第二产业的职业种类增多，工业领域的职业数量和就业人数显著增加。19世纪，一些工业发展较快的国家，从事制造业、运输业、采矿业等工业活动的劳动力超过了从事农业生产的劳动力。

第二次世界大战后，以原子能、计算机，特别是微电子技术、生物工程技术和空间技术为主要标志的技术革命出现，它标志着生产技术的发展又一次发生质的飞跃。20世纪70年代末，世界各工业发达国家逐步进入高技术时期，至此，生产技术已发展成为一种全新的、与传统技术有着质的不同的"全方位的技术"，它给社会生产力和产业结构带来的影响将超过以往的两次革命。第三次科技革命促使了一系列新兴工业部门的诞生，如高分子合成工业、原子能工业、电子工业、宇航工业等，这些新兴的产业间形成了新的分工，产生了许多新兴职业。

3. 产业结构

产业结构是指国民经济各个产业部门之间，以及各产业部门内部的构成比例关系和结合状况，一般以产业增加值在GDP中的比例来表示。产业结构是经济结构的重要组成部分，是构成一个国家或地区经济发展的核心内容。社会经济无论处于哪个发展阶段，无论达到什么样的发展水平，都会形成一定的产业结构，产业结构高级化程度标志着一国或一地区经济发展水平的高低、发展阶段和方向，是生产力发展水平的集中体现。产业结构高级化也称产业结构高度化，是指一国经济发展重点或产业结构重心由第一产业向第二产业和第三产业逐次转移的过程，往往具体反映在各产业部门产值、就业人员、国民收入比例的变动上。[①] 一国或一地区经济发展水平不同，三次产业的结构与内涵存在较大的差异。目前，发达国家已进入后工业社会，第三产业占主体，形成了"三、二、一"的产业结构，第三产业相关职业占的比例越来越高；发展中国家生产力发展水平相对较低，产业结构表现为"二、三、一"甚至"一、二、三"的产业结构，社会职业主要集中在第一、第二产业。职业教育是面向大众的教育，因此，专业设置应考虑本国（地区）的经济发展水平。

产业结构对专业设置的影响主要表现在以下几个方面：①产业结构决定专业设置的分布结构。产业结构是一个动态发展变化的过程，始终处于不断调整和升级中。产业结构的调整意味着资源在各产业部门之间的重新调整与配置，每一种产业结构要求根据产业的特性配置一定的劳动力，从而形成与这种产业特定相对

---

① 高煦照. 城乡统筹发展与产业结构高级化[J]. 合作经济与科技，2009(14)：20-21.

应的职业结构,决定了人力资源的流动方向,职业教育的专业设置结构也要相应地分化、重组、升级,因此,产业结构决定专业设置的分布结构,即专业设置门类在三次产业之间的比例。②产业结构决定专业设置的多样性,随着产业升级和技术创新过程的加快,产业结构呈现出高级化的趋势,形成新产业、新技术、新业态、新模式,必然产生了一些新的职业。专业设置为了满足从业者多样化的需要也日益丰富多样。③产业结构决定着专业设置的区域性。受地理条件、自然资源、政治环境、经济基础、人文积淀的影响,某一地区的产业结构呈现明显的地域优势和特色,职业教育的专业设置要充分考虑地方、行业经济结构调整的趋势、特点,以区域支柱产业和高新技术产业发展为主导,本着为地方、为行业经济服务的目的来设置专业。

新中国成立以来,我国的产业结构经过了由"重、轻、农"到"农、轻、重",再到第一、第二、第三产业协调发展的调整优化演进过程。从专业设置的发展史可以看出,职业院校专业也一直在不断调整以适应产业结构变动的要求。例如,1985年我国三次产业增加值结构比为28.4∶42.9∶28.7,2017年为7.6∶40.5∶51.9;1985年就业结构比为62.4∶20.8∶16.8,2017年为27.0∶28.1∶44.9。中等职业教育(不含技工学校)第一、第二、第三产业的专业招生人数比例由1955年的16.8%、55.8%、27.4%发展到1985年的20.63%、25.91%、53.47%,再到2017年的6.03%、16.52%、77.45%。

4．劳动力就业结构

就业结构又称社会劳动力分配结构,一般是指国民经济各部门所占用的劳动数量、比例及其相互关系。从产业结构和就业结构的概念可以看出,二者的关系非常密切,产业结构本身包含了就业结构的部分内容,就业结构从劳动价值的角度反映了产业结构。一方面,各产业要进行生产并取得发展,就必须有一定数量的劳动力投入,因此劳动力在各产业间的分布直接反映了各产业之间和各产业内部的比例关系;另一方面,劳动力的数量和质量也随着产业结构的发展而变化。由此可见,就业结构是由产业结构决定的,产业结构的调整一定会导致就业结构的转换。①但是,由于影响就业结构的因素是多方面的,一个国家或地区的就业结构是其产业结构、人口结构、社会结构等多重作用下的综合产物。所以,在一定时期内就业结构的变化与产业结构并不完全一致,专业设置还必须了解就业结构。相比较而言,劳动力就业结构的变动规律在一定程度上更加清晰地反映了劳动力市场需求。就业结构的变动是劳动力市场需求结构的"晴雨表",理应成为职业教育专业设置最主要的依据。因此,就业结构就成为连接职业教育专业结构与产业结构的桥梁,通过这一桥梁,职业教育与产业结构相互影响、相互促进。

根据配第—克拉克定理,在产业结构演进过程中,就业结构的变化始终与产

---

① 程纯,陈欣. 从就业结构的演变看高等教育结构的调整[J]. 辽宁教育研究,2006(7):6-9.

结构的变化保持着相关性,[①]即有什么样的产业结构,就有什么样的就业结构。就一定区域来说,产业结构决定就业结构,就业结构又决定职业教育的专业结构,而区域内的支柱产业一般又是就业人员较为集中或生产技术水平较高的产业,因此,职业教育的专业设置应以区域内支柱产业为核心,同时兼顾其他产业。[②]

(二)教育条件依据

1. 教育资源

必要的教育资源是开展教育活动的前提条件,职业院校的专业设置与教育资源有密切关系。教育资源不仅是专业设置的基础,同时也影响专业建设水平和质量,在设置专业时必须充分考虑现有的资源条件及一切可以利用的资源。从职业院校教育资源来看,不仅包括学校内部固有的物质资源(主要是现有的校舍、场地、教学设施、实习与实训设备等)和人力资源(教学管理人员、专业理论课教师、实习实训指导教师的数量和质量等),而且还应包括本地区可以利用的社会资源,尤其是相关的企业。除此之外,教学管理体制、运行机制、管理制度等相关的软件资源也都是必不可少的。当然,这并非说学校必须完全具备资源条件才能开办新专业,也不是说学校有什么样的条件就办什么样的专业。

教育资源不仅包括学校内部资源,也包括学校外部资源,外部资源主要指政府的投入、与学校所办专业相关的企业或社会组织等。政府投入是学校开办专业的重要资源,为了促进区域经济主导产业的发展,地方政府往往投入一定的资金支持学校兴建新专业。存在与学校所办专业相关的企业或社会组织,就可以满足工学结合和校企合作的需要,所以开办新专业时一定要考虑这些因素。

2. 相关专业

职业学校开办新专业应充分考虑学校现有的专业结构,如果有相近专业就可以在师资和实习实训设备等教育资源上实现共享,有助于短期内增强专业的办学实力。如果设置的专业与现有专业跨度较大、相关性差,各种教育资源需要重新投入,一方面投资比较大,如果投资不足,会影响专业发展;另一方面,有些教育资源不是短期内能够满足的,如师资,即使硬件条件能够满足需求,但由于新专业刚开始的招生量比较少,资源的利用效率也会较低。因此,要尽可能在学校现已开设的专业类别内发展新的专业,以便优化教学资源配置,实现教学资源共享,降低办学成本。现实中,一方面可以在基础稳固、经验成熟、具有优势的"老"专业的基础上,延伸、派生出一些与"老"专业性质相近、相关的专业,形成专业系列或专业群,如护理专业可以拓展出中医护理专业,在此基础上还可以继续拓展成老年人服务与管理。另一

---

① 江宜武. 浅探就业优先战略的内涵[N]. 中国经济时报,2003-10-24.
② 朱新生. 中等职业学校专业设置制约因素分析[J]. 教育发展研究,2000(11):69-72.

方面，根据市场需求也可以将现有专业复合成一些新的专业，如利用现有的计算机专业和艺术专业可以复合出动漫专业等。当然，如果市场急需，需求量和发展潜力比较大，有充足的经费，预期办学效益明显，也可以开设完全没有关联性的新专业。

3．生源的数量和质量状况

专业是职业学校培养人才的载体，因此，开办新专业必须考虑生源的数量和质量。生源的数量很大程度上取决于当地潜在的生源数量，即目前职业学校所拥有的生源总量，但这些潜在的生源能否变成现实的生源还取决于学生的就业意向，即专业吸引力，现实中可能存在社会很需要的专业，但由于受就业观念等的影响，学生或家长可能对这一专业不感兴趣，例如，从前餐饮服务专业非常热门，但当人们的收入水平提高以后，在一些经济较发达的地区，这一专业越来越难招生。生源数量还受招生政策的影响，目前一些地区不允许中等职业学校跨地区招生，这样只能招收本地生源，极大地制约了生源数量。生源质量主要是指当地初中教育的发展水平，对于基础教育要求较高的一些专业应考虑当地生源质量，如中等职业学校开设动漫专业，当地义务教育阶段计算机科学教育程度对该专业的办学质量就有很大影响。

职业教育很多专业投资比较大，专业设置必须要高瞻远瞩，因此，生源数量和质量是影响专业可持续性的重要因素，不仅要考虑现实的生源状况，还应预测潜在的和未来的生源状况。

4．国家或地方政府的教育政策

目前我国教育政策正从供给驱动向需求驱动转变，即从过去单一地向办学机构投资转变为向办学机构投资和给予受教育者补贴和资助，通过给受教育者资助和补贴来吸引受教育者接受职业教育或选择职业教育某些艰苦行业的专业。《中共中央国务院关于2009年促进农业稳定发展农民持续增收的若干意见》中指出：加快发展农村中等职业教育，2009年起对中等职业学校农村家庭经济困难学生和涉农专业学生实行免费。国家的这一政策表明了国家加大对农科类专业的支持，因此，农村中等职业学校依据这一政策可以开设涉农类专业。

二、专业设置的原则

(一)需求导向原则

职业学校的主要任务是为当地经济社会建设培养人才，因此，职业学校的专业设置必须体现服务与依靠地方经济的关系。学校在设置与调整专业时，要对当地资源优势、产业结构、就业结构、产业发展规划、劳动力素质和人才需求状况等要素进行综合分析和研究，要以区域内的产业结构、就业结构和技术结构的现状和发展趋势，以及当地劳动力市场对相应层次、规格人才的实际需求为导向决定专业设置。

学校设置的专业必须适应社会某个方面的需求。需求包括两方面的含义：一是用人单位的实际需求；二是学生的求学和就业心理需求。两者有时是一致的，后者在一定程度上反映了前者的需要，但在劳动力市场信息系统尚未完善的情况下，两者往往相互矛盾和发生错位。需求导向原则主要是指满足前者的需求，排除非理性因素的干扰，把握有效需求，并对受教育者进行正确的引导。

(二)经济可行性原则

职业学校的专业设置与调整，在强调需求导向的同时，必须考虑学校自身条件能否保证专业培养目标的实现，这些基本条件主要指师资、教学设施、教学经费等教学资源的实际状况。兴办职业教育需要相应的实习实训设备，有些实习实训设备投资是非常巨大的，如汽车维修专业，因此，很多国家规定了职业院校专业设置的标准，教学设施是否符合规定标准，是专业设置应考虑的一种重要条件。同时，办学经费是否能够保证教学工作的正常运行也应该考虑，尤其是工科类专业实习、实训过程中材料消耗比较大，如果没有充足的教学经费，即使拥有优良的实训设备也难以进行科学的实训。只有在现实条件已经具备或经过短时间努力能够具备的情况下才可开设相应专业，不可盲目开设。当然，教学资源条件也应该考虑工学结合的条件。

(三)适度超前原则

随着知识经济社会的到来，信息化与工业化高度融合，云计算、物联网、移动互联网、大数据、智能制造在各行各业广泛应用，新技术、新工艺、新设备不断出现，技术进步对社会职业的种类和职业活动的内容产生了越来越大的影响，也导致产业结构和职业结构不断变化，新旧工种的更替周期加快，职业流动越来越频繁。由于教育培养人才具有一定的滞后性，职业学校设置和调整专业时，在考虑现实需求和条件的同时，要有适度超前的意识，即具有前瞻性。通过调查和科学分析，明确科技发展的动向和趋势，把握产业结构、就业结构和人才需求的新动向，增强专业设置的预见性和主动性，用下一代的主流技术培养人才，创造条件增设新专业和改造传统专业，以更好地适应市场需求。

(四)效益最大化原则

市场经济体制下，职业学校是具有相对独立自主权的办学实体，设立与调整专业时，既要注重社会效益，即科学、合理地设立专业，符合国家的教育方针，适应社会对人才的需求，又必须注重经济效益，以最优化的资源配置、最少的投入培养最多的人才，即在一定的教育投入和运行成本的前提下，取得最大的效益和最佳的效果。如果只注重社会效益而置经济效益于不顾，就会削弱办学实力，学校自身难以发展。反之，如果只注重经济效益而忽视社会效益，办学的方向就失去了教育的公益性，经济效益也不会长久。职业学校在设立和调整专业时，既要考虑满足社会的需要，注重人才培养的质量及对社会的贡献，同时也要分析教育资源能否得到充分利用，经济上是否合理，即在社会调查的基础上，预测生源状况、招生前景和毕业生就业形势，测算专业建设所需要投入的成本，对投入和产出进行科学测算和对比分析。既要做到规模、质量、效益的协调发展，也要做到经济效益和社会效益的统一。

(五)局部与全局相协调原则

专业设置不仅是学校的个别行为，也是一种社会行为。学校面临的是区域性大市场，合理设置专业离不开政府的宏观调控。科学规范地设置专业应遵循局部与全局相协调的原则，减少专业设置的盲目性和随意性，提高针对性和有效性。学校的专业设置需要建立严格、规范、有序的管理体系。学校在明确社会需求后，应根据自身条件、特色和发展方向，按照国家颁布的职业院校专业目录和地方政府的产业规划布局，设置相应的专业，并履行严格的报批手续。要特别慎重对待与周围学校相同或相近的专业，努力做到"人无我有，人有我优，人优我转"，发挥自身优势，避免恶性竞争。

三、专业设置的技术规范

专业设置是人才培养的基础性和方向性工作，是学校发展的战略性问题，必须高度重视，需要建立一套完整的科学程序，以确保专业设置的科学性。英国多科技术学院的专业完全根据当地工业、商业和服务业的实际需要确定，专业设置和课程开设，事先要经多次社会调查、单位征询、专家评价，再报当地教育机关审批，有的专业每年招生，有的专业隔年招生，发现人才过剩时，立即停止招生。

开设新专业需要解决三个基本问题：开设什么专业和确定专业规模、如何开办专业、为谁提供服务。为此需要从行业发展及社会的需求出发，提出开发新专业的意向，然后组织人员到行业企业调查，根据岗位需求，参考教育部专业设置的相关文件，开发专业并制订课程方案、教学计划和教学大纲等教学文件，培养教师，选定教材，购置与配备教学设施等。

(一)分析当地产业结构或就业结构

职业教育服务于区域经济或行业需求，专业设置主要面向当地经济社会或劳动力市场，因此，要对当地的产业结构、就业结构进行分析。对当地产业结构和就业结构的分析,不仅需要立足现实,而且要面向未来,因此,需要了解区域经济社会发展规划、发展战略,要重点了解当地的主导产业、优势产业、先导产业、支柱产业、先行产业等。根据对产业、行业及就业结构的分析,结合学校自身的条件,初步判定拟开设专业的服务对象。

分析当地产业结构和行业时,在充分利用当地统计资料的基础上,重点要了解一年一度的区域国民经济和社会发展统计公告、每一个五年计划的国民经济和社会发展规划纲要、所在行业的年度发展报告与中长期规划等。

(二) 开展专业人才需求调研

开展专业人才需求调研是指了解拟开设专业的毕业生所在行业从业人员的基本情况,主要是包括从业人员的基本情况,包括人数,技术等级,年龄和学历分布结构,工资收入,企业人才招聘情况,未来人才需求趋势,对学历和职业资格的需求等。由于劳动力的流动性,对专业人才需求的调研在立足当地人才需求的基础上,应放眼全国劳动力市场,也就是立足于整个行业的人才需求。人才需求的分析不仅要注意现实的需求,还应当考虑较长时期的长远需求,特别是考虑教育的周期滞后性。

(三) 调研区域职业院校专业现状

调研区域职业院校专业现状主要是指了解拟开设专业目前在本区域内是否有其他学校开设,如果该区域已有其他院校开办这一专业,需了解近些年来该专业的招生情况和毕业生就业的主要岗位,还需了解该专业近些年来的在职人员培训情况,以分析培训需求趋势。通过对本区域该专业供给情况的分析,来判断该专业劳动力市场的供求关系,从而决定是否开办该专业。

(四) 分析求学者及其家长的职业意向

职业教育作为一种就业导向的教育,人们的职业意向对专业选择具有一定的影响,而职业意向随社会经济条件的变化而改变。一般来说,收入水平较高的公众希望获得较体面的职业;收入水平较低的公众则希望获得经济收益好、技术性强的职业。同时,公众的从众心理往往左右专业的受欢迎程度,导致一些虚假的需求,要注意加以分析。关于职业意向的调研可以与行业人才需求调研和已有专业现状调研结合进行,当然也可以通过适当的问卷调查来开展。

(五) 选定拟开设的专业

选定拟开设的专业时要依据国家颁布的专业目录,从专业目录中选定。当然,由于目前我国颁布的专业目录更新周期较长,加上各地的经济社会条件差异性较大,完全依据专业目录来开设专业有一定的局限性,因此,职业院校要走向社会,深入到产业、行业中去，了解人才需求信息，考察人才需求动向、数量，为设置合适的专业提供科学依据。

（六）职业院校办学条件分析

针对拟开设专业所需的办学基本条件，应分析学校是否能够满足开设这一专业的要求。办学资源的分析既要看到学校内部资源，也要考虑是否能得到当地政府的支持，以及企业和社会组织参与的程度，办学条件既要着眼于现实，也要面向未来。

（七）专业指导委员会论证

职业院校应成立专业指导委员会，为设置、规划和建设专业提供指导。委员会应广泛吸收有关政府部门及行业、企业的负责人、专家、技术人员等参加，共同研究、论证专业设置的必要性和可行性。委员会在听取上述调查研究形成的调研报告的基础上，重点开展专业对应的职业和职业资格分析，论证专业的必要性和可行性，确保专业设置的科学性。

（八）报上级主管部门备案或审批

2000年教育部颁布的《关于中等职业学校专业设置管理的原则意见》中规定：开设《中等职业学校目录》以外的新专业，学校须进行论证并提出申请，经学校主管部门审核，由省级教育行政部门审批试办，并报教育部备案。旨在避免各自为政、一哄而上、一个专业多家办、造成人才过剩的现象，避免降低社会效益和经济效益，造成教育资源的浪费。

鉴于专业设置对教育资源配置的重要性，政府在专业设置中要发挥重要的指导作用。2000年教育部颁布的《关于中等职业学校专业设置管理的原则意见》中规定：中等职业学校的主管部门，负责做好专业设置的审核工作，帮助学校面向社会和市场，及时合理地设置和调整专业，更好地为当地经济建设和社会发展服务。例如，美国俄亥俄州教育部向全州提供职业技术教育专业标准方向，阐述职业技术课程原则。该部门确定了一整套专业目录，适用于俄亥俄州的院校。这些专业是根据职业名称确定的，共分为8组，覆盖了49个职业领域。学校开设新专业，需由有行业专家参加的顾问委员会和校领导共同制订提案并提交校董事会决定。如果学校希望从州政府获得开设该专业的支持经费，则该专业必须符合州建立的职业技术专业标准。[①]

四、专业设置需要处理好的关系

（一）通才教育与专才教育

通才教育(general education)，也译为通识教育。通才教育的核心是强调人的全

---

① 谢文静，卿中全. 对高职教育专业设置的理论探讨[J]. 职教论坛，2004(10)：24-25.

面发展,为以后的发展奠定坚实的基础。它首先强调的是"人"的培养,其次才是将学生作为职业人来培养。当今社会科学技术迅猛发展,更有利于基础扎实、知识面广的人才发挥其特长和优势。通才教育中的学生基础知识广博、视野开阔,这不仅有利于个人智力的开发、人格完善和创造力的发挥,而且在实际工作中更有持续发展的空间,更适合在瞬息万变、快速发展的社会中生存。

专才教育一般是指以培养具有某一专业的基本理论、知识和技能并能够从事某种职业的人才为基本目标的教育,它的教育重点不在于学生的能力和素质的全面发展,而是更加注重学生的实践技能及是否能够胜任行业的实际需要。专才教育的人才培养模式注重应用,重点在于对学生实际工作能力的培养。专才教育虽然能够使学生在所学专业的范围内有效地工作,但缺乏灵活地调整职业前途和继续发展的潜力,学生个性的发展往往也不太全面。

可见,通才教育和专才教育各有自身的优势,也各有其局限性。通才教育是指全体学生所接受的非专业性教育,旨在使他们能够具备积极参与社会生活、富有社会责任感、成为全面发展的人所必需的、广泛的、非功利性的基本知识、技能和态度。与通才教育相对应的是专才教育,专才教育也指专门教育,是使受教育者成为专业人才的教育。通才与专才是社会发展到任何阶段都需要的两类人才。通才教育与专才教育二者并不是非此即彼,而是共存共生的关系。职业教育大体来说是对学生进行专才教育,培养出具有丰富实践动手经验和专项技能的专门人才,然而,为了学生今后的可持续发展,以及实现他们的人生价值,开展一定的通才教育也是非常必要的,这也是目前普遍认可的观点。在现实中,通才教育与专才教育的比例和相互关系如何处理,是需要着重解决的问题。

(二)专业口径的宽与窄

专业口径的宽与窄与社会需求相关。对于那些社会需求面广和技术要求高的职业岗位,如数字控制、计算机、文秘、会计、金融、信息管理与信息系统等,应当单独设置窄口径的专业;对于那些社会需求少的专业,可以将相近的职业岗位组成职业群以作为设置专业的基础,对于某些知识、能力结构相似又跨行业的职业岗位群,可将技术领域的某一类技术作为设置专业的基础,此类专业应当具有较宽的专业口径。

宽口径专业适应岗位变化的能力相对较强,但岗位针对性相对较弱;而窄口径专业和宽口径专业相比,其毕业生所学的知识更专、更深,但适应岗位变化的能力相对较弱。由于宽口径和窄口径专业既有各自的适应范围,又有各自的优缺点,在专业设置时要"宽窄并存""宽窄并举"。目前,普遍采取的方式是基于某一行业或职业岗位群设置宽口径专业,以拓宽学生的专业基础,然后,在宽口径专业下设置多个方向,从而发挥窄口径专业的优势。

(三)专业的分化与综合

总体来看,由于生产第一线的工作往往是综合性的,常需要多学科的知识和多种技能才能解决工作中遇到的问题,因此,职业教育的专业具有综合性的特点。随着科学技术的迅猛发展,职业在不断地分化和细化,科学技术也在不断地交叉融合和复合,因此,专业出现了分化与综合的趋势。据有关资料介绍,德国国家承认的职业工种从最初的 600 多个减少至目前的 370 多个;法国的两类职业资格数量已分别由 1970 年的 299 个和 76 个减少到 1993 年的 236 个和 36 个;英国国家职业资格(NVQ)制度的建立,也将大大减少目前职业资格的数量(1400 个);在意大利,职业资格的专业(工种)范围只有 9 个。因此,将生产职能与工艺过程相近的传统工种重新组合成新的工种,使职业教育的专业覆盖面拓宽,是当前世界职业院校专业设置的重要趋势之一。[①]究其原因:一方面,当今新技术类学科、边缘交叉学科的出现,既会引起原专业内涵的拓展和深化,又会促使新专业的出现,如会计电算化专业就跨了文、理学科;另一方面,随着科学技术的不断进步,现代生产和技术中综合化趋势不断增强,技术岗位的知识和能力的内涵不断丰富,培养复合型人才已成为职业教育的发展方向。建设复合型专业的具体方法有三种:①将不同学科专业复合起来,如商务英语、涉外旅游与饭店管理、工程造价与招投标管理等;②将专业知识与专业技能复合起来,如服装设计与工艺、计算机辅助设计与制造等;③"先合后分",即将一些技术成分较复杂的相近专业先复合起来,然后根据市场的需求情况和学校的办学条件,逐步分设为若干专业方向,待时机成熟时,再将某些专业方向设置为独立的专业。[②]

(四)企业需求与学生需求

职业院校的专业设置既要满足企业对人才的需要,又要考虑学生的就业和生涯发展的需求。为了使企业需求与学生需求协调统一,要注意以下两点:①专业设置既要注重适应性和应用性,也要体现一定的技术含量,使专业对应的职业岗位有较好的职业经济地位和较高的职业声望;②要加强学生需求与企业需求之间的信息交流,引导学生正确地进行专业选择,使企业需求和学生需求有机地结合起来,使职业教育真正成为让人民满意的教育。

(五)区域性和开放性

职业教育主要为本地区的社会经济发展服务,因此,专业设置具有较为明显的地域性。但强调专业设置的区域性并不是指职业院校应进行封闭办学,而是必须同

---

① 《高职院校专业设置与管理问题研究》课题组. 高职院校专业设置与管理问题研究[J]. 教育与职业,2001(12):13-16.
② 单嵩麟,潘立本. 地方多科性高职院校专业设置的实践与思考[J]. 中国高教研究,2006(9):73-75.

时注重开放性。如果忽视了开放性，不仅会影响学校某些专业优势资源的利用，同时会造成相邻区域某些专业的重复建设，形成小而全的格局，从而降低学校的规模效益。因此，职业院校设置专业时，首先要强调其区域性，设置的专业要为当地的经济社会发展服务，同时要兼顾专业的开放性，并努力协调好两者之间的关系。

第三节　职业教育专业建设

一、职业教育专业建设的依据

(一) 专业设置标准

标准是衡量事物的准则。标准的建立就是为了克服人类生活中无标准的任意性。依此减少冲突，提高效率。[①]专业设置标准，是指国家规定的一个合格的专业应该达到的基本条件，是职业教育专业设置区别于其他类型学校的主要依据，主要通过国家颁布的有关法律法规加以确定。专业设置标准不仅是加强专业建设，保证人才培养质量，规范职业院校办学行为，加强职业教育法制化、规范化建设的要求，而且也为教育行政部门加强专业宏观调控提供了科学依据。

专业设置标准是专业建设的最低或基本标准。目前，我国还没有职业教育专业设置标准，2008年教育部《关于进一步深化中等职业教育教学改革的若干意见》做出了明确规定，要"建立中等职业学校专业人才培养与需求预测服务机制，制订和实行专业设置标准，完善专业设置管理，及时更新专业目录，引导和规范专业建设。"专业设置标准一般从专业培养目标、办学基本条件(教学经费、教学基本设施)、专业师资配备(师资队伍的数量与结构、专业教师)、专业教学组织与实施(专业教学组织、课程与教材)、实践教学(实习实训基地、实习管理制度)等方面进行设置和规定。

我国虽然没有制定职业院校专业设置标准，但制定了专业教学标准。专业教学标准是开展专业教学的基本文件，是明确培养目标和规格、组织实施教学、规范教学管理、加强专业建设、开发教材和学习资源的基本依据，是评估教育教学质量的主要标尺，同时也是社会用人单位选用职业学校毕业生的重要参考。2012年教育部发布实施了首批410个《高等职业学校专业教学标准(试行)》。2014年教育部组织制定了首批涉及14个专业类的95个《中等职业学校专业教学标准(试行)》。2015年教育部印发了新修订的《普通高等学校高等职业学校(专科)专业目录》，对专业划分和专业设置进行了较大调整。2016年11月教育部办公厅印发了《关于做好〈高等职业学校专业教学标准〉修(制)订工作的通知》，修制了新的专业教学标准。2019年教育部公布了347项高等职业学校专业教学标准。

---

① 郑也夫. 代价论：一个社会学的新视角[M]. 北京：三联书店，1995：85.

(二)人才培养目标

教育是培养人的活动，专业是连接学校与经济社会的桥梁或纽带，专业建设必须围绕人才培养来建设。不同类型教育人才培养目标不一样，职业教育培养的是技术技能人才，要实现这一人才培养目标，必须树立能力本位的教学指导思想，确立校企合作、工学结合的人才培养模式。职业教育专业建设要体现职业教育的这些办学特色。

1998年国家教委在《面向二十一世纪深化职业教育教学改革的原则意见》中明确指出："职业教育应确立以能力为本位的教学指导思想""把增强学生的职业技术能力和就业能力放在突出位置，使职业教育的教育教学更好地适应经济发展和劳动就业需要。"2009年教育部《关于制定中等职业学校教学计划的原则意见》中的指导思想进一步明确规定，以邓小平理论和"三个代表"重要思想为指导，深入贯彻落实科学发展观，全面贯彻党的教育方针，全面实施素质教育，落实《国务院关于大力发展职业教育的决定》的要求，坚持以服务为宗旨，以就业为导向，以能力为本位，以学生为主体，立德树人，促进人才培养模式的改革创新，提高学生的综合素质和职业能力，使中等职业教育更好地适应经济社会发展对高素质劳动者和技能型人才培养的要求。这些文件明确指出职业教育是一种能力本位的教育。

英国国家职业资格委员会对能力的定义是："完成一系列与作业相关的活动的能力(ability)，以及在职业中支持这种行为所需要的技能、知识和理解力。"在有关能力标准的手册中，通过对各种岗位的系统分析认为一种岗位需要6～30项能力指标，每一种能力指标包括四大内容：知识(knowledge)、态度(attitude)、经验(experience)、反馈(feedback)。关于能力本位职业教育，加拿大CBE(基于能力本位的职业教育)的解释是："它是一种以满足企业需求为主，强调能力的培养、能力的训练的职业教育"。能力本位职业教育以全面分析职业角色活动为出发点，以提供产业界和社会对培训对象履行岗位职责所需要的能力为基本原则，强调学员在学习过程中的主导地位，其核心是使学员具备从事某一职业所必需的实际能力。

职业教育培养的是技术技能人才。法国科学家狄德曼在其主编的《百科全书》中对"技术"的定义是："技术是为某一目的共同协作组成的各种工具和规则体系"，这是对技术高度概括的本质定义，它有5层意思：①将技术与科学分开，阐明技术是"有目的"的活动；②技术的实现要通过"共同协作"来完成；③指明技术的首要表现形式是生产"工具"，即硬件；④指明技术的另一重要表现形式是"规则"，即软件；⑤把定义落脚到"知识体系"上。简而言之，技术是成套的知识系统，技术离不开使用硬件与软件共同协作的生产现场。因此，培养技术性人才的高职教育的专业设置与分类，与生产岗位和技术领域是紧密相关的。[①]

[①] 长江职业学院课题组. 高等职业教育专业设置的依据、原则和分类方法——高职高专教育专业设置与管理问题的研究[J]. 湖北成人教育学院学报，2001(5)：2-6.

职业教育的人才培养必须实行校企合作、工学结合的培养模式。2008年教育部《关于进一步深化中等职业教育教学改革的若干意见》的文件中指出：工学结合、校企合作、顶岗实习，是具有中国特色的职业教育人才培养模式和中等职业学校基本的教学制度。当前的重点是要建立行业、企业、学校共同参与的机制，采取有效措施，进一步完善学生到企业顶岗实习的制度，努力形成以学校为主体，企业和学校共同教育、管理和训练学生的教学模式。

二、职业教育专业建设的主要内容

(一) 打造适应职业能力培养需要的"双师型"师资队伍

教师在技术技能人才培养工作中的重要作用是不言而喻的，职业学校需要培养、造就一支既有高学历又具备高技能的过硬的师资队伍，这是培养技术技能人才的重要基础。"双师型"是职业教育师资与普通教育师资的重要区别。所谓"双师型"教师，包括两方面的含义：①作为教师个体，应集理论水平与实践能力于一身，即专业课教师既要有全面的专业理论知识，又要有较强的岗位实践经验，即使是专门从事文化基础理论教学的教师，也要走向社会、了解企业，做到理论联系实际，加强教学的针对性；②作为教师队伍整体需具有"双师结构"，既包括学校自身的教师，也包括来自企业的工程技术人员和高技能人才。职业院校只有具备"双素质、双结构"的师资队伍，才能满足学生职业能力培养的需要。

职业院校"双师型"队伍建设，一要在教师的来源和选聘过程中把好入门关，职业院校教师必须在上岗前接受相关专业技能的专门培训，以适应教学需要；二要制定"双师型"的激励机制，完善教师到企业实践制度等培训制度；三要建立灵活的用人机制，从行业、企业中聘请实践经验丰富的高级技术和管理人才来学校专(兼)职任职。

(二) 采取多种形式，建立与职业工作场景相近的专业实习实训基地

职业学校开办专业，除了与其他类型学校一样需要必要的教学场所、教学仪器设备和图书资料等外，还需要建立与专业设置相配套的实习实训基地。这些实习实训基地应尽量模仿企业真实的工作场景，从而既能满足学生技能训练的要求，同时也能有效开展系统化教学，实施理论与实践一体化课程，通过"做中学、做中教"，培养学生的综合职业能力。

能力本位的职业教育是耗资比较大的一种教育，集中表现在实习实训基地的投资比较大，单纯依靠政府或职业学校难以满足其发展需要，必须进行多渠道、多形式的建设。2015年教育部《关于深化职业教育教学改革全面提高人才培养质量的若干意见》中指出：推动校企共建校内外生产性实训基地、技术服务和产品开发中心、

技能大师工作室、创业教育实践平台等,切实增强职业院校技术技能积累能力和学生就业创业能力。在职业学校比较集中的城市,可以共建实习实训基地,通过资源共享,减少重复建设,提高利用效率,降低办学成本,也可以与企业共建实训基地。农村职业学校要把实习实训基地建设与科技服务有效结合起来,也可以与乡镇成人学校、普通中学、农广校等联合建立实习实训基地,涉农专业也可以依托种植(养殖)大户或农业公司来建立实习实训基地。

(三)采用校企合作的人才培养模式,建立综合职业能力培养平台

职业教育开展校企合作、工学结合的人才培养模式是一条普遍的规律,其原因是多方面的。例如,职业教育传授的知识,按其性质可以分为技术知识和制度知识:技术知识是与生产的社会属性无关的生产技术知识;制度知识是关于协调分工的知识,要求参与分工的全体人员都掌握的知识属于公共知识。职业教育传授的知识按传播方式分为可交流的知识和感悟的知识,后者主要通过实践获得。从以上知识的内涵来看,职业教育的有些知识、技能必须在具体的职业活动中获取。实行工学结合,广泛利用企业设备开展职业教育和培训,有利于降低社会办学成本。职业教育与培训可分为一般性和特殊性两种。实行工学结合可以把学校的一般培训和企业的特殊培训有机地结合起来,以便实现企业用人和学生就业的有效结合。[1]

由于工学结合和校企合作符合职业教育人才培养的要求,因此,加强工学结合和校企合作是专业建设的重要内容。2005 年《国务院关于大力发展职业教育的决定》中明确提出:要大力推行工学结合、校企合作的培养模式,逐步建立和完善半工半读制度。2006 年教育部专门制定了《关于职业院校试行工学结合、半工半读的意见》,强调各级教育行政部门和职业院校要努力做好职业院校试行工学结合、半工半读工作。当前,我国工学结合、校企合作已取得了一定的进展,但其健康持续发展还需要国家加强制度和法律层面的建设。

(四)借鉴先进的职业教育理念,加强与办学条件相符的课程建设

在国外,专业往往被看成是课程的组织形式,可见课程在专业建设中的作用和地位十分重要,在一定程度上可以说,课程建设的水平也标志着专业建设的水平。职业教育的课程与普通教育相比,具有自身的特点:①课程开发方法独特、多样。从目前来看,国外职业教育课程主要通过职业分析开发突出技能培养的课程,如 MES 课程、CBE 课程;通过典型工作任务分析开发突出综合职业能力培养的学习领域课程;通过工作任务分析开发满足现代学徒制需要的课程等。②课程实施要求相应的硬件条件,由于职业教育教学体现"做中教、做中学",课程实施的硬件条件不

---

[1] 曹晔,邵建强. 职业教育工学结合制度的宏观探究[J]. 职教论坛,2006(9):4-8.

同，就应开发不同的课程，同一课程因硬件条件的差异实施效果会有很大的差异。
③不同的课程采用的教学方法有较大差异。

此外，专业建设还包括符合职业教育培养目标要求的教学大纲、教学计划、教材，以及专业发展所需的教学管理文件和制度等。

第四节 职业教育专业结构调整

一、全球产业结构调整中的职业发展和变化

我国经济已融入世界经济体系，我国职业变化越来越受到世界产业结构和职业变化的影响，发达国家曾经经历的历程，我国未来也可能会面临，因此，我国需要借鉴全球产业结构和职业变化的一些规律，了解全球产业结构调整中的职业发展变化趋势十分必要。中国就业培训技术指导中心课题组2003年的一项课题研究成果，对产业与职业变化做了很好的归纳和总结。

(一)全球产业结构调整变动总趋势

过去50年中全球产业结构发生了重大变化，突出的特征有以下几点。

1)生产部门(包括种植、采掘、制造业)的科技含量大幅度增加，导致生产的效率大幅度提高，生产领域从业人员数量大幅度下降。

2)服务部门(包括消费性服务和生产性服务)的范围不断扩大，内容不断深化，服务质量大幅度提高，导致服务领域从业人员数量大幅度上升。

3)知识经济的兴起进一步加剧了生产部门从业人员总量减少、服务部门从业人员总量增加的趋势。

发达国家的产业结构变化最为显著，这种变化在职业领域引发的反应有：一些新职业产生并迅速发展，另一些过时的职业开始衰落甚至消失，还有一些职业为适应新形势开始调整和转化。职业领域的这些变动反过来又促进了产业结构的调整变动。

(二)全球职业变动基本情况

1．增长和发展中的职业

无论在生产部门还是服务部门中，新型的职业和职业活动都不断地涌现出来。

(1)生产领域

在生产领域，尽管第一产业、第二产业的职业数量在减少，从业人员的总量和比例也在减少，但由于在这两个产业中生产的知识和技术密集程度的提高，还是出现了一些新的职业或者职业群。典型的新职业或者职业群有：①第一产业中的基因

和转基因工程师、遗传工程师、细胞工程师、生态农业技师和技工、生化实验技师和技工、节水灌溉技师和技工；②第二产业中的加工中心工程师和技师、环境监测工程师、计算机辅助设计工程师和技师(CAD)、计算机辅助制造技师和技工(CAM)、纳米材料生产技师和技工，以及航空航天材料技师和技工等。

(2)服务领域

在服务领域，由于生产活动方式的变化，以及生活活动内容的增加，新产生的职业数量远远多于生产领域。这些新职业主要集中在信息服务业、管理和咨询服务业，以及社会服务业三个主要方面。

1)信息服务业：信息产业是发展最快的产业，与信息产业相关的职业也是发展速度最快的职业群。据经济合作与发展组织统计，信息职业数量已占各种新型职业总和的40%以上。另据美国的统计，美国从事信息和知识生产、分配与传递职业的人数已超过全部从业人员的一半。信息和通信技术的急剧扩张，导致了社会对计算机工程师、计算机系统分析师，以及计算机基础科学在各个领域的应用专家和操作技术人员的大量需求。有些专家认为信息产业有可能从第三产业领域独立出来，成为第四产业。

2)管理和咨询服务业：由于管理和咨询活动对于经济、生产、社会生活甚至个人生活的影响越来越大，管理和咨询服务业已成为第三产业领域另一个发展较快的职业群组。在这个职业群组的发展中，专业管理人员和专业咨询服务人员的功能划分更加细化，在社会组织中的责任、地位和声望日益提高。金融分析师、投资咨询师、心理咨询师、人力资源管理师、保险评估师、保险精算师、税务代理师、理财代理师等如今都已成为最新的热门职业。

3)社会服务业：在第三产业领域，提高居民生活质量、满足居民消费需求的服务性职业也有了突破性的发展。家政服务、旅游、康乐、健身、医疗，以及其他生活服务领域都有许多新职业涌现出来。家政服务助理、养老护理师、育婴师、形象设计师、健身教练、室内装饰设计师等职业的出现，反映了人们对生活质量的要求越来越高，服务性消费需求越来越丰富。

2. 衰落和消退中的职业

衰落和消退中的职业主要集中在第一、第二产业。在结构调整中，第三产业也有部分职业消退。这种职业的衰落和消退，往往与技术或产品的更新使某种职业失去市场有关，有时也与制度和政策的限制有关(如禁止使用某种材料或工艺，致使某些职业难以为继)。例如，农业的高度集约化曾使千百万农民改变职业，这一变化目前仍在继续；在英国的工业转型过程中，曾经作为产业革命标志的煤矿工人和纺织工人几乎消失殆尽；随着数字控制机床的普及，传统的通用机床操作工正在迅速减少；在第三产业，传统的机械打字员、铅字排字工等职业也正在迅速消失；由于对氟相关产品的限制，各类加氟技工都面临改行的选择。

3．调整和变化中的职业

三次产业部门中,有许多传统职业在新的条件下发生了较大调整和变化。

(1) 第一产业

在第一产业中,传统的农民转化成为农机师、农艺师或者专业性更强的从事无土无害栽培工作的现代农艺师。传统的海洋捕捞人员也在向海水产品养殖和深度加工工程师、技师转化。

(2) 第二产业

在第二产业,传统的手工绘图员正转化为使用计算机的电子绘图员,随着采煤、采油等技术的高科技化转变,产生了新型的煤炭液化(气化)职业,以及海洋石油开采等职业。

(3) 第三产业

在第三产业中,职业的变化发展更迅速。例如,理发员转化为形象设计师,销售库管人员转化为物流配送师等。事实上,几乎所有的职业都会随着生产技术的进步而发生一些调整和变化。

需要指出的是,在现代职业的发展与变动中,有一个值得注意的现象,就是中间层次和中等地位的职业发展较快。例如,第一、第二产业中生产部门和实验部门的技术技能人员[与工程师(engineer)不同,国外通常把他们称为技术师或者工艺师(technologist,technician),我国统称为技师或技工],第三产业中的助理医师、助理律师、服务技师、个人助理或家政助理等,在欧美国家都是需求增长很快的职业。与此相对应,高层次的职业(如科研学术等)和低技能的职业需求发展都较缓慢,许多低技能职业甚至出现停滞或负增长。究其缘由,中间层次的职业有着承上启下、把设计决策转化为实际产品的关键作用,因此,在现代生产和服务活动中有着特别重要的作用。

二、专业结构调整的原则

专业结构调整的原则除了遵循专业设立的原则外,还要遵循以下原则。

(一) 发展性与继承性相结合的原则

职业教育服务于区域经济社会发展,而区域经济社会的发展是一个动态的过程,因此,职业院校专业要与区域经济发展规划相结合,应根据区域经济社会发展、科技进步和就业市场的变化,及时更新和调整专业,积极发展为新兴产业服务的专业。同时,职业教育是投资比较大的教育,专业设置要有利于提高教育资源的利用率和整体办学效益,因此,专业调整要与学校传统专业、骨干专业相结合,巩固和提升专业的办学优势,来满足相关产业、企业的人才需求。只有正确处理发展性与继承性的关系,才能把满足社会发展与自身的可持续发展有机地结合起来。

(二)适应性和差异性相结合的原则

职业学校专业调整要与经济建设、科技进步和产业结构调整相适应,确保职业教育的人才培养数量、质量及规格能够基本满足产业发展与升级的需求。一定时期内,区域社会经济发展变化所产生的发展机会,往往被许多职业学校察觉,因此,现实中很容易产生跟风现象,过于集中兴办某类专业很容易导致人才供给过剩。为了增强专业发展的活力与吸引力,职业学校要着力培养和打造特色专业,走错位发展的道路,形成科学合理的专业结构布局,避免不必要的重复设置。

(三)稳定性与灵活性相结合原则

随着知识经济的到来,经济发展和技术进步日新月异,社会需求也呈现出快速变化的趋势,必然引起产业结构调整和职业岗位的变化。因此,学校的专业要有效地适应经济发展的需要,满足社会对人才的需求,就必须具有一定的灵活性,及时开发出新专业,改造和淘汰旧专业,才能对社会需求做出快速反应。专业设置灵活也便于学校提高办学效益。但同时还应注意到,经济发展到一定阶段时,其产业结构和就业结构会趋于稳定。专业设置应针对不同时期的主导产业,保持一定的稳定性。教育教学的规律,也要求专业具有相对稳定性,因为不同的专业有不同的师资结构和设备要求。一个专业从筹办到初具规模,要耗费大量的时间、精力、物力和财力,少则需要3~5年,多则需要10年或更多的时间才能见成效、取得较好的效益。只有使专业具有相对的稳定性,才能办出质量、办出规模、办出特色,以及获得办学效益。现实中处理好专业设置的灵活性与专业教学的稳定性之间的关系,可采取"宽专业、多方向"等办法。

三、专业结构调整的内容

(一)变更专业名称

职业教育的专业面向职业、职业群(或岗位、岗位群)设置,由于科技进步和产业结构的调整,一些职业或岗位发生了变化,现有的专业名称不能反映专业的内涵,因此,需要新的专业名称取代旧的专业名称。以电子专业为例,20世纪80年代初,我国电子专业的毕业生主要就业于国有企业的电器维修部门,当时该专业的名称为民用电器维修。随着科技的发展和电子行业的更新换代,该专业的名称也相应更名为电子技术,或应用电子技术、实用电子技术等。到20世纪90年代末,电子的含义已趋向于指以计算机为核心的集成数字化、智能化,将原来的电子技术专业与计算机专业合并为复合型专业是科技发展的趋势,于是便出现了电子计算机专业,专业名称发生了变化,专业内容也进行了相应的调整,从而为毕业生的就业准备了充分条件。又如印刷专业,从 20 世纪 80 年代的铅字印刷技术发展到今天的激光照排技术,印刷专业的名称和内容都在随之不断变化和发展。①

(二)更新专业内涵

随着科学技术的发展及其在社会生产中的广泛应用,社会职业的内涵在不断发生变化,对从业人员的技能、知识及综合素质也在不断提出新的要求,这就要求职业教育调整专业培养目标和课程内容。例如,随着计算机技术在机械生产中的应用,出现了数字控制(下文简称数控)技术,要求机械加工从业人员具备这方面的技术能力,这就要求机械专业调整培养目标,在教学中增加数控技术内容。

(三)建设专业群

所谓专业群,就是以一个或多个办学实力强、就业率高的重点建设专业作为核心专业,若干个工程对象相同、技术领域相近或专业学科基础相近的相关专业组成的一个集合。由于专业群内的各专业往往是围绕某一行业设置形成的,各专业具有相同的工程对象和相近的技术领域,反映在教学上就是各专业可以在一个体系中完成实训任务,在实习实训设施、设备上也必然有大量的设备是共用的,有相当一部分实习实训项目是相同的。因此,发展专业群有利于职业院校节约实习实训基地建设费用,提高设备利用效率,提高办学效益和质量。以服装制作专业为例,根据服装就业市场需求情况的变化,可围绕服装制作这一专业开设服装工艺、服装导购和服装模特等专业。

(四)发展复合型专业

针对传统专业应用性较差和职业岗位工作任务的综合性问题,设置复合型专业是专业结构调整的重要内容之一。设置复合型专业有以下几种方法。①根据我国实施新型工业化战略的需要,按照"工业化和信息化高度融合"的思路,加强信息技术与各专业的融合,如计算机专业与美术专业合并更新为影视动画专业,与会计专业合并更新为会计电算化专业等。②一些语言类专业(如外语、文秘等)可与其他专业复合以突出其应用性。例如,英语专业单纯作为一种专业时,社会需求少,但与其他专业复合后往往能焕发生机与活力,如旅游英语、幼儿英语、商贸英语等。③将专业知识与专业技能复合起来,例如,服装设计与工艺、酒店餐饮管理与制作、计算机辅助设计与制造等专业就是将专业知识与专业技能复合的复合型专业。④生产与服务复合。现代企业发展的一个重要趋势是生产与服务一体化,在注重产品生产的同时,应加强产前和产后服务,需要既了解生产技术又能有效地为客户提供服务的人才。理查德·蔡斯和大卫·A·加文在《服务工厂》一文中指出:现代工厂

---

① 姜丽萍. 中等职业学校专业设置现状与趋势[J]. 教育科学研究,2001(6):18-21.

必须把服务渗透到制造之中，才能在激烈的竞争中制胜，把服务业单纯看成是服务业的事、把制造与服务割裂开来的企业最后必定是输家。[①]例如，青岛电子学校的电子技术应用专业，强调技术、维修、营销、服务的综合训练，该专业毕业生成为某知名电器公司遍布全国的维修人员的主力，毕业生良好的专业知识与售后服务提升了该公司的信誉。[②]

（五）发展综合型专业

现实中，当某一新型产业或行业产生时，人们会开始探索设置各种各样的专业来满足行业发展对人才的需求，当产业或行业发展到一定阶段后，这些专业越来越具有趋同性，这时需按照"工作性质的同一性"的要求，把多个专业综合成一个规范的专业。此外，有些职业本身具有综合性，这也需要对专业进行综合。例如，上海职业高中原有的房地产经营管理、房地产经济与管理、房产物业、房地产经营与物业管理等专业，经归并形成房地产经营专业。又如安徽农村职业学校在传统的农产、水产两个专业的基础上，开发了农村综合经营专业，传授种植、养殖、农村机电等综合知识和技能。[②]

四、专业结构调整的注意事项

（一）应缩短专业目录修订周期

为应对科学技术进步周期缩短、经济全球化发展竞争激烈等局面，应缩短专业目录修订周期。例如，德国教育与研究部规定，职业教育的专业设置必须及时、正确地应对社会经济、科技、劳动组织形式等的变化对职业教育的影响，专业目录修订周期由五年一次改为一年一次，1996~2009年，联邦职业教育研究所与行会、协会、工会等领域的专家合作，新开设了82个专业、修订了219个专业，如根据哥本哈根会议精神新开设了与环境保护和低碳经济相关的专业。关于专业目录的修订我国也有了明确规定。2019年1月国务院印发的《国家职业教育改革实施方案》中指出：健全专业设置定期评估机制，强化地方引导本区域职业院校优化专业设置的责任，原则上每五年修订一次专业目录，学校依据目录灵活自主设置专业，每年调整一次专业。

（二）尽量采用国家专业目录中规定的专业名称

职业院校的专业不仅是学校培养人才的载体、连接经济社会的桥梁，而且关乎学生个人就业、国家教育资源配置的有效性和与经济社会发展的适应性，因此，国

---

① 陈宝森. 当代美国经济[M]. 上海：上海科学文献出版社，2001：189.
② 姜大源. 论职业学校专业设置策略[J]. 职业技术教育（教科版），2002(16)：24-27.

家必须制定各级各类教育的专业目录,以便指导各专业院校有效地设置专业。专业目录中的专业名称体现了专业的内涵和本质,不得随意命名。随着社会分工的发展,一些专业在逐渐分化,可以作为专门化方向来设置。如果是全新的专业,对其专业名称要严格论证,并报主管部门审批。

(三)专业调整要遵循严格的程序

专业是人才培养的载体,专业变动意味着整个人才培养模式和培养内容的变化,对学校的教学来说具有牵一发而动全身的影响。现实中,由于一些观点认为专业是课程的一种组织形式,而课程内容是可以不断调整的,因此,顺理成章地认为专业也是可以经常调整的,其实该观点混淆了局部课程改进与课程体系改革的关系,因为专业调整是整个课程体系的改革,而不是局部的课程改进。因此,专业调整必须要遵循严格的程序。

(四)避免涉及过多的专业大类

职业教育的投资是普通教育的2~3倍,实习实训条件既是体现职业教育办学特色的内容,也是职业教育发展的重点和难点,因此,职业院校专业设立和调整时不要涉及过多的行业领域,应重点集中在几个专业大类来设置专业,从而发展专业群,实现教育资源的共享,提高实习实训设备的利用率,实现以较少的投资培养较多人才的目的。

(五)避免频繁更换专业名称

职业教育面向市场办学,社会需求直接影响了职业院校的办学效益。一些生源不足的职业院校,没有从自身找原因,加强内涵建设,而是一味地迎合社会需求,不顾自身条件,频繁更换专业名称,认为新的专业名称有利于招生,导致专业名称与专业内涵不相符,这种本末倒置的行为,不仅短期内损害了学生的利益,而且长远来看必将损害学校自身的利益。

第五章
经济技术发展与专业结构调整

第一节 产业转型升级与专业结构调整

一、现代农业与职业教育专业调整

(一)现代农业内涵和外延不断拓展

农业的概念有狭义和广义之分。狭义的农业指种植业或农作物栽培业。广义的农业包括种植业、林业、牧业、渔业。由于农业是人类生存的基础,是其他物质生产部门存在和发展的基础,因此,在国民经济中,农业处于基础地位,对于整个国民经济的运行和政治稳定、粮食安全、主权独立都具有决定性的影响。

农业与工业等一样,是一个产业概念,传统的农业仅指种植业或农业、林业、牧业、渔业,但随着农业现代化进程的加快,农业产业链的不断延伸,现代农业已突破了传统农业的内涵,向纵深发展,农业的专业化和社会化水平不断提高,内涵不断延伸、外延不断扩展,农业的 部分内容从中分离出来,成为独立于农业生产单位之外的一些新兴行业,如种子、饲料、肥料等。随着现代农业的发展,农业从产中的种植(养殖)逐渐向产前的生产资料供应和产后的农产品贮藏、加工、流通等方向延伸,并逐渐向一体化方向发展,尤其是产后环节越来越成为农业增值的重要领域。在发达国家直接从事农业生产的人员越来越少,但为农业服务的人员不断增多,例如,在美国农业劳动力只占社会总劳动力的 2%,而为农业提供良种、机械收割、加工、运销、信息、信贷等服务的人员占社会劳动力的 10%左右。[1]可见,现代农业发展已从以生产为中心转为以服务为中心。鉴于这一趋势,美国把现代农业部门称为食品与纤维系统,加拿大把现代农业定义为农业及农产食物产业,日本农林水产省则把农林渔业、关联制造业(食品产业、资材供应产业)、关联投资、饮食业和关联流通产业(商业、运输业)统称为农业·食物关联产业。上述国家把农业的产前、产中、产后有机地联系在一起:产前投入部门包括为农场提供一切生产要

---

[1] Eatwell, John.The New Palgrave: A Dictionary of Economics. London: The Macmillan Press Ltd, 1987:204-210.

素的经济部门(如农机、种子、饲料、农药、化肥、燃料的生产和供应)，以及农场建筑、农业研究、农业信贷和保险部门；产中农场生产部门，包括各种类型的农、牧、渔、园艺农场；产后的农产品加工和销售部门，包括各种农产品加工、包装、运输、储藏和销售部门。产后部门在整个产业链中所占的比例越来越大。目前发达国家农产品加工业产值与农业产值的比为(2～4)∶1，而我国仅为1.6∶1。[①]美国农业产前、产中、产后的劳动力就业比为2∶1∶7；农业要素禀赋与中国相近、从事小规模农场经营的日本和韩国，从事农业产前和产后服务的人数也数倍于从事农业直接生产的人数。目前，中国农业产前和产后就业人数之和与产中就业人数之比为(2～3)∶10。[②]农业的产前、产后过程不仅仅分布在农村，一些农业生产资料的生产企业和农产品加工企业分布在城市，农业产业的布局逐步实现了城乡联动、城乡一体的格局。目前，我国规模以上农产品加工业从业人员有2500多万人，其中，60%以上为农业人口，提供劳动者报酬4700多亿元人民币，其中，农民从中获得的报酬近60%，这为农民就业及增收做出了重要贡献。[①]

(二)我国农业生产经营的非职业性倾向

对于人多地少的亚洲国家，在工业化和城镇化发展过程中，农业出现了兼业化和老龄化的趋势，这影响了农业现代化的进程，进而影响了农业职业教育的发展。以日本、韩国为例，在国家现代化的过程中，大量农民"半工半农"或"不工不农"，农村会出现兼业化和老龄化的现象。在20世纪40年代前，日本兼业农户占总农户的比例约为30%，到80年代中期，则在80%以上，其中，第二类型兼业户(以非农收入为主的农户)发展突出，其比例从1941年的21.2%上升到1984年的71.1%。[③]1965～1998年日本农村年龄在65岁以上的老年人口比例由13%提高到50%。1970年、1980年、1990年、1995年韩国农村50岁以上人口占农村人口的比例分别为15.6%、20.5%、34.5%、43.8%。针对农业"后继无人"、农业人口老龄化和女性化、农业职业教育萎缩的倾向,各国制订了农业后备劳动力和专业(核心)农户培养政策，并不断加大培养力度，即把农业职业教育从重视职前教育向重视职后教育或二者兼顾的方向发展。[④]

近些年来，伴随着城镇化与工业化的发展，我国农村出现了村庄"空心化"，务农劳动力老龄化，农业兼业化、副业化的现象，严重地影响了农业现代化建设的进程，进一步加剧了城乡发展的不平衡性，农业的比较效益不断下降。我国城乡居民收入比的情况为：1978年2.5∶1，1984年1.7∶1，1992年2.6∶1，2002年3.1∶1，

---

① 张天佐. 抓住机遇迎接挑战 推动我国农产品加工业持续健康发展[J]. 农产品加工，2010(12)：1，4-6.
② 卢荣善. 农业现代化的本质要求：农民从身份到职业的转换[J]. 经济学家，2006(6)：64-71.
③ 金茂霞，赵肖燕. 对日本农业劳动力结构变化的分析与思考[J]. 现代日本经济，1997(4)：41-44.
④ 曹晔，汤生玲. 农村成人学校应成为农业职业教育的主体[J]. 职教通讯，2007(3)：12-15.

2009年增加为3.33∶1,[①]2010年下降为3.23∶1,2017年下降为2.71∶1。此外,2002年党的十六大报告指出:"统筹城乡经济社会发展,建设现代农业,发展农村经济,增加农民收入,是全面建设小康社会的重大任务"。2003年中央农村工作会议提出"必须统筹城乡经济社会发展,更多地关注农村,关心农民,支持农业,把解决好农业、农村和农民问题作为全党工作的重中之重,放在更加突出的位置,努力开创农业和农村工作新局面"的号召。2004~2018年,中央一号文件连续15年聚焦"三农"问题,其核心思想是城市支持农村、工业反哺农业,实行城乡统筹、实施乡村振兴的战略决策和"多予、少取、放活"的方针,重点强调农民增收,给农民平等权利,给农村优先地位,给农业更多反哺。

(三)新型职业农民培育

2004年以来,我国出现了劳动力短缺和农民工工资普遍上涨的刘易斯转折点,2003年以来农民工工资年平均增长率超过10%,2011年高达21%。近年来农民工工资已与大学毕业生趋同,促使农村劳动力大规模转移至城镇。2009年我国农民工增加436万人,2010~2012年我国农民工每年增加约1000万人。与此同时,我国的农业规模化经营比例不断提高,截至2012年年底,全国经营面积在100亩[②]以上的专业大户、家庭农场超过270多万户,占全国农户总数量的1.5%。另据原农业部初步统计,截至2012年年底,全国家庭承包经营耕地流转面积已达2.7亿亩,占家庭承包耕地(合同)总面积的21.5%。其中,流入工商企业的耕地面积为2800万亩,占流转总面积的10.3%;转入专业合作社的土地面积达3055万亩,占全国耕地流转总面积的13.4%。出现了"农民转、规模扩"的良性循环。为此,2013年中央一号文件提出:"鼓励和支持承包土地向专业大户、家庭农场、农民合作社流转,发展多种形式的适度规模经营。""创造良好的政策和法律环境,采取奖励补助等多种办法,扶持联户经营、专业大户、家庭农场。大力培育新型农民和农村实用人才,着力加强农业职业教育和职业培训。充分利用各类培训资源,加大专业大户、家庭农场经营者培训力度,提高他们的生产技能和经营管理水平。""建立合作社带头人人才库和培训基地,广泛开展合作社带头人、经营管理人员和辅导员培训,引导高校毕业生到合作社工作。"中央一号文件首次提出"家庭农场"的概念,意味着中国通过家庭农场等新型农业经营体系发展现代农业的号角已经吹响。家庭农场是指以家庭成员为主要劳动力,从事农业规模化、集约化、商品化生产经营,并以农业收入为家庭主要收入来源的新型农业经营主体,在促进现代农业发展方面能够发挥极大的作用。2014年中央一号文件提出稳定农村土地承包关系并保持长久不变,在坚持和完善最严格的耕地保护制度前提下,赋予农民对承包地占有、使用、收益、流转及

---

① 王同坤,曹晔,冯利民.农业结构调整的理论与实证研究[M].北京:中国农业出版社,2012:221.
② 1亩≈666.7m²。

承包经营权抵押、担保的权能。这无疑会进一步加大农村土地流转,促进农业规模化和现代化的发展,培养新型职业农民成为新时期农业职业教育发展的重要任务。

近年来关于"谁来种地"的问题引起了社会各界的广泛关注,解决这个问题的关键是提升农业的经营规模,要让农业经营取得良好的效益,让农民成为体面的职业,培养多种新型农业经营主体。2014年中共中央办公厅、国务院办公厅印发了《关于引导农村土地经营权有序流转发展农业适度规模经营的意见》,一方面对现阶段土地适度规模的标准提出了两个"相当于",即土地经营规模相当于当地户均承包地面积10~15倍,务农收入相当于当地第二、第三产业务工的收入;另一方面重点培育以家庭成员为主要劳动力、以农业为主要收入来源,从事专业化、集约化农业生产的家庭农场,使其成为引领适度规模经营、发展现代农业的有生力量。该意见同时指出:各地要依据自然经济条件、农村劳动力转移情况、农业机械化水平等因素,研究确定本地区土地规模经营的适宜标准。例如,上海松江区确定家庭农场的平均耕种面积为100~150亩,江苏省测算家庭农场粮食生产的最优规模在80~170亩。从实践来看,农业规模经营可取得良好效果。黑龙江省公布的数据显示,全省种植大户(家庭农场)通过规模经营拉动粮食增产8%左右,农机合作社拉动粮食增产15%左右,最高达到20%以上,说明适度规模经营可实现农业持续增产。

(四)农业职业教育专业设置适应性

随着工业化和城镇化的发展,全国2.8亿多农村劳动力向非农产业转移,一方面促进了农业规模经营;另一方面导致农业的兼业化和老龄化趋势。国家为了推动农业现代化,吸引更多的学生就读农林专业,2007年中央一号文件《中共中央 国务院关于积极发展现代农业扎实推进社会主义新农村建设的若干意见》中指出:"加大对大专院校和中等职业学校农林类专业学生的助学力度,有条件的地方可减免种植、养殖专业学生的学费。"2008年党的十七届三中全会通过的《中共中央关于推进农村改革发展若干重大问题的决定》中进一步指出:"加快普及农村高中阶段教育,重点加快发展农村中等职业教育并逐步实行免费"。《中共中央 国务院关于2009年促进农业稳定发展农民持续增收的若干意见》明确提出:"加快发展农村中等职业教育,2009年起对中等职业学校农村家庭经济困难学生和涉农专业学生实行免费"。为了落实国务院的精神,2009年财政部、发改委、教育部、人力资源和社会保障部联合发布了《关于中等职业学校农村家庭经济困难学生和涉农专业学生免学费工作的意见》,规定了免学费的对象、标准和实施办法等。享受免学费政策的涉农专业有种植、农艺、园艺、蚕桑、养殖、畜牧兽医、水产养殖、野生动物保护、农副产品加工、棉花检验加工与经营、林业、园林、木材加工、林产品加工、森林资源与林政管理、森林采运工程、农村经济管理、农业机械化、航海捕捞,以及能源类的农村能源开发与利用专业和土木水利工程类的农业水利技术专业等专业,这21个专业基本涵盖了现代农业的范围。2012 年《国家中长期教育改革与发展规划纲要(2010—2020)》提出逐步实行中等职业教育免费制度,完善家庭经济困难学生资助政策。为此,2012 年国家进一步调整了中等职业学校"一免一助"政策,财政部、发改委、教育部、人力资源和社会保障部联合下发了《关于扩大中等职业教育免学费政策范围进一步完善国家助学金制度的意见》,该意见指出:从 2012 年秋季学期起,对公办中等职业学校全日制正式学籍一、二、三年级在校生中所有农村(含县、镇)学生、城市涉农专业学生和家庭经济困难学生免除学费(艺术类相关表演专业学生除外),与此同时,缩小了对家庭经济困难学生助学金的资助范围,西部、中部和东部地区的资助学生占在校生人数的比例分别为 20%、15%和 10%,与以往约 90%的学生享受助学金相比,资助比例压缩了许多,回归了助学金的初衷。至此,我国率先对农业中等职业教育的学生实现了免费教育。

统计资料表明,2008 年,我国农林中等专业学校为 141 所,比 1990 年减少了 286 所。农林中等专业学校农科类专业毕业生比例从 1992 年的 7.1%下降到 2008 年的 1.91%;职业高中农科类专业毕业生比例从 1990 年的 21.7%下降到 2008 年的 5.1%。农科类专业毕业生仅占上述两类学校毕业生总人数的 3.47%,全国平均每 4 个多行政村才有 1 名农科类专业毕业生。[①]而从 2009 年国家开始对农村贫困学生和涉农专业实行免学费政策后,农科类专业的招生比例有了一定提高(表 5-1),但近几年又处于不断下降的态势。

表 5-1　2004~2017 年中等职业学校农科类等专业设置变化情况

年份	全部专业招生总数/万人	农林牧渔类专业 招生数/万人	比例/%	信息技术类专业 招生数/万人	比例/%	加工制造类专业 招生数/万人	比例/%
2004	456.504 5	19.285 2	4.22	115.616 6	25.33	84.711 8	18.56
2005	537.292 2	21.006 3	3.91	132.968 9	24.75	111.839 0	20.82
2006	613.060 7	24.643 7	4.02	148.935 3	24.29	145.585 3	23.75
2007	651.475 4	24.699 3	3.79	163.895 4	25.16	168.290 8	25.83
2008	650.273 9	29.023 0	4.46	160.776 5	24.72	160.178 7	24.63
2009	711.777 0	74.938 6	10.53	158.446 6	22.26	138.155 8	19.41
2010	711.395 7	110.425 9	15.52	138.359 0	19.45	116.436 9	16.37
2011	649.962 6	85.431 4	13.14	121.868 5	18.75	105.065 7	16.16
2012	597.078 5	71.985 2	12.06	104.844 7	17.56	89.623 3	15.01
2013	541.262 4	46.727 9	8.63	92.656 5	17.11	79.194 8	14.63
2014	495.355 3	39.493 0	7.97	81.114 3	16.37	70.126 0	12.62
2015	479.817 4	34.325 8	7.15	80.007 8	16.67	64.053 7	13.35
2016	466.142 8	29.326 0	6.29	78.449 9	16.83	56.933 0	12.21
2017	451.523 5	27.236 9	6.03	79.656 0	17.64	52.724 9	11.68

资料来源:《中国教育统计年鉴》相关年份数据

---

① 曹晔. 我国职业教育区域统筹发展的七大举措[J]. 教育发展研究,2010(19):17-21.

从表 5-2 可以看出，长期以来中等职业教育农科类专业的设置比例较低，为此，2009 年国家对农科类专业实行免学费政策，政策实施后农科类专业招生比例大幅度增加，但 2012 年秋季国家对中等职业学校学生助学金和免学费政策进行了调整，缩小了助学金的数量和比例，加大了免学费的数量和比例，90%的学生可享受免学费政策，一些省份甚至全部实行了免学费，致使农科类专业免学费的政策优势不再存在，农科类专业招生人数又大幅度下降。当然，农科类专业招生人数下降也与农科毕业生的就业渠道不畅有关。从目前来看，农科类专业招生比例与第一产业增加值比例相近，但多年的实践证明，农科类专业的招生比例还会下降，为此，农科类职业教育要加大改革创新力度，适应当前农民的五大转变：从就业型农民向创业型农民转变、从身份型农民向职业型农民转变、从经验型农民向知识型农民转变、从单干型农民向组织型农民转变、从受体型农民向主体型农民转变，这无疑对农业职业教育提出了新的要求和挑战。

表 5-2　2003~2017 年中等职业学校第一产业专业在校生及第一产业增加值和就业人数情况

年份	在校生人数/人	在校生比例/%	第一产业增加值占 GDP 比例/%	第一产业就业人数比例/%
2003	534 167	5.02	12.80	49.1
2004	532 252	4.53	13.39	46.9
2005	530 306	4.00	11.70	44.8
2006	572 913	3.85	10.70	42.6
2007	589 056	3.64	10.40	40.8
2008	648 931	3.84	10.30	39.6
2009	1 180 724	6.63	9.90	38.1
2010	1 945 251	10.71	9.60	36.7
2011	2 259 595	12.73	9.50	34.8
2012	2 188 579	12.95	9.50	33.6
2013	1 722 323	11.21	9.40	31.4
2014	1 323 974	9.35	9.20	29.5
2015	1 047 703	7.85	8.40	28.3
2016	898 107	7.04	8.10	27.7
2017	791 192	6.31	7.60	27.0

二、新型工业化与职业教育专业结构调整

从总体上看，在过去的 30 多年，我国利用中等教育水平的劳动力，以及通过发展简单劳动力密集型产业，推动了我国经济的高速增长。随着劳动力成本持续上升、人民币升值、原材料与能源价格持续走高、资源与环境对经济发展约束增强，制造业产品的国际竞争力优势在减弱，我国需要加速进行产业结构的调整优化，因此，国家提出了建立现代产业体系的发展战略。国家统计局发布的 2012 年统计公报表明，2012 年我国首次出现了劳动年龄人口的下降，标志着人口红利转折点的到来。

2012年中国发展基金会发布的研究报告《中国人口形势的变化和人口政策的调整》认为，2027年中国人口将转为负增长。这些数据都说明我国人力资源供给已从无限变为短缺、人口红利趋于收缩、老龄化社会加速、劳动力成本上升、人口抚养比上升等。为此，国家需要调整相应的经济政策和策略，变以往的出口导向型经济为需求拉动型经济，转变经济发展方式，调整优化产业结构。经济发展方式的转变表现为由粗放经营走向集约经营，由高能耗经济走向低碳经济，由要素驱动的发展模式走向效率驱动的发展模式，由政府主导发展模式走向市场驱动发展模式等。产业结构转移升级表现为：劳动密集型产业减少，技术资本密集型产业增加；低技术的产业减少，高新技术产业增加；低附加值产品减少，高附加值产品增加；第一、第二产业比例下降，第三产业比例增加。

经济发展方式的转变和产业结构的转移升级要求提高劳动者的受教育年限和技术技能水平。研究表明，2011年我国农民工的平均受教育年限是9.6年，这种人力资本状况恰好适应第二产业的劳动密集型岗位（要求劳动者平均具有9.1年的受教育年限），以及第三产业的劳动密集型岗位（要求劳动者平均具有9.6年的受教育年限）。根据2005年1%人口抽样调查微观数据的20%样本计算，如果劳动者从第二产业的劳动密集型就业岗位转向第二产业的资本密集型就业岗位，要求平均受教育水平提高1.3年；转向第三产业技术密集型就业岗位，要求平均受教育水平提高4.2年；即使仅仅转向第三产业的劳动密集型就业岗位，也要求平均受教育水平提高0.5年。[1]可见，经济发展必然对劳动者的受教育年限、技术和技能水平不断提高要求，不仅需要发展专科层次的高等职业教育，还需要发展本科职业教育、专业硕士教育等。国际经验证明，国家实体经济竞争力的基础是技术和技能人力资源，是健全的现代职业教育体系，应用技术大学（学院）可进行本科阶段职业教育，是现代职业教育体系的重要组成部分，这是增强国家实体经济竞争力不可或缺的力量。

（一）新型工业化

党的十八大报告中指出："坚持走中国特色新型工业化、信息化、城镇化、农业现代化道路，推动信息化和工业化深度融合、工业化和城镇化良性互动、城镇化和农业现代化相互协调，促进工业化、信息化、城镇化、农业现代化同步发展。"新型工业化是以工业化促进信息化，走科技含量高、经济效益好、资源消耗低、环境污染少、人力资源优势得到充分发挥的新型道路。

1. 工业转型升级

转型，即通过转变工业发展方式，加快实现由传统工业化向新型工业化道路转变；升级，即通过全面优化技术结构、组织结构、布局结构和行业结构，促进工业

---

[1] 蔡昉. 人口因素如何影响中国外来经济增长[J]. 科学发展，2013(6)：101-113.

结构整体优化提升。《工业转型升级规划(2011—2015年)》明确提出,目前我国已进入必须以转型升级促进工业又好又快发展的新阶段,今后将大力发展先进装备制造业等重点领域,不断增强我国工业核心竞争力和可持续发展能力。

2. 先进制造业

中国是制造大国,目前中国制造业产值占全球制造业总值的19.9%,高于美国(18%),已成为全球第一制造业大国。我国虽然是制造业大国但不是制造强国,一方面,目前我国制造业的持续发展面临许多问题。例如,资源环境的制约异常突出,产业发展乏力,产业技术创新能力薄弱,产业结构调整的任务非常艰巨,发展方式转变十分困难。统计数据显示,在我国高端装备制造领域,80%的集成电路芯片制造装备、40%的大型石化装备、70%的汽车制造关键设备及先进集约化农业装备等仍依靠进口,拥有自主品牌的产品不足20%。另一方面,随着我国制造业的劳动力红利时代即将结束,很多发展中国家已接纳了不少从我国转移出的产业,对我国制造业形成了挑战。美国及其他工业发达国家若引领新一轮产业革命,将使其重获制造业优势。我国要实现由制造大国向制造强国的转变,加快发展先进制造业势在必行。党的十八大报告提出,牢牢把握发展实体经济这一坚实基础,实行更加有利于实体经济发展的政策措施,推动战略性新兴产业、先进制造业健康发展,加快传统产业转型升级。可见,制造业的持续健康发展仍是我国经济发展的主要动力,而转型升级是主旋律。

先进制造业是相对于传统制造业而言,指制造业不断吸收电子信息、计算机、机械、材料及现代管理技术等方面的高新技术成果,并将这些先进制造技术综合应用于制造业产品的研发设计、生产制造、在线检测、营销服务和管理的全过程,实现优质、高效、低耗、清洁、灵活生产,即实现信息化、自动化、智能化、柔性化、生态化生产,取得良好经济收益和市场效果。先进制造技术的主要特点是系统与集成,与传统制造技术相比,它具有以下四方面特点。

1) 先进制造技术的基础是优质、高效、低耗、无污染或少污染工艺,并在此基础上实现优化及与新技术的结合,形成新的工艺与技术。

2) 传统制造技术一般单指加工制造过程的工艺办法,而先进制造技术覆盖了从产品设计、加工制造到产品销售、使用、维修整个过程。

3) 传统制造技术一般只能驾驭生产过程中的物质流和能量流,而随着信息技术的纳入,先进制造技术成为能驾驭生产过程中的物质流、能量流和信息流的系统工程。

4) 传统制造技术的学科、专业单一,界限分明,而先进制造技术的各专业、学科、技术之间不断交叉、融合,形成了综合、集成的新技术。

3. 信息化与工业化融合

2011年4月6日,工业和信息化部等五部委联合印发《关于加快推进信息化与工业化深度融合的若干意见》(工信部联信〔2011〕160号)，将以往的信息化引领工业化深化为信息化与工业化融合，提出了创新发展、绿色发展、智能发展和协调发展四大原则。信息化与工业化融合发展包括技术融合、产品融合、业务融合、产业衍生4个层次。

1)技术融合是指工业技术与信息技术的融合，产生新的技术，推动技术创新。例如，机械技术和电子技术融合产生的机械电子技术，工业和计算机控制技术融合产生的工业控制技术。

2)产品融合是指信息技术或产品融合到工业产品中，增加产品的信息技术含量。例如，普通机床加上数控系统之后就变成了数控机床，传统家电采用了智能化技术之后就变成了智能家电(如智能冰箱、变频空调等)，普通飞机模型增加控制芯片之后就变成了遥控飞机等。

3)业务融合是指信息技术应用到企业生产、经营、管理的各个环节，促进业务创新和管理创新。例如，企业资源规划(ERP)、客户关系管理(CRM)、供应链管理(SCM)等管理软件的应用，极大地提高了企业管理效率和管理水平；通过网络订购系统，可以直接在网络下订单；电子商务为市场营销提供了新的途径，产品信息可以在网络发布并达成交易。

4)产业衍生是指信息化与工业化融合可以催生出的新产业，如汽车电子产业、工业软件产业、工业创意产业、企业信息化咨询业等。

4. 战略性新兴产业

2010年国务院发布了《关于加快培育和发展战略性新兴产业的决定》(国发〔2010〕32号)，指出战略性新兴产业是以重大技术突破和重大发展需求为基础，对经济社会全局和长远发展具有重大引领带动作用，知识技术密集、物质资源消耗少、成长潜力大、综合效益好的产业。根据战略性新兴产业的特征，立足我国国情和科技、产业基础，现阶段应重点培育和发展节能环保、新一代信息技术、生物、高端装备制造、新能源、新材料、新能源汽车等产业。

5. 中国制造2025

2015年5月8日，国务院印发了《中国制造2025》，明确了我国未来十年制造业的发展方向，并提出利用30年的时间使我国制造业综合实力进入世界制造强国前列，实现这一目标分为三个阶段。

1)到2020年，基本实现工业化，制造业大国地位进一步巩固，制造业信息化水平大幅提升。掌握一批重点领域关键核心技术，优势领域竞争力进一步增强，产品质量有较大提高。制造业数字化、网络化、智能化取得明显进展。重点行业单位工业增加值能耗、物耗及污染物排放明显下降。到2025年，制造业整体素质大幅提升，创新能力显著增强，全员劳动生产率明显提高，"两化"(工业化和信息化)融合迈上新台阶。重点行业单位工业增加值能耗、物耗及污染物排放达到世界先进水平。形成一批具有较强国际竞争力的跨国公司和产业集群,在全球产业分工和价值链中的地位明显提升。

2) 到 2035 年,我国制造业整体达到世界制造强国阵营中等水平。创新能力大幅提升,重点领域发展取得重大突破,整体竞争力明显增强,优势行业形成全球创新引领能力,全面实现工业化。

3) 新中国成立一百年时,制造业大国地位更加巩固,综合实力进入世界制造强国前列。制造业主要领域具有创新引领能力和明显竞争优势,建成全球领先的技术体系和产业体系。

(二) 第二产业专业设置与产业适应性

改革开放后的第一个十年,中国制造业逐渐复苏。1988~1997 年,随着国家政策的推进,沿海地区的开放程度逐渐提高,尤其是 1992 年国家提出建立社会主义市场经济体制,在市场经济的浪潮下,国家充分鼓励民营经济的发展,民营企业逐渐崛起。在这个十年里,各地开始大力兴建各类工业园区,巨大的中国市场吸引了大批外国制造企业进入中国,中国开始有了外资、合资和合作企业,中国的低成本后发优势逐渐显露,国际贸易额开始节节攀升,国内市场逐渐繁荣。在这一时期,经济特区的建设、海南的发展、股市的建立、商品房的出现等,使得中国基本完成了从计划经济向市场经济的转型,而中国市场也逐渐由供不应求转向供大于求。伴随着民营经济的崛起和外资制造业进入中国,中国沿海地区的制造业得到了迅速发展。

1998~2007 年,中国制造业融入世界,"中国制造"闻名全球。在这十年当中,外资进入中国的趋势随着改革开放的深入而逐渐增多,尤其是中国 2001 年加入世界贸易组织(WTO)之后,在中国积极引进外资的政策吸引,以及全球制造企业降低制造成本并占领中国及亚太市场的战略推动下,大量外资涌进中国,形成了数以万计的外资与合资制造企业,以及台资、港资制造企业。1997 年香港回归和 1999 年澳门回归,使内地与香港和澳门的合作更加深入。中国在基础建设方面的投入飞速增长,覆盖全国的高速公路网络全面建设,铁路一次又一次地大提速,航空载客量和货运量增长迅速,无线通信的发展突飞猛进。中国的城市化进程也呈现出蓬勃发展的趋势,中国的城市已成为全球最大的工地,建筑业的发展也带动了对制造业产品的需求。农民工像潮水一般涌向沿海地区,支撑了民营制造企业,尤其是外向型企业的发展。汽车也迅速进入中国家庭。在 2003 年之后,整个中国制造业进入新一轮迅速发展期。尤其是中国的船舶、机床、汽车、工程机械、电子与通信等产业发展迅速,进而又带动了对重型机械、模具,以及钢铁等原材料需求的海量增长,从而带动了整个制造业产业链的发展。从表 5-3 不难看出,2003~2008 年我国中等职业学校加工制造类专业在校生的比例不断提高。2008年加工制造类专业在校生的比例比2003年提高了8个多百分点。

表5-3 2003~2009年中等职业学校第二产业专业在校生变化情况

年份	第二产业专业所占比例/%	第二产业在校生/人	资源与环境类专业在校生比例/%	能源类专业在校生比例/%	土木水利工程类专业在校生比例/%	加工制造类专业在校生比例/%
2003	15.99	1 701 155	3.25	3.89	14.58	78.29
2004	19.27	2 263 810	2.57	3.83	12.75	80.86
2005	22.76	3 014 672	2.79	3.45	10.69	83.07
2006	25.85	3 849 012	2.95	3.04	9.61	84.41
2007	28.27	4 579 035	2.74	2.62	8.75	85.89
2008	29.17	4 923 923	2.68	2.52	8.44	86.36
2009	26.93	4 792 517	2.73	2.60	9.75	84.91

资料来源：依据《中国教育统计年鉴》相关年份数据计算

经过三十年的发展，中国制造业已经建立了雄厚的基础，不论是国有企业、民营企业，还是外资、合资企业都取得了长足的发展。制造业增加值占中国GDP的40%以上，地位举足轻重。到2007年，中国制造业增速已经连续20年居全球之首。2006年，中国制造业有172类产品的产量居世界第一位；制造业的增加值达到10 956亿美元。

2008年国际金融危机爆发之后，随着人民币的升值，新劳动法的颁布实施，原材料价格上涨，中国调整出口退税政策，欧美等国购买力下降，以及国际贸易保护主义抬头等，成千上万的中国出口导向型制造企业受到较大的影响，而出口不畅又迅速影响到上游企业。制造业比例的下降使职业学校招生数量减少，从表5-3和表5-4不难看出，2003~2008年我国中等职业学校加工制造类专业在校生的比例不断提高，但从2009年开始逐渐降低。例如，中国纺织业遭遇困境，致使纺织机械、缝制机械等行业的订单大幅减少，而这些因素又使机床等行业的订单出现下降趋势，中国制造业的成本优势在下降，加工制造类专业在校生占第二产业专业在校生人数的比例从2008年的86.36%下降到2017年的72.56%，下降了近14个百分点。

表5-4 2010~2017年中等职业学校第二产业专业在校生变化情况

年份	第二产业专业所占比例/%	第二产业在校生/人	资源环境类专业在校生比例/%	能源与新能源类专业在校生比例/%	土木水利类专业在校生比例/%	加工制造类专业在校生比例/%	石油化工类专业在校生比例/%	轻纺食品类专业在校生比例/%
2010	25.41	4 615 640	2.54	2.17	11.19	73.90	3.26	6.95
2011	23.20	4 118 158	2.63	2.21	14.31	72.60	3.12	5.13
2012	22.29	3 766 202	2.87	2.14	16.25	70.59	3.16	4.98
2013	21.21	3 258 497	2.09	—	19.15	70.79	3.30	4.67
2014	20.68	2 928 230	1.95	—	20.95	69.72	3.07	4.31

续表

年份	第二产业专业所占比例/%	第二产业在校生/人	资源环境类专业在校生比例/%	能源与新能源类专业在校生比例%	土木水利类专业在校生比例/%	加工制造类专业在校生比例/%	石油化工类专业在校生比例/%	轻纺食品类专业在校生比例/%
2015	19.49	2 601 928	1.78	—	21.42	71.34	2.86	4.38
2016	18.23	2 325 767	1.78	—	20.28	71.15	2.37	4.43
2017	16.94	2 124 209	1.63	—	19.22	72.56	2.29	4.31

资料来源：依据《中国教育统计年鉴》相关年份数据计算

从表 5-5 不难看出，近些年我国制造业增加值在第二产业中的比例处于稳中有降，但在第二产业就业的人数比例近几年才开始有所下降，且下降趋势较平稳，这主要是由于我国一些制造业向中、西部地区转移，一些劳动密集型的产业仍然占据主导地位。

表 5-5 第二产业专业设置比例与增加值占 GDP 比例、就业人数比例对比表　　单位：%

年份	专业设置比例	增加值占 GDP 比例	就业人数比例
2003	15.99	45.97	21.6
2004	19.27	46.23	22.5
2005	22.76	46.90	23.8
2006	25.85	47.40	25.2
2007	28.27	46.70	26.8
2008	29.17	46.80	27.2
2009	26.93	45.70	27.8
2010	25.41	46.20	28.7
2011	23.20	46.10	29.5
2012	22.29	45.00	30.3
2013	21.21	43.70	30.1
2014	20.68	42.60	29.9
2015	19.49	41.10	29.3
2016	18.23	40.10	28.8
2017	16.94	40.50	28.1

资料来源：依据《中国教育统计年鉴》和《中国统计年鉴》相关年份数据计算

三、生产性服务业与职业教育专业调整

世界各国发展的普遍规律显示，在居民低收入水平时服务业比例已经较高，或高于工业；随着收入水平向中等水平提高，服务业比例可能会略微下降，但比例基本不变；当收入水平再向高水平上升时，服务业比例又重新上升。说明服务业和以人均 GDP 或 GNI(国民总收入)为代表的经济增长水平之间存在的只是一种宽泛的阶段性关系，即总体来说，随着经济增长和收入水平的提升，服务业发展的总体趋势是上升的，但却不是单纯的直线上升。不同经济增长水平下的服务业结构水平只是存在着一些较为宽泛的区间特征。

随着经济的发展,服务业的功能和结构也在发生变化,服务业的主导发展次序是:生活型(消费型)服务业—生产型服务业—社会服务业。也可以更为具体地表示为:个人服务和家庭服务—交通通信及公共设施—商业、金融和保险业—企业生产者服务—休闲性服务业—社会公共或集体服务业。这些服务业又活跃于社会的不同发展阶段中。可见,随着经济社会的发展,服务业不仅总量和比例在增加,而且服务业的内涵和外延也在不断丰富。[①]服务业内部结构的发展阶段如表5-6所示。

表5-6 服务业内部结构的发展阶段

社会	主导活动	服务业特征
农业社会	农业	传统的个人及家庭服务和商业
工业化社会	商品生产	与商品生产有关的生产性服务——具现代意义的各种生产型和消费型服务
后工业化社会	服务	现代生产性服务——知识型服务和公共服务

(一)服务业分类

为了有效地研究服务业,许多学者或国家(地区)对服务业进行了分类。

1．M.A.Katouzian的归类方法

M.A.Katouzian(1970)将服务业归为三类:传统服务业(oldservice)、新兴服务业(newservice)与补充性服务业(complementaryservice)[②]。

1)传统服务业是指工业化之前即处于繁荣期的服务业,其重要性及对经济增长的贡献伴随着工业化进程的深入而下降,这类服务业主要指家庭与个人服务。

2)新兴服务业是指工业化后期—工业产品大规模消费阶段以后出现的加速增长的服务业,包括现代教育、现代医疗服务、娱乐业等。

3)补充性服务业与生产的迂回化进程密切相关,即这类服务业的发展与伴随工业化进程深化而产生的中间需求的增长关联性很强,而且这类服务业的发展与国内、国际市场一体化和城镇化也有较大关联。这类服务业包括金融、交通、通信和商业等。

M.A.Katouzian的归类方法是根据服务业的不同发展时期与不同性质将服务业大致分成三类,在服务业的归类方面具有一定的借鉴意义,但服务业的类别名称有待商榷,如补充性服务,该名称有损此类服务业在产业中的地位,容易给人造成错觉——该类服务业在产业中地位不高、对经济发展的作用有限。

2．辛格曼的归类方法

辛格曼(1978)将服务业分为四大类:流通服务、生产者服务、社会服务和个人

---

① 郑凯捷. 分工与产业结构发展——从制造经济到服务经济[D]. 上海:复旦大学博士学位论文,2006:38-39.
② 邓于军. 第三产业结构演变趋势研究[D]. 广州:华南师范大学博士学位论文,2004:21.

服务[①](表 5-7)。需要指出的是,生产者服务是现代企业经济发展过程中的一个显著特征,它是为生产过程的经营或商务服务的活动,可以直接计入生产服务业内部,是狭义概念上的生产服务,称为生产者服务(producer service),有时又称企业服务、经营服务(business service)或商务服务,是一种企业对企业的服务,如咨询、法律和会计服务等。

表 5-7　辛格曼服务业归类法

服务业类别	主要行业
流通服务	交通、仓储业 通信业、批发业 零售业 广告业及其他销售服务
生产者服务	银行、信托及金融业 保险业、房地产 工程和建筑服务业 会计和出版业、法律服务 其他营业服务
社会服务	医疗和保健业 教育 福利和宗教服务 政府、邮政 非营利机构 其他社会社团个人服务
个人服务	家庭服务 旅馆饮食业 修理服务 娱乐休闲 其他个人服务

生产者服务就是提供给生产者而非消费者的服务,因而支撑制造业发展是其重要的内涵。按照加拿大学者格鲁伯和沃克(1989)的定义,生产者服务与直接满足最终需求的消费者服务(consume service)相对,就是"那些为其他商品和服务的生产者用作中间投入的服务"。由于作为商品和服务生产过程中的投入而发挥中间功能,因而随着商品生产链的拉长,在经济服务化趋势日益明显、知识经济日趋增强的今天,生产者服务越来越成为现代经济增长的基本动力来源和主导性力量。[②]

3. Herbert G.Grubel 和 Miehae A.Walker 的归类方法

Herbert G.Grubel 和 Miehae A.Walker(1988)将服务归为三类:消费者服务、政府服务、生产者服务[③]。消费者服务是指用于最终消费支出的消耗性服务,如餐饮、娱乐、个人及家庭服务等。政府服务是指发生在公共教育、医疗、福利、国防、司

---

① 晁钢令. 服务业分类统计核算研究[J]. 科学发展,2010(10):33-51.
② 高传胜,刘志彪. 生产者服务与长三角制造业集聚和发展——理论、实证与潜力分析[J]. 上海经济研究,2005(8):36.
③ 邓于军. 第三产业结构演变趋势研究[D]. 广州:华南师范大学博士学位论文,2004:22-23.

法及其他政府系统的消耗性服务。生产者服务也称为中间投入服务，它不是被消费者所购买或被政府提供的服务，而是包括会计、金融、广告、保安、仓储等内容的专业服务、企业服务。这种归类方法按服务的不同性质将服务归成三类，思路较为清晰，具有一定的借鉴意义。但也存在一定问题，例如，将商贸等服务完全归为消费者服务或生产者服务都不合适，如果将商贸等服务按照批发贸易、零售贸易进行具体拆分、分别归类，又往往因为统计数据的欠缺而缺乏准确性。

4．中华人民共和国国家统计局的归类方法

我国对三次产业的划分始于1985年，当时为了适应进行国民生产总值统计的需要，国家统计局向国务院提出了《关于建立第三产业统计的报告》，报告中首次规定了我国三次产业的划分范围。国务院办公厅转发了国家统计局的报告（国办发〔1985〕029号）。1985年国家统计局将第三产业划分为4个层次：①流通部门，包括交通运输业、邮电通信业、商业饮食业、物质供销和仓储业等；②为生产和生活服务的部门，包括金融保险业、地质普查业、信息咨询业、技术服务业、房地产业、公用事业、居民服务业、旅游业等；③为提高科学文化水平和居民素质服务的部门，包括教育、文化、广播电视事业、科学研究事业、卫生、体育和社会福利事业等；④为社会公共需要服务的部门，包括国家机关、政党机关、社会团体，以及军队和警察。

2003年5月20日，国家统计局公布了新制定的《三次产业划分规定》（国统字〔2003〕14号），对原先三次产业的划分范围进行了调整：①将农、林、牧、渔服务业从第三产业划归到第一产业；②在第一产业中不再保留"副业"；③不再对第三产业划分层次。2012年国家统计局再次修订并公布《三次产业划分规定》（国统字〔2012〕108号），修订后的第三产业由15个门类和3个大类组成，15个门类分别是：批发和零售业，交通运输、仓储和邮政业，住宿和餐饮业，信息传输、软件和信息技术服务业，金融业，房地产业，租赁和商务服务业，科学研究、技术服务业，水利、环境和公共设施管理业，居民服务、修理和其他服务业，教育，卫生和社会工作，文化、体育和娱乐业，公共管理、社会保障和社会组织，国际组织。为了规范三次产业的口径、范围，推动我国服务业发展，此次修订明确提出第三产业就是服务业，并将A门类"农、林、牧、渔业"中的"05农、林、牧、渔服务业"，B门类"采矿业"中的"11开采辅助活动"，C门类"制造业"中的"43金属制品、机械和设备修理业"三个大类一并调入第三产业。

(二)第三产业成为经济发展的重要推动力

"十五"期间，我国服务业增加值占GDP比例呈下降趋势，由2002年的41.7%降为2005年的39.5%，这一比例不仅低于发达国家70%左右的平均水平和世界60%左右的平均水平，而且低于大部分发展中国家48%的平均水平。许多发达国家生产性服务业的比例不断提高，1970~2000年，美国创造了7600万个就业岗位，其中，有 7060 万个就业岗位是由服务方面的工作所创造的,约占总数的 93%。程大中的研究说明,13 个 OECD 经济体的服务投入(即生产性服务)占国民总产出的比例平均为 21.7%,但中国的相应比例仅为 12.2%。[①]我国"两高一低"(高能耗、高污染和低附加值)的工业化模式已经难以为继,面对资源环境的压力,大力发展生产性服务业是改变我国单纯依靠物质投入、以消耗资源和污染环境为代价的粗放经济发展方式的必然要求。专家们认为,中国第三产业严重落后的原因有三个方面:①研发、物流等生产性服务业发展滞后;②现代中介行业发展滞后,会计、审计、法律、价格评估、招标投标等市场中介服务组织的规模和效率没有得到真正提升;③社区服务业发展滞后。

2007 年 3 月 19 日国务院颁布了《关于加快发展服务业的若干意见》(国发〔2007〕7 号),该文件指出,到 2020 年,基本实现经济结构向以服务经济为主的转变,服务业增加值占国内生产总值的比例超过 50%,服务业结构显著优化,就业容量显著增加,公共服务均等化程度显著提高,市场竞争力显著增强,总体发展水平基本与全面建设小康社会的要求相适应。为此,发展服务业的重点主要集中在以下三个方面。①大力发展面向生产的服务业,促进现代制造业与服务业有机融合、互动发展。优先发展运输业,提升物流的专业化、社会化服务水平,大力发展第三方物流;积极发展信息服务业,加快发展软件业;有序发展金融服务业,健全金融市场体系;大力发展科技服务业,充分发挥科技对服务业发展的支撑和引领作用;规范发展法律咨询、会计审计、工程咨询、认证认可、信用评估、广告会展等商务服务业;提升改造商贸流通业,推广连锁经营、特许经营等现代经营方式和新型业态等。②大力发展面向民生的服务业,积极拓展新型服务领域,不断培育形成服务业新的增长点。③积极发展农村服务业,围绕农业生产的产前、产中、产后服务,加快构建和完善以生产销售服务、科技服务、信息服务和金融服务为主体的农村社会化服务体系。

第三产业的发展壮大,是改革开放以来中国产业结构不断优化的最鲜明的特征。1978~2017 年,中国第三产业增加值年均实际增长 10.5%,高出同期 GDP 的增速(9.6%)0.9 个百分点。2013 年中国第三产业增加值首次超过第二产业。2017 年我国第一产业增加值是 65468 亿元,第二产业为 334623 亿元,第三产业为 427032 亿元,三次产业结构比为 7.9∶40.5∶51.6。工业化国家的历史证明,这些国家在工业化完成时期,产业结构无一例外地会呈现出"三>二>一"的结构态势,即经济发展到一定程度之后,第三产业规模超过第二产业,第二产业又超过第一产业。第三产业成为拉动地区经济的主导力量。原国家工商总局数据显示,2013 年上半年中国第三产

[①] 刘书瀚,贾根良,刘小军. 出口导向型经济:我国生产性服务业落后的根源与对策[J]. 经济社会体制比较, 2011(3):138-145.

业企业首次突破 1000 万户，占全国企业总数的 71.94%。与大量消耗资源、严重污染环境、资本密集型的第二产业特别是重化工业相比，第三产业更加"绿色轻盈"，对资源环境更加友好，吸纳就业人数更多。

(三)第三产业专业设置与产业适应性

伴随着我国综合经济实力的增强和经济总量的不断扩大，第三产业向纵深发展，从表 5-8 不难看出，第三产业增加值总量在不断扩大，就业人数也不断增多，第三产业专业设置比例先下降后趋于稳定。从表 5-9 和表 5-10 可以看出，第三产业内部的专业结构变化存在不一致性，交通运输类、医药卫生类、教育类比例近几年增加较快：交通运输类增加速度比较快，其比例从 2003 年的 3.22%增加到 2013 年的 11.03%，提高了近 8 个百分点，这主要是由于我国居民汽车拥有量不断增多，汽车维修行业迅猛发展；医药卫生类比例的增多主要是由于我国逐步进入老龄化社会。根据联合国人口发展基金会的统计数据，2012 年全世界 60 岁以上的人口已达到 8.1 亿人，占全世界总人口的 11%，人口老龄化已成为一个世界性问题，我国更为严重。国家统计数据表明，2017 年我国 60 岁及以上人口已达到 2.41 亿，占总人口的 17.3%，其中，65 岁及以上者达到 1.58 亿人，约占总人口的 11.4%。为了应对老龄化社会的到来，2013 年 9 月 6 日国务院印发了《关于加快发展养老服务业的若干意见》(国发〔2013〕35 号)，2014 年 6 月 10 日教育部等九部门印发了《关于加快推进养老服务业人才培养的意见》(教职成〔2014〕5 号)，2015 年 1 月 13 日教育部办公厅、民政部办公厅、国家卫生计生委办公厅联合印发了《关于遴选全国职业院校养老服务类示范专业点的通知》(教职成厅函〔2014〕50 号)等，在国家政策的指引下，近年来职业院校通过多种途径积极兴办养老服务专业或开展培训工作。2013 年，全国共有 155 所职业院校依托养老机构、医院和企业等单位建立了教学、培训、职业技能鉴定和老年护理服务培训基地 500 个左右。2014 年，全国开设老年服务与管理专业的高职院校有 63 所，招生 3890 人，比 2013 年增长 230%。

表 5-8 第三产业专业在校生、专业设置比例、增加值占 GDP 比例、就业人数比例对比表

年份	第三产业专业在校生/人	第三产业专业设置比例/%	第三产业增加值占 GDP 比例/%	第三产业就业人数比例/%
2003	8 400 519	78.98	41.23	29.3
2004	8 951 405	76.20	40.38	30.6
2005	9 702 443	73.24	41.40	31.4
2006	10 468 794	70.30	41.90	32.2
2007	11 030 499	68.10	42.90	32.4
2008	11 309 567	66.99	42.90	33.2
2009	11 825 232	66.44	44.40	34.1
2010	11 603 556	63.88	44.20	34.6
2011	11 371 315	64.07	44.30	35.7

续表

年份	第三产业专业在校生/人	第三产业专业设置比例/%	第三产业增加值占GDP比例/%	第三产业就业人数比例/%
2012	10 944 039	64.76	45.50	36.1
2013	10 292 219	66.99	46.90	38.5
2014	9 842 637	69.59	48.20	40.6
2015	9 609 988	71.97	50.50	42.4
2016	9 506 871	74.51	51.80	43.5
2017	9 603 580	76.57	51.90	44.9

资料来源：依据《中国教育统计年鉴》和《中国统计年鉴》相关年份数据计算

表5-9　2003～2009年中等职业学校(机构)第三产业专业在校生比例　　单位：%

年份	交通运输类	信息技术类	医药卫生类	商贸与旅游类	财经类	文化艺术与体育类	社会公共事物类	师范类	其他
2003	3.22	32.33	12.88	12.18	9.37	8.15	4.98	8.93	7.97
2004	3.63	33.08	12.39	12.53	8.94	8.20	4.55	8.19	8.49
2005	4.06	33.78	12.64	12.29	8.76	8.02	4.09	7.20	9.15
2006	4.51	34.31	12.69	12.25	8.71	7.84	3.93	6.48	9.26
2007	4.72	35.65	12.44	12.30	8.79	8.14	3.80	6.26	7.90
2008	5.53	36.42	12.76	12.84	9.05	8.35	3.67	6.17	5.21
2009	6.29	35.03	13.51	13.38	8.85	8.35	3.45	6.65	4.50

资料来源：依据《中国教育统计年鉴》相关年份数据计算

表5-10　2010～2017年中等职业学校(机构)第三产业专业在校生比例　　单位：%

年份	交通运输类	信息技术类	医药卫生类	休闲保健类	财经商贸类	旅游服务类	文化艺术类	体育与健身类	教育类	司法服务类	公共管理与服务类	其他
2010	7.95	32.38	14.51	0.61	16.70	6.53	8.11	1.04	7.41	0.71	2.28	1.75
2011	8.89	30.08	14.52	0.79	16.43	6.43	7.40	1.09	9.83	0.69	1.97	1.87
2012	9.90	27.21	14.07	0.77	16.82	6.67	7.26	1.17	12.05	0.64	1.80	1.64
2013	11.03	25.17	14.29	0.80	16.26	6.70	7.27	1.18	13.57	0.61	1.75	1.36
2014	12.51	23.29	14.89	0.83	15.96	6.85	7.08	1.21	13.89	0.55	1.49	1.47
2015	14.00	22.30	14.58	0.89	16.07	6.83	7.08	1.29	13.66	0.48	1.47	1.35
2016	14.86	21.72	14.10	0.90	15.95	7.09	7.14	1.32	13.87	0.51	1.41	1.12
2017	14.97	21.86	13.39	0.94	15.66	7.39	7.44	1.43	14.02	0.52	1.35	1.03

资料来源：依据《中国教育统计年鉴》相关年份数据计算

2010年11月21日国务院印发了《关于当前发展学前教育的若干意见》(国发〔2010〕41号)，提出把发展学前教育摆在更加重要的位置，多种途径加强幼儿教师队伍建设，"办好中等幼儿师范学校"。为此，2010年以来中等职业学校学前教育专业取得了长足的发展。休闲保健类、体育和健身类等新兴的专业也表现出一定的发展趋势。

随着科技的进步和社会的发展，一些专业的人才培养层次需要提高，例如，随着计算机的普及，尤其是在"两化"融合、"互联网+"的背景下，中等层次计算机人才的社会适应面越来越小,近几年来信息技术类专业的比例下降较多(下降了十多个百分点)。由于一些第三产业专业对人员的素质要求较高,如文化艺术类、司法服务类、公共管理和服务类等,这些专业的比例也在逐年下降。

2011年以来,我国中等职业学校招生人数出现了较大幅度下降,但第三产业领域的专业下降幅度较小,有的专业比例非但没有下降,反而在增加,说明第三产业专业的吸引力高于第一、第二产业,也可能与近些年来第三产业发展较快有关,2013年与2003年相比,第三产业增加值占GDP的比例提高了5个多百分点,就业比例提高了9个百分点。在第三产业快速发展的背景下,中等职业学校第三产业专业比例应该相应提高,但实际上第三产业专业的比例却在下降,充分说明当前我国中等职业学校第三产业专业比例高,不是第三产业发展的需要,而是由于第三产业办学成本低的原因。第三产业专业占比从2003年的78.98%下降到2010年的63.88%,下降了15.1个百分点。随着国际金融危机对制造业出口的影响,以及国家出台扶持第三产业发展的政策等,从2011年开始中等职业学校设置的第三产业专业比例开始不断增加。

第二节 消费、投资与职业教育专业调整

一、消费

(一)我国经济发展由出口导向转为消费导向

从支出的角度,一国经济(GDP)由三个部分构成,俗称"三驾马车":消费、投资、净出口。近些年来,在拉动经济增长的这"三驾马车"当中,中国一直是投资和出口发展较快,而消费发展较慢。2009年我国私人消费总额占GDP的比例为35.4%、政府消费占13.3%、投资占42.3%、出口占38.8%、进口扣除GDP 29.9%;日本私人消费占GDP的比例为56.3%、政府消费占17.9%、投资占24.1%、出口占17.6%、进口扣除GDP 15.9%;美国私人消费占GDP的比例为70.3%、政府消费占19.4%、非政府投资占15.4%、出口占12%、进口扣除GDP 17.2%。

尽管长期以来我国一直强调要改变"重投资、轻消费,重出口、轻内需"的状况,但是效果并不理想。目前我国国内生产总值的对外依存度已经达到66%,外贸依存度由1978年的9.8%上升到2007年的66%,其中,出口依存度由4.6%提高到37.6%,形成了出口导向型经济。所谓出口导向型经济(export-oriented economy)是指以生产出口产品来带动本国经济的发展,净出口占本国GDP较大比例,经济的发展主要由国际市场来推动。

目前我国消费率逐年降低,最终消费率在2007年已经降低到GDP的48.8%,比1978年低了13个百分点,比世界平均水平低了近27个百分点,与此同时,消费

对经济增长的贡献率也从1978年的87.3%降到2007年的42.9%,下降了约44个百分点,并且低于目前世界平均水平33个百分点,加上中国的储蓄率从2002年的40%上升到2007年的50%,提高了10个百分点,使内消费需求不足成为严重制约中国经济发展的一个重大障碍。近年来,随着内需的扩大,最终消费的比例开始提高。

产业结构取决于经济社会的最终消费品结构。经济发展方式从出口导向转变为需求导向,将使我国的产业结构产生重大变化。出口产品的生产是按照国际贸易中的比较优势理论,生产具有比较优势的产品,按照国际市场的需求来进行生产时,生产数量远远超过国内的需求;而国内需求导向是按照国内需求来生产产品,表现为产品的种类增多、数量减少。例如,我国近年来每年制鞋总量约130亿双,占全球制鞋总量的65%,是世界最大的鞋类制造基地,也是世界最大的鞋类出口国和消费国。2011年我国出口鞋类产品数量为102亿双,而国内消费仅为22.57亿双。如果不进行国际贸易,也就是仅生产供国内消费的20多亿双鞋,将生产其他一百亿双鞋的生产力转为生产其他消费品,这会使我国产业结构的内容更加丰富。

(二)消费结构及其变化

消费结构是在一定的社会经济条件下,人们(包括各种不同类型的消费者和社会集团)在消费过程中不同内容、不同形式的消费在消费总体中所占的比例及它们的相互关系。按照消费形式来划分,可以把消费分为实物消费和服务消费。影响消费需求的因素很多,有经济因素,也有非经济因素,概括起来主要有以下几种:商品本身的价格、其他相关商品的价格、消费者的收入水平、消费者对未来的预期、人口数量与结构的变动、政府的消费政策和消费者偏好等。

消费包括政府消费和居民个人消费两部分。总的来看,中国城镇居民消费结构从生存消费向享受型、发展型消费发展。对内需扩张有较大拉动作用的主要有住房、娱乐文教、交通通信消费、家庭设备用品及服务性消费这四大消费支出项。随着经济的快速发展和居民收入水平的不断提高,我国居民的消费不断升级换代,消费热点不断涌现。未来居民消费结构变化的总体趋势是:①居民消费结构将发生根本性变化,即从物质消费为主转变为非物质消费为主;②生存资源消费比例将进一步降低,享受型和发展型消费比例上升;③消费结构的变化越来越体现生活质量阶段的特征,各种高档消费品,如住房、汽车、旅游、教育、网络的有效需求上升,对服务消费的需求和质量要求意识大大提高等。未来我国居民消费的几大热点[①]如下。

1. 住房消费

随着经济的快速发展和收入的快速提高,城市中的中产阶层人数将呈几何增长,成为不可忽视的社会主流消费群体,他们有稳定的高收入和高储蓄,是购买力非常

---

① 苏晖. 未来我国居民消费十大趋势[J]. 时代经贸,2010(1):88-89.

强的群体。未来一段时间，中低收入家庭改善住房条件的需求随着购买力的提高会不断增长；随着城市化进程的加快，新增城镇人口同样需要一个安居场所，可见，平民阶层对住房的需求也是巨大的。

2．汽车消费

随着国内汽车市场的发展，消费者更加重视汽车的整体价值。随着中国汽车产销量达到1300万辆的目标的实现，汽车售后市场与销售市场不匹配的矛盾将更加突出，汽车售后市场将成为汽车消费的巨大金矿。

3．教育消费

随着科学技术的进步和社会生产力的发展，知识更新的速度越来越快，经济的发展要求人们不断提高自身的文化素质，除了对子女的教育消费支出不断增长以外，成人的教育费用也不断提高。教育消费将成为人们消费中经常性的、较长期的热点，未来居民的储蓄将更多地用于教育消费，这不但可以满足人民群众日益增长的教育消费需求，而且还可以促进与教育相关的行业发展，进一步带动图书出版业、计算机教学软件业、信息服务业等相关行业的发展，使教育产业成为扩大内需、拉动经济增长的重要途径。

4．旅游消费

2009年，我国人均GDP已经超过3000美元，按照国际经验，人均国内生产总值达到3000美元时，表明该国居民已进入旅游发展的排浪式消费阶段，目前这种排浪式消费已经开始在中国显现出来。2009年，我国国内旅游人数已经达到近亿人次，且以每年30%的速度递增，国内旅游收入达到数千亿元；全年入境旅游人数达到数千万人次，国际旅游外汇收入也实现了快速增长。旅游不仅大大丰富了广大居民的社会生活，开阔了眼界，增进了友谊和沟通，同时还可以促进不发达地区的经济发展，带动交通、餐饮、文化等各方面的快速发展，成为重要的经济支柱之一。

5．服务消费

快节奏的都市工作与生活，使人们更重视消费的时间成本和精力成本，消费省时间甚至"出钱买时间"的情况在都市消费中屡见不鲜。相对于消费的效益性需求而言，消费的效率性需求将上升，即消费者在关注消费的效用和质量的同时，更关注消费的便捷性和快速性，其典型表现是服务性消费的快速发展。例如，快餐业尤其是送餐业快速发展；家庭劳务社会化成为一种广泛需求。随着经济的发展，社会分工越来越细，家政服务、家庭医生、家庭病房等服务性消费开始走进千家万户。

6．银色消费

2012年我国60周岁及以上人口有19 390万人，占总人口的14.3%，预计到2050年左右，全国每三个人中就有一个老年人。社会老龄化程度的划分标准为：当60

岁以上的人口占总人口的 10%～19%时为轻度老龄化，20%～29%为中度老龄化，30%及以上则为重度老龄化。由于计划生育政策和人口预期寿命延长的双重作用，我国人口老龄化的发展趋势越来越快。老年群体的生理和心理特征，决定了他们特有的消费模式，从而对整个社会的消费结构产生影响。

(1) 医疗保健需求旺盛

老年人口数量的增加使对医疗保健的需求增加，特别是慢性病患者的增多，使对医疗服务的需求上升。针对老年人的医疗保健用品市场将会有更大的发展。一些方便老年人治病的医疗方式，如开设家庭病床、送药上门、组建传呼医疗队等，也将大有发展前途。

(2) 社区养老服务大有可为

随着家庭结构的变化、家庭规模微型化的发展，城市核心家庭在家庭总数中所占的比例上升，导致家庭养老功能弱化，居民对于社区养老服务的需求越来越迫切。

7．信息消费

家庭信息化是信息消费的重要方面。在信息化社会中，人们可以坐在家里处理经济合同或其他公务，使过分集中的企业、机构分散化。多媒体终端结合了电话、电视、计算机和摄像机的多种功能，构成一个"家庭信息中心"，人们可以通过这个中心获得各类信息，如新闻、娱乐、旅游、交通、购物、教育服务等。人们还可以阅读电子报纸，通过各种社交软件与世界各地的人们进行信息交流和分享，这种全新的、现代化的生活与交往方式，将彻底改变社会的消费结构。

8．租赁消费

大城市的积聚效应和规模效应吸引了越来越多的外来人口。大量流动人口的存在，将加速与流动性消费相适应的租赁业和二手市场的发展。大城市的流动人口大体上可以分为两个部分：①临时过往人员，其中，包括从事商务活动的人员及旅游观光人员；②长期滞留人员，主要是指在城市内从事一定工作的非户籍人员，其中，包括通过招聘而来的国内外高级知识人员和大批从农村及贫困地区进城的务工人员。

9．绿色消费

在我国，绿色消费被中国消费者协会确定为2008年以后的长时期的消费主体，这也是新世纪的主题。我国2008年(绿色消费年)所倡导的绿色消费，是指在消费中不仅要满足我们这一代人的消费需求及安全、健康的要求，而且要满足子孙后代的消费需求和安全、健康的要求。绿色消费是社会经济发展到一定历史阶段的必然产物。随着居民收入水平和消费水平的不断提高，以及世界绿色消费大潮的影响，居民的绿色消费意识日益增强，"绿色食品""绿色家电"甚至"绿色汽车""绿色住房"等纷纷出现并受到消费者的青睐。

消费需求对职业院校专业设置的影响表现在两个方面：①随着人民生活水平的提高，消费需求越来越呈现出多样化的特点，职业院校专业设置也要多样化，才能比较好地满足多样化的消费需求；②把握住消费需求变化的新特点（如上文所述的9种新的消费需求）才能更好地适应社会需求。例如，随着老龄化社会的到来，对社区服务和医疗、护理服务的需求将变大，这就需要职业学校培养和培训相关专业的人员，满足这样的需求需要增加投资，因此，还会拉动相关产业的发展。如2019年中等职业学校新增设的46个专业中，有智能养老服务和旅游服务等相关专业。总体而言，了解消费需求是正确设置专业的一个重要前提。出口实际上也是一种需求（属于国外需求），经济发展战略由出口导向转为国内需求导向，是当前我国消费需求的重要变化。

二、投资

(一) 两大部类生产与迂回生产

1．两大部类生产

马克思关于两大部类生产的理论是在揭示资本主义社会总资本再生产问题时提出来的，该理论把社会物质生产的商品总量划分为生产资料和消费资料两大部分。

(1) 生产资料

生产资料（means of production），也称为生产手段，是马克思主义理论家认定的生产力三要素之一，定义为劳动者进行生产时所需要使用的资源或工具，一般可包括土地、厂房、机器设备、工具、原料等。生产资料是生产过程中劳动资料和劳动对象的总和，它是任何社会进行物质生产所必备的物质条件。生产资料是生产力中的物质因素，在任何社会生产中，人们总是借助生产资料，通过自己的劳动生产出劳动产品。在生产资料中，生产工具起决定性作用，生产工具的发展水平，决定了人类征服、改造自然的广度和深度。

(2) 消费资料

消费资料，也称生活资料或消费品，指用来满足人们物质和文化生活需要的那部分社会产品。消费资料按满足人们需求的层次可分为生存资料（如衣、食、住、用方面的基本消费品）、发展资料（如用于发展体力、智力的体育、文化用品等）、享受资料（如高级营养品、华丽服饰、艺术珍藏品等）。

社会总产品的实物形态是由生产资料和消费资料两大类构成的，与此相适应，社会生产便分为两大部类：一类是制造生产资料的部类，又称为第一部类；另一类是制造消费资料的部类，又称为第二部类。资本主义社会总产品的实物构成和价值构成，以及社会生产两大部类的原理，是马克思再生产理论中的基本原理，是考察社会资本再生产的理论前提。马克思首先发现生产资料优先增长，即第一部类生产比第二部类生产增长快的现象，列宁则将马克思这一思想和资本有机构成的理论及再生产理论相结合,在《再论市场问题》中提出了在技术进步的条件下生产资料优先增长的规律,他指出,在扩大再生产过程中,"增长最快的是制造生产资料的生产资料,其次是制造消费资料的生产资料,最慢的是消费资料生产。"

2. 迂回生产

西方一些经济学家提出了与马克思和列宁相似的观点。庞巴维克1889年提出迂回生产理论,他认为在生产中使用土地和劳动时,如果不把它们直接用于最终目的的消费资料的生产,而是先投于只有间接作用的中间生产物,即生产资料的生产,使最终消费资料的生产迂回地来实现,将会更便利。所谓迂回生产(roundabout production),就是指先生产生产资料(或称资本品),然后用这些生产资料去生产消费品。迂回生产理论认为先制造生产工具再生产产品的迂回生产办法,更有利于提高劳动生产率。因此,生产工具和资本品的制造行业的出现和发展也就成为分工深化的必然要求。迂回生产提高了生产效率,而且迂回生产的过程越长,生产效率越高,这种生产方式使专用的生产资料越来越多,资产的专用性越来越强,从而加速了资本的投入,在现实的经济生活中表现为人均资本的增加。正如美国经济学家萨穆尔森所言,美国等发达工业经济大量使用建筑物、机器和计算机等,这些生产要素称为资本,本身就是由经济过程产出的耐用的投入品。资本在本质上意味着耗费的时间和间接的生产手段。例如,捕鱼最直接的方法是下河用手抓,但往往不会抓到很多,这让人很沮丧;而使用钓鱼竿(属资本设备)时,相同时间内的捕鱼效率就可能会提高;若使用更多的资本品,如渔网和渔船,则捕鱼的效率会大幅度提高,可以满足更多人的消费。

迂回生产的本意是使用人造的工具或机器,采用间接生产的过程,提高生产率,拉长产业链,从而使分工过程进一步发展,因此,迂回生产的经济实质上就是一种分工环节不断细化和深化、中间产品不断复杂化的过程。正如杨格所认为的,经济发展过程本身就是在初始生产要素与最终产品消费者之间插入越来越多的生产工具、中间产品、知识的专门化等生产部门,使分工变得越来越细;反过来,分工的作用也就在于为了造成越来越迂回、越来越间接的生产方式,从而不断把先进的生产方法引入到生产过程中来,其结果是生产率的大幅度提高。[①]迂回生产包括两个方面:①密集地使用资本货物的生产;②由于资本代替劳动,产业链将越来越长,分工就变得越来越细密。由于生产过程中日益大量使用机器设备等资本货物,大量的劳动者就从直接生产过程中被解放出来,转而从事为制造和加工提供服务的活动,同时,由于迂回生产过程所导致的产业分工活动的激增,为以中间需求为表现形态的生产性服务业的大发展提供了条件。

迂回生产理论说明,随着经济社会的发展,产业的链条不断衍生,新的职业和岗位不断产生,职业院校专业设置不断细化,面向生产资料生产的专业比例不断提

---

① 贾根良. 劳动分工、制度变迁与经济发展[M]. 天津:南开大学出版社,1999:23.

高，面向消费资料生产的专业比例不断降低。最为明显的是第一产业中的农林牧渔业专业的比例不断下降，这说明为了提高农业的生产效率，许多产业从农业中分离出来，形成了独立的产业，例如，种业、农业机械工业、化肥工业、农药工业、饲料工业、农产品加工业、农产品物流业，以及这些产业所需的生产资料生产。同时，为了发展农业而产生了一些新的行业或产业，如银行业、信息服务业、决策咨询业、农产品期货市场等，说明现代农业绝不仅仅是传统的种植（养殖）业，而是一个包括产前、产中、产后和贸工农一体化的庞大产业，而且产业链条越长，农业的现代化水平越高。因此，我国出台了涉农专业免学费政策，涉及21类专业：种植、农艺、园艺、桑蚕、养殖、畜牧兽医、水产养殖、野生动物保护、农副产品加工、棉花检验加工与经营、林业、园林、木材加工、林产品加工、森林资源与林政管理、森林采运工程、农村经济管理、农业机械化、航海捕捞，以及能源类的农村能源开发与利用专业、土木水利工程类的农业水利技术专业。这项政策充分体现了现代农业的理念。

(二) 投资结构

投资结构（investment structure）是指在一定时期的投资总量中，各要素的构成及其数量比例关系，它是经济结构中的一个重要的方面。

从总体上讲，在国民经济方面，要处理好农业、工业、交通与通信业、商业、金融业及其他服务业的资金分配关系。投资结构分为基本建设投资和更新改造投资。在基本建设投资中，又分为新建和改扩建，即外延式扩大再生产投资和内涵式扩大再生产投资等。投资结构可以从不同侧面进行分类，如投资产业结构，是指投资资金在三大产业之间分配的数量比例关系；投资用途结构，是指用于国民经济各部门、各行业及社会各方面的投资比例关系。

新中国成立以后，由于我国工业发展严重滞后，因此，实施了以重工业为重点的发展战略，致使我国农业、轻工业、重工业比例出现了严重失调。1979年国家提出优先发展轻工业和农业，投资的部门结构由向生产资料生产部门倾斜转为向生活资料生产部门倾斜，把农业放在重要的战略地位。从表5-11不难看出，体制改革以前，我国的投资主要集中在重工业领域，农业和轻工业投资的比例较低。

表5-11 农业、轻工业、重工业基本建设投资比例　　　　单位：%

时期	农业	轻工业	重工业
"一五"时期	7.1	6.4	36.1
"二五"时期	11.3	6.4	54.0
1963~1965年	17.7	3.9	45.9
"三五"时期	10.7	4.4	51.1
"四五"时期	9.8	5.8	49.6
1978年	10.6	5.8	48.7

注：本表投资按国民经济部门划分

资料来源：依据《中国统计年鉴1984》相关数据计算

从表 5-12 可以看出，第三产业的投资比例在 1953~1980 年，除"一五"时期（1953~1957 年）由于投资交通通信等基础设施较多而超过 50%，其余时期均低于 50%，其中，"二五"时期（1958~1962 年）仅为 34.9%。而 1981~1985 年，第三产业的投资比例已达 50.4%，第二产业降至 47.3%。1996~2000 年第三产业的投资比例进一步升至 61.0%，第二产业进一步降至 37.3%，同期，在第二产业中轻工业的比例有所上升，重工业的比例有所下降。人民生活水平的改善与国家增加对轻工业和第三产业的投资密不可分。

表 5-12　各个时期三次产业的基本建设投资[①]

时期	投资额/亿元 第一产业	投资额/亿元 第二产业	投资额/亿元 第三产业	占总投资额的比例/% 第一产业	占总投资额的比例/% 第二产业	占总投资额的比例/% 第三产业
1953~1957 年	16.04	271.80	300.64	2.7	46.2	51.1
1958~1962 年	40.96	744.60	420.53	3.4	61.7	34.9
1963~1965 年	31.95	219.09	170.85	7.6	51.9	40.5
1966~1970 年	36.18	558.89	380.96	3.7	57.3	39.0
1971~1975 年	70.45	1 006.54	686.96	4.0	57.1	38.9
1976~1980 年	90.91	275.05	976.21	3.9	54.4	41.7
1981~1985 年	80.12	1 610.14	1 719.83	2.3	47.3	50.4
1986~1990 年	110.13	3 875.56	3 363.39	1.5	52.7	45.8
1991~1995 年	257.93	11 042.75	12 283.62	1.1	46.8	52.1
1996~2000 年	966.12	21 023.89	34 336.87	1.7	37.3	61.0
1979~2000 年	1 461.70	38 107.49	52 183.53	1.6	41.5	56.9
1953~2000 年	1 700.79	40 628.31	54 639.86	1.7	42.5	55.8

从表 5-12 也可看出，我国对第一产业特别是农业的投资比例呈下降趋势。"六五"（1981~1985 年）和"七五"（1986~1990 年）两个时期每年农业基本建设的投资绝对值甚至比 70 年代末还有所减少。"七五"时期，全社会基本建设投资额为 7349.08 亿元，其中，用于农业的投资额为 110.13 亿元，年平均增长速度仅 3.4%，相当于同期全社会投资年平均增长速度（15%）的 1/5。用于农业的投资额占全社会基本建设投资总额的比例由"六五"时期的 2.3%下降至 1.5%。

从表 5-13 可以看出，进入 21 世纪以来，我国对第一产业的投资有增大的趋势，而且第一、第三产业投资额的增长率高于第二产业。但是就绝对值来看，对第一产业的投资额仍然相当低。2008 年国际金融危机爆发，第二产业受出口的影响，其投资比例从 2008 年开始下降，而第三产业的投资比例逐渐增加。三次产业投资比例的变化表明，我国的工业化程度正在深化。

---

① 国家统计局固定资产投资统计司.《中国固定资产投资统计数典》[M]. 北京：中国统计出版社，2002：112.

表 5-13　2003～2017 年三次产业的全社会固定资产投资

年份	投资额/亿元 第一产业	第二产业	第三产业	占总投资额的比例/% 第一产业	第二产业	第三产业
2003	1 652.3	21 351.5	32 560.3	2.97	38.43	58.60
2004	1 890.7	28 740.5	39 844.3	2.68	40.79	56.53
2005	2 323.7	38 836.7	47 613.2	2.62	43.75	53.63
2006	2 749.9	48 479.1	58 769.2	2.50	44.07	53.43
2007	3 403.5	61 153.8	72 766.7	2.48	44.53	52.99
2008	5 064.5	76 961.3	90 802.7	3.00	44.50	52.50
2009	6 894.9	96 250.8	121 453.1	3.07	42.85	54.08
2010	7 923.1	118 102.3	152 096.7	2.85	42.46	54.69
2011	8 757.8	132 476.7	170 250.6	2.81	42.53	54.66
2012	10 996.4	158 262.5	205 435.8	2.93	42.24	54.83
2013	13 478.8	185 660.2	247 155.0	3.02	41.60	55.38
2014	16 573.8	208 519.7	286 927.2	3.24	40.72	56.04
2015	21 042.7	225 020.6	315 936.6	3.74	40.04	56.22
2016	24 853.1	232 645.1	348 967.5	4.10	38.36	57.54
2017	26 708.0	236 564.6	377 965.8	4.17	36.89	58.94

资料来源：依据《中国统计年鉴》相关年份数据计算

通常，人们把专业结构与产业结构和就业结构相比较来反映专业设置的适应性，这具有一定的局限性，原因是现存的产业结构和就业结构只反映存量，并不能反映现实需求，而投资很大程度上反映的是增量，因此，依据投资结构来设置专业，培养的人才能够更好地符合社会需求。从表 5-14 来看，第一产业投资所占比例与其专业设置比例比较接近（2010 年后专业设置比例的增加主要是因为免学费政策的原因）；第三产业的投资比例高于第二产业，这使第三产业的专业设置比例长期高于第二产业，与利用产业结构和就业结构相比，利用投资结构可以更好地解释第三产业专业设置比例高于第二产业的原因。当然，由于三次产业的资本有机构成不同，无论哪一种解释都有一定的局限性。同时，影响专业设置的因素很多，任何单一的因素都不能进行科学的解释，只有综合多种因素才能进行有效解释。

表 5-14　2003～2017 年三次产业中等职业学校专业设置比例与投资比例对比表

年份	专业设置比例/% 第一产业	第二产业	第三产业	投资比例/% 第一产业	第二产业	第三产业
2003	3.89	32.64	63.47	2.97	38.43	58.60
2004	3.35	38.36	58.29	2.68	40.78	56.54
2005	3.20	38.37	58.43	2.62	43.75	53.63
2006	3.30	42.87	53.83	2.50	44.07	53.43
2007	3.58	43.40	53.02	2.48	44.53	52.99
2008	2.86	42.50	54.64	3.00	44.50	52.50

续表

年份	专业设置比例/%			投资比例/%		
	第一产业	第二产业	第三产业	第一产业	第二产业	第三产业
2009	8.63	37.37	54.00	3.07	42.85	54.08
2010	12.69	37.03	50.28	3.15	42.46	54.39
2011	10.50	38.66	50.84	2.81	42.53	54.66
2012	9.55	38.16	52.29	2.93	42.24	54.83
2013	8.07	36.12	55.81	3.02	41.60	55.38
2014	6.28	37.86	55.86	3.24	40.72	56.04
2015	5.60	36.54	57.86	3.74	40.04	56.22
2016	4.89	35.53	59.58	4.10	38.36	57.54
2017	4.66	35.57	59.77	4.17	36.89	58.94

资料来源：依据《中国教育统计年鉴》和《中国统计年鉴》相关年份数据计算

第三节　科技进步与专业结构演变

一、科技进步促进专业发展

科学技术的进步使社会分工不断深化，推动了社会职业演变，进而推动专业及其内涵的变化。科技进步促进专业发展表现在多个方面：一是科技进步提高了劳动生产率，人类生产的产品有了剩余，可以用于交换，为社会分工创造了条件，如农业剩余产品的产生促进了手工业的分离；二是科技进步推动了新产业、新业态、新职业的产生，许多产业和职业就是伴随着科技进步而不断发展变化；三是科技进步使技术变得越来越复杂，职业内涵越来越丰富，使专业内涵向纵深发展；四是科技进步促进学科的交叉融合，专业的交融也越来越普遍；五是科技进步促进专业层级的提升，一些专业办学层次随着科技的进步在不断提高。

人类社会经历了农业社会、工业社会、后工业社会的发展，目前正进入知识经济时代。①农业社会时期，人在生产中主要凭借积累的经验，劳动分工处于自然状态，社会职业划分比较简单，许多职业是综合性的。当时的手工业者往往是"多面手"，一件物品从原料获取到成品制作，基本上是由一个人完成，其需要掌握完成物品制作的整个工序。②工业社会时期，随着机器的发明和科技的进步，社会分工开始细化，机械工分化为车工、钳工、铣工、刨工等工种，每一道程序都可以独立完成，掌握单一技能就能有效就业，专业分类多，技能要求专业化。③后工业社会时期，社会需求越来越多样化和个性化，科学技术高度发达，生产技术柔性化，生产设备多功能化，社会的职业分工又重新趋向综合化。计算机的辅助加工，使数控机床加工工人成为可以车、钳、铣、刨的全能工；现代加工设备多采用光、机、电、液一体化自动控制，因而也要求操作、运行和维修人员是多工种复合人才。伴随着科技的发展，社会分工走过了一条"合—分—合"的轨迹。与社会分工的规律相一致，中等职业学校的专业也走过了从综合到细化再到综合的过程，培养的目标从传统的学徒转变为分工精细、面向一或两个工序的技术工人再到建立在精细化操作基础上的现代综合技术人才。

科技的进步不仅促进新专业的产生和旧专业的消亡，也对专业的内涵产生了深刻的影响。从手工业时期到高科技时代，一线劳动者不但在分工形式上不断发展变化，而且其劳动内容也不断扩展，这必然要求中等职业学校专业的分类与内涵进行相应的拓展与更新。[①]2011年年底百代唱片公司（EMI）的倒闭象征着传统唱片业的彻底没落；2012年1月19日，柯达公司申请破产保护，意味着一种单纯用胶片记录时光的生活方式正式退出舞台，柯达公司推出了世界上第一代傻瓜相机，后来更是率先发明了数码相机。然而，柯达公司率先发明的数码成像技术，最终使其主营的胶卷业务消亡，就如同红极一时的煤气灯行业因为电灯的发明而被"革命"一样。以前的摄影行业，人们普遍使用胶卷作为摄影材料，随着数码产品时代的到来，人们更多地接受电子相册，摄影师的技术内涵和摄影材料发生了根本变革。中等职业学校的专业设置和专业内涵也应根据科技的进步而不断变化。例如，1987年技工学校招生目录中的照相这一工种（专业），已转变为2010年新修订的《中等职业学校专业目录》中的数字影像技术专业，这体现的不仅仅是名称的变更，更多的是科技进步和专业内涵变化的过程。因此，在进行中等职业学校专业设置的过程中，要在科学技术发展的社会背景下判断专业的生命周期，从而更准确地把握专业的发展变化趋势。

二、分工理论下的职业教育专业

（一）分工理论及其作用

亚当·斯密在《国富论》的开篇就阐述了分工的效果："劳动生产力上最大的增进，以及运用劳动时所表现的更大的熟练、技巧和判断力，似乎都是分工的结果"。[②]所谓分工，是"一种特殊的、有专业划分的、进一步发展的协作形式"[③]。"各种操作不再由同一个手工业者按照时间的先后顺序完成，而是分离开来，孤立起来，在空间上并列在一起，每一种操作分配给一个手工业者，全部操作由协作工人同时进行"。[④]"未开化社会中一人独任的工作，在进步的社会中，一般都成

---

① 姜大源. 职业教育学研究新论[M]. 北京：教育科学出版社，2008：4.
② 亚当·斯密. 国民财富的性质和原因的研究[M]. 郭大力，王亚南，译. 北京：商务印书馆，1972：7.
③ 马克思. 资本论（第一卷）[M]. 北京：人民出版社，1975：362，372.
④ 杨小凯，张永生. 新兴古典经济学与超边际分析[M]. 北京：社会科学文献出版社，2003：391-392.

为几个人分任的工作。而且,生产一种完全制造品所必要的劳动,也往往分由许多劳动者担任"。①

生产活动可以被分解为许多最基本的单位,这些基本单位被称为职能(斯蒂格勒的观点)或操作(赖宾斯坦的观点),分工就是两个或两个以上的个人或组织将原来一个人或组织的生产活动中所包含的不同职能(操作)分开进行,专业化就是一个人或组织减少其生产活动中的不同职能(操作)的种类,或者说,将生产活动集中于较少的不同职能(操作)上。

亚当·斯密认为凡能采用分工制的工艺,一经采用分工制,便相应地增进劳动的生产力,对于分工可以提高生产率的原因,其给出的原因有三个:①劳动者的技巧因业专而日进;②由一种工作转到另一种工作,通常会损失不少时间,有了分工,就可以免除这种损失;③简化劳动和节约劳动机械的发明。亚当·斯密的分工理论成了近代产业革命的起点,也成为后来的管理学家创建管理学的理论前提,在很长时期内成为统治企业管理的主要理论。

(二)分工理论下的技术进步

劳动分工理论极大地推动了生产力的发展。19世纪末、20世纪初,美国人泰罗和吉尔布雷斯主张以科学规范性操作来取代过去工人的经验性操作,建立了科学管理理论。泰罗的科学管理实际上是一种规范化、标准化的管理。用培训来教给工人完成任务的技能,用科学研究来制定标准和规章制度并据此规定和下达任务,用激励机制来保证任务的完成,这是泰罗科学管理的三部曲,其核心就是工作任务的标准化、规范化和制度化。标准化是指工人在工作时要采用标准的操作方法,而且工人所使用的工具、机器、材料和所在工作现场环境等都应该标准化,以利于提高劳动生产率。泰罗认为,规范化、制度化是企业大规模生产的基本要求。只有制定严格的规范,企业具体工作按章进行,主管人员才能将精力集中于企业的主要工作方向和处理少数"例外事件",工人的行动才能有章可循。否则,势必造成管理的随意和生产的混乱。当然,严格的规范也并非能随意制定,其必须建立在科学研究的基础之上。因为只有科学、合理的规章制度,才能得到职工的理解支持和贯彻执行。操作规范化使规范从物扩大到人,管理规范化把规范对象从工人扩大到管理人员。在所有这些标准化、规范化基础上制定的规章制度成了企业的"法典",从而使规范化、标准化成为整个企业运行的基础,这就是所谓的现代管理制度。泰罗在历史上第一次使管理从经验上升为科学,极大地提高了社会生产力。

在泰罗的指导下,亨利·福特在汽车工业中发展了劳动过程分工的最新形式——流

---

① 林其泉. 分工的起源和发展[M]. 厦门:厦门大学出版社,1988:231.

水线作业。亨利·福特首先放弃"一人一事",将生产过程分成多个活动,将原来由每一个装配工承担所有的装配工作改为一个装配工只承担单一的工作,且固定在一定的位置,并设计出传递装置、滚筒装置和重力滑道,利用传输带把零件持续而有规则地传递到装配工人面前,从而使流水线作业成为最能提高效率的分工活动形式。阿尔弗雷德·斯隆则将分工理论应用于管理工作中,将管理人员依专业组合在各个职能部门之内。此外,为确保专业分工人员的工作成效,企业内部需要层层请示并层层监督,形成金字塔状的层级结构和集权控制模式,这成为日益庞大的企业基本组织形式。分工的结果是极大地提高了生产效率,大大提高了产量,产生了规模经济性,在产品供不应求的"卖方市场"时代收效甚大。第二次世界大战后,福特制生产组织向其他国家扩散,福特制成为世界占主导地位的企业生产组织形式。

流水线作业的生产特点如下。

1)制定科学的工艺流程,使机器、设备、工艺、工具、材料、工作环境尽量标准化。

2)工人面对的是单一的、模块化的工作任务。

3)使用的是专用性的生产设备。

4)管理和劳动分离,企业员工分为管理者和被管理者。

5)企业组织为科层管理组织,20%的人管理80%的劳动者。

(三)分工理论下的职业教育专业

流水线的生产方式使生产过程最大限度地实现了标准化设计、模块化生产,工人的操作方法是标准化的,为职业教育进行专业化、标准化人才培养提供了坚实的基础。大规模、标准化生产的设备专用性程度高,培养单一技能型人才就能够满足生产的需要。大规模生产形成庞大的等级制职能组织结构,也需要培养大量的管理人才,职业教育在这一时期取得了长足的发展。

分工理论下的职业教育课程通过对劳动分工方式和工作行为进行分析,获得职业行为的基本组成元素,并建立了一整套概念体系,采取了建立在职业分析和工作分析基础之上的专业设置模式。

三、合工理论下的职业教育专业

(一)合工理论的产生

劳动分工较大幅度地提高了劳动生产率,也有利于专业化和职能化管理。但是,随着分工理论的发展,其负面效应日益显露出来。21世纪是信息经济时代,企业所处的社会、环境发生了巨大的变化,主要表现在:①市场由"卖方市场"彻底转向

"买方市场",市场竞争越来越激烈;②随着消费需求的个性化发展,大规模生产转向个性化定制;③企业产品种类繁多;④产品功能复杂;⑤产品或服务的技术复杂;⑥企业经营多元化;⑦自动化程度高。如果片面强调分工精细和专业化,会使企业的整体协调作业过程越来越复杂和对作业过程的监控成本越来越高,致使企业整体效率低下。同时,多层次的组织已显得笨重、迟缓而缺乏灵活性,把人分成上下级关系的官僚体制,使人的积极性、主动性得不到充分发挥,还可能腐蚀人的精神,摧残人的身心健康,以至于走向了分工与协作原则初始动机的反面。随着高科技的发展,特别是计算机的普及运用,简化管理环节已成为可能。同时,与市场变化和高科技发展相对应的是劳动力素质大大提高,员工不再满足于从事单调、简单的工作,对分享决策权的要求日益强烈。这些变化使得传统的分工协作理论受到了极大挑战。鉴于分工理论的种种不足,人们提出了合工理论(theory of the combine of labor)。

合工理论是管理学的一个新的理论前提,它向传统的分工理论提出了挑战。与分工理论相比,合工理论显示出其强大的优势,即借助信息技术,以重整企业业务流程或企业过程再造为突破口,将原先被分割得支离破碎的业务流程再合理地"组装"回去,将几道工序合并,也可将分别负责不同工序的人员组合成工作小组或团队,以利于共享信息、简化交接手续、缩短时间。另外,减少管理层次,提高管理幅度,建立扁平化的组织结构,从而打破官僚体制,减少审核与监督程序,降低管理成本,减少内部冲突,增加组织的凝聚力,大大调动了员工的积极性,促进了员工的个人发展。正如美国学者所指出的:过去那种大批量生产标准化产品的生产方式需要20%受过良好教育的人来管理其他80%的人。而现在的经济发展要求每个人都成为自主管理的一个工作小组的成员。每个人都需要具备创业、解决问题和自我管理的技能。

合工就是一个员工同时负责流程中的多项活动,或同时负责工作中的多项任务。合工的表现形式为综合化。合工可以向客户提供"一站式"服务,可以降低客户的消费成本,如时间成本、精力成本和其他附加成本等。因此,合工可提高服务质量和客户满意度。合工由于需不断切换到不同的工作,可能会降低工作效率,但其效率仍比分工过度时的效率高。同时,合工对员工的知识、技能、服务态度等综合素质要求较高。

(二)合工理论下的技术

20世纪50年代以来,虽然福特制生产组织在世界范围内扩散,大规模生产和大规模消费之间相互促进带来了长达20年的经济增长的黄金时期,然而20世纪70年代以来,外在条件的变化使福特制生产组织的内在缺陷日益明显,出现了危机。企业发展的外在条件发生了一系列变化,主要表现在以下几点。

1)大规模生产的市场已经饱和,消费者越来越厌倦标准化产品,消费者需求的突然变化越来越频繁。现代社会已经告别了短缺经济时代，消费者从追求产品数量、质量、性能发展到追求消费个性、以消费者为中心，小批量需求和大批量生产之间的矛盾日益突出。

2）随着机械化向自动化技术的演变，流水线作业的操作劳动被进一步分割为三个部分，相应形成了三种新的职业：①各部件的程序设计员，其工作是把工程图上的各种规格看清楚，并记录到设计图纸上；②编码员，其工作是把设计图纸变成机器可读的形式；③少数机器操作工。前两种职业的工作都可在办公室进行，这样车间里的工人就大大减少了。

3）技术的发展使开发新产品不需要大规模的额外投资，微电子技术革命产生的弹性多功能技术，使人类进入一个新的时期：通过编写新的程序就可以生产新的产品，出现了相对于规模经济的范围经济；短产品周期的生产线也可像标准化产品的长周期生产线一样，以低成本生产多样化的产品。

4）随着科学技术的发展，尤其是自动化和信息技术的快速发展，柔性自动化生产技术便应运而生，在保证产品质量的前提下，缩短产品生产周期，降低产品成本，最终使中小批量生产能与大批量生产抗衡。

5）从人们的需求来看，现代社会产品较工业时代大为丰富，人们的生活水平提高，开始追求产品的多样化和个性化，这种多品种、小批量的社会需求，使得大规模生产的设备专用性降低，其单一功能的专用机器设备不利于转产，在加工形式相似的情况下，频繁地调整工夹具会使工艺稳定难度增大，生产效率受到极大影响，采用新的机器设备必须打断原有的生产流程，需要较长的时间才能恢复生产，因此，企业普遍面临着大批量生产模式与快速变化的市场多元化需求之间的矛盾。

6）从管理组织来看，大规模生产采用的科层组织，片面强调分工精细和专业化，使得企业的整体协调作业过程越来越复杂和对过程的监控成本越来越高。同时，科层组织管理带来了官僚主义，延长了决策时间，反应不灵活，信息沟通失灵，致使企业整体效率低下。

福特制生产组织的危机，使欧美等发达国家开始了漫长的结构调整过程，出现了一些新的变化，尤其是精益生产和弹性专业化，它运用柔性生产技术（如微电子技术、多功能机器），实现从大规模标准化生产向大规模定制生产的转变，形成了与福特制生产差异显著的生产模式，其生产过程的分工协作具有柔性，形成了柔性技术体系，生产出大量多样化的产品，以满足多变的、个性化的消费。大规模定制生产的具体形式多样，比较有代表性的两种是：①以大公司为核心，在通用性机器、多技能工人的团队合作和外部供应商分包协作网络的基础上，形成的低成本、多品种、小批量的精益生产；②通过中小企业柔性化聚集（弹性专业化）而形成的网络组织。这两种模式实际上都强调了解除泰罗制的劳动分工和严格的管理控制，注重发展有高度专业技能和充分自主控制权的雇佣劳动，生产人员具有足够的自主控制权以便实现对生产过程的快速调整；强调保持与生产相关活动(如设计、营销、顾客服务等)的整体一致性，以及缩短产品周期，利用多功能机器与微电子技术发展企业间网络以适应消费者需求变化的重要性。

精益生产(lean production)是美国麻省理工学院数位国际汽车计划组织(IMVP)的专家对日本汽车工业的生产管理方式进行调查研究之后所赋予的名称，研究小组认为日本汽车工业(特别是丰田汽车公司)之所以取得成功正是由于精益生产这种生产方式。精，即少而精，不投入多余的生产要素，只是在适当的时间生产必要数量的市场急需产品；益，即所有经营活动都要有益有效，具有经济性。为了做到"精"，需要减少所有不能增加产品最终价值的间接劳动形式，包括监督活动、质量控制、维护工作和清理工作等，通过各种工作轮训将车间工人培养成能自我管理的多技能的劳动者，可以减少上述这些岗位。多技能的工人将对质量的关注、机器的维护和清理工作与劳动过程结合在一起，对于处理在生产中出现的问题具有重要作用，且具有持续改进的能力。

弹性专业化理论，是1984年皮埃尔和赛伯对19世纪产业区再现的现象进行重新解释而提出的，这种发展模式的特点是灵活性、专业化(又称为柔性专业化、弹性专精)。该理论认为，"第三意大利"的产业区发展，是中小企业在弹性专精基础上实现聚集(中小企业产业集群)，这些中小企业产业集群由于专业化程度高、企业间协同作用强，可以与大企业进行竞争。在合工理论下，主宰市场的企业组织也由福特制下单一的巨型企业，发展为由中小企业聚集形成的专业化产业区；供应链也不再局限于企业内部，而是形成了由众多成员企业构成的供应链，这条供应链能根据产品的市场需求变化，寻求合作企业，进行灵活组建，而供应链上的每一个生产单元更多地是由一个个不同的独立企业承担。每个企业是供应链的一个环节，企业的社会化程度提高，要求企业职工具有较强的沟通和协作能力。

合工理论下的企业生产技术特点如下。

1) 企业业务流程合并和重整。

2) 设备通用化程度提高。大规模定制的基础是产品的模块化设计、零部件的标准化和通用化，产品部件分为定制部分和批量生产部分，定制部分往往是产品的核心技术，这些企业可将注意力集中在和其核心竞争力相适应的定制部分的生产，而将批量生产部分、企业的非核心产品生产委托给其他企业，采取业务外包的方式来获得更大的竞争优势，形成了所谓的虚拟企业或扩展企业。

3) 生产采用柔性自动化生产技术。柔性自动化生产技术简称柔性制造技术，它以工艺设计为先导，以数控技术为核心，是自动化地完成企业多品种、多批量的加工、制造、装配、检测等过程的先进生产技术。从整个生产过程来看，加工、检测、物流、装配过程之间，设计、材料应用、加工制造之间，其界限均逐渐淡化，逐步走向一体化。这种趋势表现在生产上是专业车间的概念逐渐淡化，将多种不同专业的技术集成在一台设备、一条生产线、一个工段或车间里的生产方式逐渐增多。例如，具有复合功能的数控机床可在一台机床上完成车、铣、钻、镗、攻丝、铰孔和扩孔等多种操作工序。

4）扁平化的企业组织。为了适应消费者多变的需求，企业垂直分工简化，不再强调过细的分工，企业内部等级化被排除，企业领导直接管理和协调生产单位，指挥生产的职能和决策权下放到车间，从科层组织向扁平化方向发展。例如，20世纪70年代通用汽车公司有20个主要的管理层次，而丰田汽车公司只有9个，这就要求每个员工都具有决策的能力。现代社会的经济发展要求每个人都成为一个自主管理工作小组的成员，每个人都需要具备创业、解决问题和自我管理的技能。

5）小组和团队工作方式。在传统的制造技术和方法中，由于严格细致地按部门、专业进行分工，因此，人们的工作一般是独立进行的。而在先进制造技术环境中，企业的研发、工艺、制造、维修、市场等各部门已通过计算机网络进行集成，为了提高企业的响应速度，很多任务和项目都是以团队工作方式完成，员工不仅需要具备操作机器等传统技能，而且要掌握编制、调整计算机程序等新技能，因此，员工具备高技能和多技能成了先进制造技术应用企业的显著特征。

(三)合工理论下职业教育专业的综合化

合工理论下企业员工具有如下特点：①具有较高的知识水平，受到过良好的教育，具有较好的专业特长和较高的个人素质；②具有"一人多事"的知识和技能，具有多种能力和技能，能从事多种工作或一种工作中的多种活动，即具备从事一种产品完整流程中多个活动(或环节)的能力，是综合型的员工；③以知识创造价值，以智力劳动为主；④掌握或拥有丰富的可创造价值的技术信息、客户信息，由于身处一线，所拥有的各类有价值的信息或真实信息比处于非一线的管理者多。

第六章

天津市高等职业院校专业设置与产业结构适应性研究

第一节 天津市产业结构现状与发展趋势

一、天津市总体概况

天津市是我国 4 个直辖市之一，位于环渤海经济圈的中心位置、京津城市带的交汇处，是中国北方的经济中心、国际港口和生态城市，是中国北方最大的沿海开放城市、近代工业的发源地。天津市中心距离北京市仅 137 公里，与北京的经济发展有紧密的联系。天津市现辖 16 个区，截至 2018 年末，全市常住人口 1559.60 万人。市辖区包括：滨海新区、和平区、河北区、河东区、河西区、南开区、红桥区、东丽区、西青区、津南区、北辰区、武清区、宝坻区、静海区、宁河区、蓟州区。天津市的区位条件十分优越，资源丰富，尤其天津港作为我国北方第一大港，是我国沿海港口码头功能最齐全的港口之一。天津已基本形成以港口为中心的海陆空相结合的交通网络，铁路和公路辐射华北、西北、东北广大地区。

天津市的经济水平发展一直位居全国前列，经过多年的发展，其产业结构也有了一些新变化，三次产业内部的主导产业也在发生变化，通过总结产业结构现状、分析三次产业内部的结构和行业的趋势，可以更好地明确高等职业院校（下文简称高职院校）专业结构与产业的适应性。

二、天津市产业结构总体概况

三次产业是国民经济的重要构成部分，是解决劳动就业、增加居民收入的重要途径，是区域经济、财政收入的重要来源。根据《天津市统计年鉴 2012》，2011 年天津市生产总值达到 11 307.28 亿元，比上一年增长了 22.58%，人均生产总值达到 85 213 元，比上一年增长了 16.74%，生产总值和人均生产总值均居全国前列。

由表 6-1 可以看出，进入 21 世纪以来天津市的生产总值不断增加，从 2002 年的 2150.76 亿元发展到 2011 年的 11 307.28 亿元。2011 年第一产业增加值 159.72 亿元，比上一年增长 9.71%；第二产业增加值 5928.32 亿元，增长 22.48%；第三产业增加值 5219.24 亿元，增长 23.13%，三次产业结构不断优化。

表 6-1　2002～2011 年天津市生产总值及三次产业增加值表　　　单位：亿元

年份	生产总值	第一产业增加值	第二产业增加值	第三产业增加值
2002	2 150.76	84.21	1 069.08	997.47
2003	2 578.04	89.91	1 337.31	1 150.82
2004	3 110.97	105.28	1 685.93	1 319.76
2005	3 905.64	112.38	2 135.07	1 658.19
2006	4 462.74	103.35	2 457.08	1 902.31
2007	5 252.76	110.19	2 892.53	2 250.04
2008	6 719.01	122.58	3 709.78	2 886.65
2009	7 521.85	128.85	3 987.84	3 405.16
2010	9 224.46	145.58	4 840.23	4 238.65
2011	11 307.28	159.72	5 928.32	5 219.24

资料来源：根据《天津市统计年鉴 2012》相关数据计算整理

改革开放以来，天津市经济快速发展，三次产业结构也发生了相应的变化，第一产业增加值在全市生产总值中的比例从 1990 年的 8.8%下降到 2011 的 1.4%，一直呈递减趋势；第二产业由 1990 年的 57.7%下降到 2011 年的 52.4%，也呈递减趋势；第三产业由 1990 年的 33.5%上升到 2011 年的 46.2%，有了比较明显的上升。2011 年天津市产业结构以第二产业为主，但比例在相对减少，第三产业比例不断增加，三次产业结构模式为"二、三、一"。

产业结构的演进和就业结构的变化具有一致性，这已经被各国经济发展历程所验证。[①]由表 6-2 和表 6-3 可以看出，三次产业的增加值构成比由 2007 年的 2.1：55.1：42.8 调整为 2011 年的 1.4：52.4：46.2，相应的就业人员构成比由 2007 年的 12.5：42.6：44.9 调整为 2011 年的 9.6：41.4：49.0，可以看出整体上产业结构和就业结构的变化是一致的。由表 6-3 可以看出，2007～2011 年，第一产业就业人员构成比例下降，而第三产业是上升的；第二产业就业人员总数不断上升，但构成比例是下降的趋势，主要原因是第二产业的资本有机构成不断提高。2011 年第三产业的就业人数为 373.99 万人，约占当年就业总人数的一半，第三产业就业人数有明显的增长趋势。配第—克拉克定理表明，由于产业间产品附加值的差异，以及由此带来

---

① 天津市发展和改革委员会课题组. 天津产业结构与就业结构协调发展研究[J]. 天津经济，2013，3：2-5.

的相对收入差异，使劳动力首先从第一产业向第二产业转移，随着人均收入水平的进一步提高，又使劳动力向第三产业转移。[①]

表 6-2　2007~2011 年天津市生产总值构成　　　　　　　　单位：%

年份	生产总值	第一产业	第二产业	第三产业
2007	100	2.1	55.1	42.8
2008	100	1.8	55.2	43.0
2009	100	1.7	53.0	45.3
2010	100	1.6	52.4	46.0
2011	100	1.4	52.4	46.2

资料来源：根据《天津市统计年鉴 2012》相关数据计算整理

表 6-3　天津市 2007~2011 年三次产业就业人员总数及构成比例

年份	就业人员总数/万人				构成比例/%		
	合计	第一产业	第二产业	第三产业	第一产业	第二产业	第三产业
2007	613.93	76.98	261.35	275.60	12.5	42.6	44.9
2008	647.32	76.30	271.90	299.12	11.8	42.0	46.2
2009	677.13	75.70	281.01	320.42	11.2	41.5	47.3
2010	728.70	73.85	302.33	352.52	10.1	41.5	48.4
2011	763.16	73.18	315.99	373.99	9.6	41.4	49.0

资料来源：根据《天津市统计年鉴 2012》相关数据计算整理

2011 年天津市就业人员总数为 763.16 万人，较 2010 年增加 34.46 万人，同比增长 4.73%。其中，第一产业就业人数为 73.18 万人，第二产业 315.99 万人，第三产业 373.99 万人，分别同比增长-0.91%、4.52%、6.09%。2007~2011 年，第一产业的就业人数在逐年减少，第二、第三产业的就业容量在扩大，吸纳了主要的劳动力，为农村劳动力转移做出了积极贡献。

从三次产业现代化进程来看，第一产业就业人数不断下降，说明天津市现代化、规模化农业的比例在增加；第二产业就业人员比例处于缓慢下降的趋势，反映了天津市第二产业正从劳动密集型向资本密集型和技术密集型转变；第三产业就业人数和比例不断增加，反映了天津市第三产业发展势头强劲。总的来看，第一、第二产业的就业人员逐渐向第三产业转移。

由表 6-4 可以看出，2011 年，在三次产业的增加值比例方面，天津市的第一产业比全国平均水平低 8.7 个百分点，第二产业比全国平均水平高 5.6 个百分点，第三产业比全国平均水平高 3.1 个百分点，说明天津市的三次产业结构优于全国平均水平。其中，第一产业结构比例较低，充分反映了天津市作为直辖市的特点；第二产业的比例较高，对

[①] 袁宏哲. 吉林市中等职业教育三产专业设置的研究[D]. 长春：吉林农业大学硕士学位论文，2012：14-15.

天津市生产总值的拉动起主要作用，体现了天津市作为一个老工业城市的优势，工业在全市经济中占有重要地位；随着天津市经济产业结构的不断调整升级，第三产业发展较快，对生产总值的拉动作用越来越大，第三产业比例比全国平均水平稍高一些，但作为直辖市，天津市的第三产业仍有较大的提升空间。总体而言，天津市的产业结构仍处于"二、三、一"的阶段，还没有进入"三、二、一"阶段。

从与北京、上海等直辖市的比较来看，在三次产业增加值比例方面，2011年天津市第一产业的比例高于北京和上海。第二产业比例比北京高29.3个百分点，比上海高11.1个百分点；就业人数比例比北京高20.9个百分点，比上海高1.1个百分点，说明天津市工业现代化程度高于北京和上海。第三产业增加值比例与北京、上海还有一定的差距，比北京低29.9个百分点，比上海低11.8个百分点；就业人数比例比北京低25个百分点，比上海低7.3个百分点。可见，北京、上海已形成了"三、二、一"的产业结构，而天津仍处于产业结构的转化过程中（表6-4）。反映天津的城市现代化水平低于北京和上海。

表6-4　2011年天津、北京、上海三次产业结构对照表　　　　单位：%

地区	三次产业增加值比例			三次产业就业人员比例		
	第一产业	第二产业	第三产业	第一产业	第二产业	第三产业
天津	1.4	52.4	46.2	9.6	41.4	49.0
北京	0.8	23.1	76.1	5.5	20.5	74.0
上海	0.7	41.3	58.0	3.4	40.3	56.3
全国平均	10.1	46.8	43.1	34.8	29.5	35.7

资料来源：根据《天津市统计年鉴2012》和《中国统计年鉴2012》相关数据计算整理

三、天津市三次产业内部结构相关分析

（一）第一产业结构分析

第一产业通常指以利用自然力为主，生产不必经过深度加工就可消费的产品或工业原料的部门，包括农业、林业、渔业、畜牧业。第一产业在国民经济中具有基础性地位，对天津市的经济发展也是非常必要的。天津市农、林、牧、渔业的总产值，从2007年的240.74亿元发展到2011年的349.48亿元。其中，农业2007年的增加值为117.60亿元，占第一产业的48.85%；2011年的增加值为179.87亿元，占第一产业的51.47%，说明农业在第一产业中的比例呈现上升的趋势。

天津市第一产业中，林业的增加值比例一直是最小的，增加值从2007年的2.08亿元（比例为0.86%）发展到2011年的2.46亿元（比例为0.70%），增加值及其比例的变化不大。牧业增加值从2007年的76.93亿元（比例为31.96%）发展到2011年的98.52亿元（比例为28.19%）。说明林业和牧业在5年的发展中，保持了比较平稳的

态势,变化很小。渔业的增加值从 2007 年的 36.13 亿元(比例为 15.01%)发展到 2011 年的 58.61 亿元(比例为 16.77%),渔业增加值比例上升了 1.76 个百分点,上升幅度不是很明显,保持了平稳发展的态势。

从图 6-1 可以看出,5 年来天津市第一产业的结构变化不大,但比例远远低于全国平均水平,除了作为直辖市的原因外,近年来土地城镇化导致天津市的农用地大幅度减少,1999~2009 年,天津市的农用地平均每年减少 8.45km^2,这主要是受工业用地、环境保护用地、城镇化的影响,[①]可以看出,天津市对第一产业的重视还不够,在今后的发展过程中,应保持农业的比例,使林、牧、渔业的比例也相应提高,从而带动第一产业的全面增长。

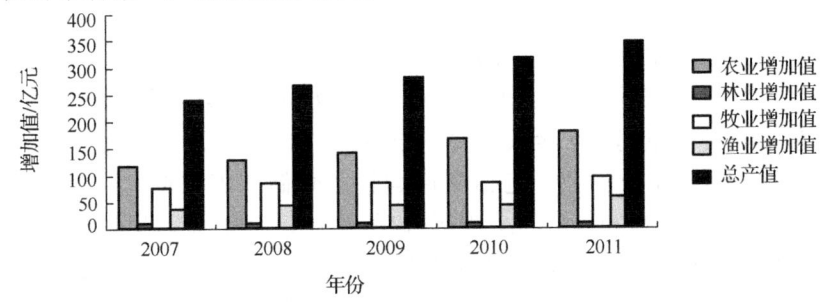

图 6-1　2007~2011 年天津市农、林、牧、渔业增加值结构变化图

(二)第二产业结构分析

第二产业包括工业(采掘业、制造业、电力、煤气及水的生产和供应业)和建筑业,是对初级产品进行再加工的部门。由于历史上国家的宏观产业规划布局曾将天津市、东北等城市(地区)定义为重工业制造基地,因此,天津市第二产业比例较大。2011 年天津市第二产业的增加值为 5928.32 亿元,占全市生产总值的 52.43%,体现出第二产业的明显优势,说明第二产业对天津市的经济社会发展起着重要支撑作用(图 6-2)。

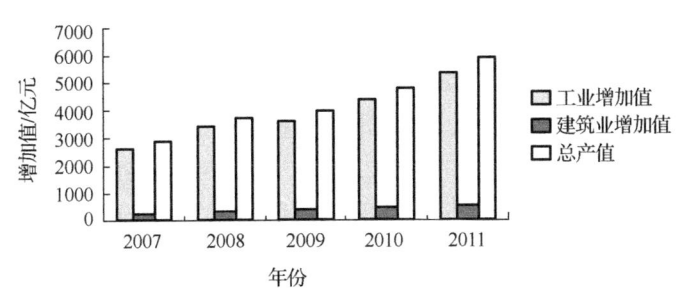

图 6-2　2007~2011 年天津市工业、建筑业增加值结构变化图

---

① 张天懿. 天津市农业发展研究[D]. 北京:北京林业大学博士学位论文,2011:18-19.

1)根据 2012 年的天津市统计年鉴数据得出,天津市 2011 年全市工业生产总值为 5430.84 亿元,占第二产业生产总值的 91.61%,可以看出工业在第二产业中的比例非常高。工业包括轻工业和重工业,2007 年天津市轻工业比例为 18.7%,重工业比例为 81.3%,而 2011 年轻工业比例为 17.4%,重工业比例为 82.6%,可以看出天津市第二产业中,轻工业所占比例在减少,工业逐渐从轻工业转向重工业发展。

2)天津市的建筑业增加值从 2007 年的 230.66 亿元,发展到 2011 年的 497.48 亿元;占第二产业的比例从 7.97%上升到 8.39%,增加了 0.42 个百分点。天津市的建筑业比例处于不断上升的趋势。

(三)第三产业结构分析

第三产业是指不生产物质产品的行业,即服务业。天津市的第三产业处于逐年增长的态势,2011 年增加值占全市生产总值的 46.16%,第三产业的发展对提高天津市生产生活服务质量起到了至关重要的作用。

第三产业分为 14 个行业,包括交通运输、仓储和邮政业,信息传输、计算机服务和软件业,批发和零售业,住宿和餐饮业,金融业,房地产业,租赁和商务服务业,科学研究、技术服务和地质勘查业,水利、环境和公共设施管理业,居民服务和其他服务业,教育,卫生、社会保障和社会福利业,文化、体育和娱乐业,公共管理和社会组织。2011 年天津市第三产业增加值为 5219.24 亿元,其中,位列前五位的分别是批发和零售业(28.05%)、金融业(14.49%)、交通运输、仓储和邮政业(12.11%)、房地产业(7.88%)、科学研究、技术服务和地质勘查业(6.37%)。而 2009 年天津市第三产业增加值为 3405.16 亿元,其中,位列前五位的分别是批发和零售业(24.58%)、交通运输、仓储和邮政业(13.83%)、金融业(13.54%)、房地产业(9.07%)、科学研究、技术服务和地质勘查业(6.93%)。可以看出,2009~2011 年,天津市第三产业中占主要比例的行业整体上没有改变,只是金融业的排名有所提升,其所占的比例有略微改变,但主导行业没有变化。

2011 年文化、体育和娱乐业,水利、环境和公共设施管理业,卫生、社会保障和社会福利业三个行业是天津市第三产业中占比最少的,这三个行业所占的比例合计仅为 4.78%。随着社会的发展、生活水平的提高,人们对于物质文化和社会保障方面的要求也越来越高,在天津市"十二五"规划中明确提出要保障民生问题,所以,民生相关行业在第三产业结构内部的比例也会发生一定的变化。

(四)天津市产业结构的发展趋势

天津市"十二五"规划纲要中提出,要重点发展航空航天、石油化工、新能源、电子信息、汽车及装备制造、生物医药、轻工纺织和国防科技等产业。石油化工、装备制造、航空航天、电子信息、生物医药、新能源新材料、轻工纺织七大支柱产业在"十二五"期间的发展趋势如图 6-3 所示。根据《天津市工业布局规划》,到 2015 年工业总产值达到 3.5 万亿元,工业增加值达到 9000 亿元。到 2015 年天津市装备制造业的值规模达到 15 000 亿元,远高于其他几大支柱产业,这与天津市的整体战略发展和传统制造业的基础是一致的。电子信息和石油化工的产值规模也较高,分别达到了 7000 亿元和 5000 亿元。总体上看,未来几年天津市的经济发展主要以第二、第三产业发展为重心,突出重工业的优势,重点发展高新技术产业,整体上优化升级。从增长率上看,"十二五"期间航空航天产业的年均增长率最高(达到 38%),其次是新能源新材料(33%)和生物医药(27.2%),其他几大类产业的年均增长率基本持平,轻工纺织产业的增长率略微偏低(图6-4)。未来天津市支柱产业的重点发展方向如表 6-5 所示。

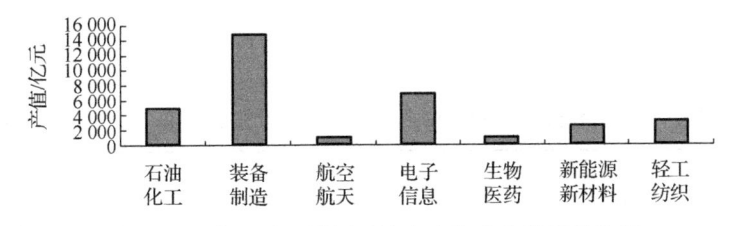

图 6-3 "十二五"期间天津市支柱产业发展趋势图

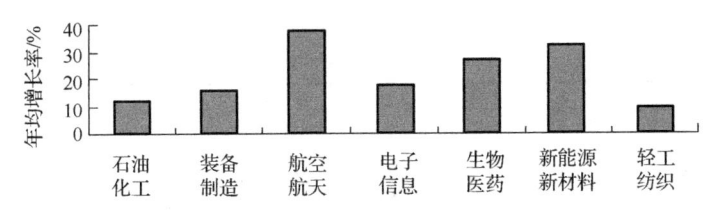

图 6-4 "十二五"期间天津市支柱产业年均增长率变化图

表 6-5 天津市"十二五"期间重点支柱产业发展方向表

产业名称	重点发展方向
石油化工	石油化工、海洋化工和精细化工
装备制造	轨道交通设备、石化装备、造修船、工程机械、风力发电设备、水电设备、核电设备、超高压输变电设备、港口机械设备、农业机械设备
航空航天	航空发电机、航空机载设备、机场与空管设备、航空物流
电子信息	集成电路、移动通信、高性能计算机服务器、片式元器件、显示器、高端通用芯片
生物医药	生物工程制药、化学制药、中药现代化、现代中药检验检测技术
新能源新材料	太阳能、风能、绿色电池、化工新材料
轻工纺织	食品、手表家电、日用精细化工产品、轻工机械

资料来源:根据《天津市统计年鉴 2012》相关信息整理

第二节 天津市高职院校专业设置现状

一、高职院校招生人数、在校生人数和毕业生情况

由于经济社会的快速发展，社会对高素质技术技能人才的需求越来越大，加上政府对职业教育的高度重视，使得天津市高职院校数量不断增大（达到了26所），天津已成为全国培养技术技能人才的重要高地。

从整体变化趋势上看，天津市高职院校招生人数是逐年递增的，招生人数从2008年的50 976人增长到2012年的56 909人，增长了11.64%，5年中只有2011年的招生人数略有下降，2012年的增长幅度明显较高（表6-6）。与此相对应，2008～2012年天津市高职院校在校生人数也是逐年增长，毕业生人数也基本上是逐年增加。

表6-6 2008～2012年天津高职院校招生人数、在校生人数和毕业生情况 单位：人

年份	招生人数	在校生人数	毕业生人数
2008	50 976	141 599	50 583
2009	52 314	145 456	46 772
2010	54 681	150 217	48 421
2011	51 037	150 581	50 027
2012	56 909	156 889	49 089

资料来源：天津市教育委员会

二、专业结构以财经大类、制造大类、电子信息大类为主

从天津市2012年26所高职院校招生情况看，2012年天津市高职院校共招生56 909人，招生人数比上年增长5872人。教育部颁布的《普通高等学校高职高专教育指导性专业目录（试行）》将我国高职院校专业分为19个专业大类、78个二级专业类和531个具体专业。其中，天津市26所高职院校的专业覆盖了19个专业大类、62个二级专业类和210个专业，覆盖率分别为100%、79.49%、39.55%，专业设置涵盖的门类非常齐全。由表6-7可以看出，2012年天津市26所高职院校的招生人数中，财经大类和制造大类招生人数最多，均超过了10 000人，19个专业大类的招生人数平均为2995人，财经大类和制造大类的招生人数分别是平均招生人数的3.53倍和3.47倍，这两大类的招生人数合计约占总招生人数的37%，而财经、制造、电子信息和交通运输四大类的招生数量约占总招生人数的60%，说明天津市高职院校已经形成了特色专业群。从专业布点看，累计专业布点数为976个，平均每个学校的专业布点数为37.5个，其中，财经、制造、电子信息、土建及艺术设计

传媒大类的专业布点数比较多，均达了 80 个以上；专业布点较少的是公安、农林牧渔和水利大类，均在 10 个以下。

表 6-7　2012 年天津市 26 所高职院校专业设置及招生情况统计表

专业大类	计划招生数/人	占总招生数量比例/%	专业布点数/个	占所有专业布点数比例/%
财经大类	10 586	18.60	163	16.70
制造大类	10 379	18.24	162	16.60
电子信息大类	6 474	11.38	144	14.75
交通运输大类	6 170	10.84	61	6.25
土建大类	5 168	9.08	80	8.20
生化与药品大类	3 372	5.93	66	6.76
艺术设计传媒大类	2 676	4.70	89	9.12
医药卫生大类	2 563	4.50	26	2.66
文化教育大类	2 465	4.33	51	5.23
旅游大类	1 516	2.66	24	2.50
资源开发与测绘大类	1 374	2.41	24	2.50
公共事业大类	927	1.63	22	2.25
轻纺食品大类	771	1.35	25	2.56
法律大类	701	1.23	7	0.72
公安大类	622	1.09	3	0.31
材料与能源大类	467	0.82	8	0.82
环保、气象与安全大类	378	0.66	17	1.74
农林牧渔大类	213	0.37	2	0.20
水利大类	87	0.15	2	0.20
总计	56 909	100.00	976	100.00

资料来源：依据 2012 年天津市 26 所高职院校招生计划相关数据计算

三、天津市高职院校的专业集中度

专业集中度指同一专业在不同学校的分布情况，同一专业设置在越多的学校，表示专业设置越分散，即专业重复度越高，专业集中度就越低；相反，专业集中度越高，说明院校的专业特色越明显。[1]由表 6-8 可见，天津市高职院校专业设置率较高的有 10 个专业，同一专业在 26 所学校中设置的重复率，只有物流管理专业超过 60%，计算机网络技术、电子商务、电气自动化技术和软件技术 4 个专业的重复率超过 40%，其余的会计电算化、应用电子技术、商务英语、数控技术和机电一体化技术的专业重复率都在 40%以下。天津市高职院校专业设置总体来看专业集中度较高。

---

[1] 卢金燕，曹晔. 江西省公办与民办中等职业学校专业设置抽样调查分析[J]. 教育与职业，2009（18）：29-31.

表 6-8　天津市 26 所高职院校设置较多的专业情况（前 10 位）

专业名称	设置院校的数量	专业名称	设置院校的数量
物流管理	16	会计电算化	10
计算机网络技术	14	应用电子技术	10
电子商务	13	商务英语	10
电气自动化技术	12	数控技术	9
软件技术	11	机电一体化技术	8

资料来源：依据 2012 年天津市 26 所高职院校招生计划相关数据计算

四、天津市高职院校的专业聚集度

专业聚集度（也称为专业集群度）反映同一院校设置的专业大类数。一般来说，一个院校设置的专业大类数越多，专业聚集度越低；相反，设置的专业大类越少，专业聚集度越高。[1]同一所学校在专业设置时应尽量集中在几个专业大类上，这样因为各专业大类内部的各专业之间有一定的共性，便于建立共用性的实习实训基地，也有利于提高实习实训基地的利用效率和办学效益。专业聚集度可以用专业数与专业大类数的比值来衡量。[2]目前，从高职院校个体的角度分析，许多高职院校出于对学生就业和适应市场多样化人才需求方面的考虑，专业设置跨越了较多的专业大类，导致专业聚集度低，专业和专业之间缺乏内在的联系。天津市 26 所高职院校中，专业设置数在 20 个以上的职业院校有 13 所，而专业聚集度在 3 以下的有 6 所；3～4 的有 15 所；4～5 的有 4 所；5～6 的有 1 所（表 6-9）。

表 6-9　天津市 26 所高职院校专业聚集度一览表

学校名称	专业大类	专业设置数	专业聚集度
天津海运职业学院	5	18	3.6
天津滨海职业学院	9	26	2.9
天津渤海职业技术学院	9	34	3.8
天津城市建设管理职业技术学院	4	15	3.8
天津城市职业学院	8	17	2.1
天津电子信息职业技术学院	6	26	4.3
天津工程职业技术学院	7	18	2.6
天津公安警官职业学院	2	3	1.5
天津广播影视职业学院	2	7	3.5
天津国土资源和房屋职业学院	8	22	2.8
天津机电职业技术学院	4	23	5.8
天津交通职业学校	6	27	4.5

---

[1] 张雄. 福建省高职院校专业设置研究[D]. 福建：福建师范大学硕士学位论文，2011：11-16.
[2] 张文雯，曹晔. 河北省高职高专院校专业结构现状调查与调整对策[J]. 河北科技师范学院学报，2010（6）：23-26.

续表

学校名称	专业大类	专业数	专业聚集度
天津开发区职业技术学院	6	21	3.5
天津青年职业学院	6	18	3.0
天津轻工职业技术学院	7	27	3.9
天津商务职业学院	6	22	3.7
天津生物工程职业技术学院	3	11	3.7
天津石油职业技术学院	5	17	3.4
天津铁道职业技术学院	5	21	4.2
天津现代职业技术学院	9	32	3.6
天津冶金职业技术学院	6	19	3.2
天津医学高等专科学校	4	13	3.3
天津艺术职业学院	4	10	2.5
天津职业大学	13	44	3.9
天津中德职业技术学院	9	38	4.2
天津工艺美术职业学院	3	11	3.7

资料来源：依据2012年天津市26所高职院校招生计划相关数据计算

五、专业设置能够面向区域经济社会需求

高职院校按照区域经济社会发展来培养人才，其专业设置不可能完全与国家颁发的专业目录一致。2010～2012年天津市高职院校设置了2005年教育部公布的《普通高等学校高职高专教育指导性专业目录（试行）》之外的专业。表6-10表明，2010～2012年天津市高职院校共设置目录外专业39个，占全部专业数的18.57%；目录外专业共招生3517人，占全部招生人数的6.18%。目录外专业的招生数量还是比较少。

表6-10　2010～2012年天津市高职院校目录外专业名称表

专业名称	专业名称	专业名称	专业名称
低空无人机操作技术	游艇维修技术	风力发电设备及电网自动化	冶金设备应用与维护
物联网应用技术	二手车鉴定与评估	光伏发电技术及应用	舞台艺术设计
建筑材料工程技术	旅游服务与管理	节能工程技术	眼镜设计
会展策划与管理	道桥工程检测技术	软件测试技术	嵌入式技术与应用
游戏软件	展览展示艺术设计	应用西班牙语	航天器制造技术
网站规划与开发技术	食品检测及管理	高速铁路工程及维护技术	风能与动力技术
软件外包服务	移动通信运营与服务	高速动车组驾驶与维修	新能源应用技术
移动互联应用技术	航空电子电气技术	天然产物提取技术及应用	景观设计
石油工程技术	通信工程设计与管理	安全控制技术	现代中药技术
船机制造与维修	西餐工艺	金属制品加工技术	

资料来源：依据2012年天津市26所高职院校招生计划相关信息整理

从表6-11可以看出，天津市高职院校设置的目录外专业是与天津市"十二五"

规划发展的重点支柱产业是相一致的。当然，目录外专业的设置还存在一些问题，例如，有的专业名称与目录内专业名称相似，有的则是完全根据学校办学条件设置等。

表6-11 目录外专业与天津市重点支柱产业对应表

重点支柱产业	目录外专业
航空航天	低空无人机操作技术、船机制造与维修、航空电子电气技术、航天器制造技术
电子信息	物联网应用技术、网站规划与开发技术、移动互联应用技术、移动通信运营与服务、通信工程设计与管理、软件测试技术、安全控制技术
新能源新材料	风力发电设备及电网自动化、光伏发电技术及应用、节能工程技术、天然产物提取技术及应用、风能与动力技术、新能源应用技术
石油化工	石油工程技术
装备制造	高速铁路工程及维护技术、高速动车组驾驶与维修、冶金设备应用与维护、嵌入式技术与应用、游艇维修技术
生物制药	现代中药技术
轻工纺织	食品检测及管理

资料来源：根据《天津市国民经济和社会发展第十二个五年规划纲要》等政府文件整理

第三节 天津市高职专业结构与产业结构适应性分析

专业对接产业是职业院校专业设置的重要原则，专业的规模一般用专业布点数及招生人数、在校生人数、毕业生人数来表示，产业的规模用产值或就业人数来表示。检验专业设置是否与产业相适应，可以从数量的角度对二者进行对比。本研究依据上述指标对专业结构与产业结构的适应性进行对比分析。

从表6-12可以看出，三次产业的专业设置与三次产业具有较好的适应性。需要指出的是第三产业的招生数量比例比较高，实际上是由于第三产业对应的专业大类中存在三次产业通用的专业类别，尤其是计算机类、财经类和经济贸易类，这三类专业毕业的学生是面向三次产业就业的，这三类专业的招生数量总计为8328人，不计算这三类专业的人数时，第三产业的招生数量为26 750人。将计算机类、财经类和经济贸易类这三个通用专业按增加值比例分配到三次产业中，调整后的第一、第二产业的招生数量比例有所上升，第三产业的招生数量比例下降，调整后的三次产业的招生数量、增加值与就业情况见表6-13，调整后的专业结构更加适应产业结构。

表6-12 2012年天津市三次产业的专业结构与产业结构对比表

产业	招生		增加值		就业	
	数量/人	比例/%	数量/亿元	比例/%	数量/万人	比例/%
第一产业	213	0.37	159.72	1.4	73.18	9.6
第二产业	21 618	37.99	5 928.32	52.4	315.99	41.4
第三产业	35 078	61.64	5 219.24	46.2	373.99	49.0
总计	56 909	100.00	11 307.28	100.0	763.16	100.0

资料来源：依据2012年天津市26所高职院校招生计划和《天津市统计年鉴2012》相关数据计算整理

表 6-13　调整后的三次产业的专业结构与产业结构对比表

产业	招生 数量/人	招生 比例/%	增加值 数量/亿元	增加值 比例/%	就业 数量/万人	就业 比例/%
第一产业	330	0.58	159.72	1.4	73.18	9.6
第二产业	25 982	45.66	5 928.32	52.4	315.99	41.4
第三产业	30 597	53.76	5 219.24	46.2	373.99	49.0
总计	56 909	100.00	11 307.28	100.0	763.16	100.0

资料来源：依据 2012 年天津市 26 所高职院校招生计划和《天津市统计年鉴 2012》相关数据计算整理

一、第一产业的专业结构与产业结构适应性分析

（一）第一产业专业设置的适应性分析

总体上看，随着天津市工业化和城镇化进程的加快，第一产业的比例处于不断下降的趋势。2011 年天津市第一产业对国民经济的贡献率仅为 0.4%。第一产业贡献率的下降主要是农业社会向工业社会转化、产业结构转型升级的结果。2012 年第一产业增加值的比例为 1.4%，而招生数量比例为 0.37%，就业人员为 73.18 万人，就业人员的比例为 9.6%，就业人员比例比招生数量比例高约 9 个百分点，两者之间存在较大的差距。

天津市高职院校中与第一产业相对应的专业设置较少，只涉及园林技术、农产品质量检测、动物防疫与检疫和水产养殖技术，从招生数量和专业种类上看都处于下降趋势，主要是由于我国农业经营规模小，相对于工业而言，农业比较效益低，农业劳动力向外转移，吸收新增劳动力能力有限。从第一产业设置的专业来看，园林技术专业实际上面向的是城市绿化(属于第三产业)，农产品质量检测、动物防疫与检疫严格地说是属于第三产业，只有水产养殖技术属于第一产业。

（二）第一产业主导产业与对应专业的适应性分析

农业作为国民经济的基础，对经济发展起极其重要的作用。天津市"十二五"规划中提到，随着当前经济的发展，要重点发展都市型现代农业，大力发展高附加值的设施农业、生态农业、休闲观光农业。现代农业与传统农业有明显的区别，其采用了更加高效科学的农业生产方式，涉及生物、机械、能源、信息等领域，形成了产、供、销一体化的经营体制，从而提高了农业增加值。天津市 26 所高职院校中与第一产业相对应的专业只有农产品质量检测、园林技术、动物防疫与检疫、水产养殖技术，占第一产业 38 个专业比例的 10.53%，覆盖率低，难以满足都市型现代农业发展的需要。

从表 6-14 可以看出，2011 年天津市高职院校农、牧、渔业的招生数量比例均低于相应增加值的比例，专业设置单一、招生数量少，并且设置的专业主要服务城市，属于都市农业。

表 6-14 2011 年天津市第一产业的专业结构与行业结构对比表

行业	招生 数量/人	招生 比例/%	增加值 数量/亿元	增加值 比例/%
农业	62	29.11	179.87	52.99
林业	88	41.31	2.46	0.72
牧业	39	18.31	98.52	29.02
渔业	24	11.27	58.61	17.27
总计	213	100.00	339.46	100.00

资料来源：依据 2012 年天津市 26 所高职院校招生计划和《天津市统计年鉴 2012》相关数据计算整理

二、第二产业的专业结构与产业结构适应性分析

（一）第二产业专业设置的适应性分析

总体上看，2011 年天津市第二产业的贡献率最高，达到了 58.6%，第二产业包括工业和建筑业，主要由天津市的优势支柱产业构成，加快发展装备制造、汽车、钢铁等主导产业，可以拉动全市工业的增长，为第二产业的发展做出较大的贡献。第二产业增加值的比例为 52.4%，比全国平均水平(46.8%)高出了近 6 个百分点，体现出天津这个工业城市的优势与特点。第二产业的招生人数比例为 45.66%，第二产业的就业人员比例为 41.4%，整体上可以看出，第二产业招生数量比例与就业人员比例比较接近，相差不到 5 个百分点。

第二产业的行业可分为加工制造业、资源开采业、能源供应业和土木建筑业四大类，从表 6-15 可以看出，四大类行业的招生数量比例与就业人数比例基本相适应。

表 6-15 2011 年天津市第二产业的主要专业结构与行业结构对比表

行业	招生 数量/人	招生 比例/%	增加值 数量/亿元	增加值 比例/%	就业 数量/人	就业 比例/%
加工制造业	14 522	67.17	17 139.79	72.24	228.21	70.70
资源开采业	1 374	6.36	2 829.37	11.93	11.12	3.45
能源供应业	467	2.16	767.83	3.24	6.16	1.91
土木建筑业	5 255	24.31	2 986.45	12.59	77.26	23.94
总计	21 618	100.00	23 723.44	100.00	322.75	100.00

资料来源：依据 2012 年天津市 26 所高职院校招生计划和《天津市统计年鉴 2012》相关数据计算整理

(二) 第二产业主导产业与对应专业的适应性分析

1. 工业

随着工业现代化进程的不断发展，2011 年天津市重工业增加值为 17 231.87 亿元，轻工业增加值为 3630.87 亿元。在工业内部有 37 个行业，这 37 个行业主要集中在制造业、加工业、资源开采业、能源供应业和轻纺业(表 6-16)。

表 6-16 加工制造类专业设置与行业增加值情况对比表

二级类	招生数量/人	招生数量比例/%	增加值/亿元	增加值比例/%
机械设计制造类	4 035	27.78	945.02	9.39
自动化类	3 409	23.47	2 045.06	20.31
机电设备类	922	6.35	1 462.70	14.53
汽车类	2 013	13.86	2 131.42	21.17
化工类	3 408	23.47	1 560.97	15.50
轻纺类	42	0.29	358.78	3.56
食品加工类	274	1.89	1 378.70	13.69
包装印刷类	419	2.89	186.78	1.85
总计	14 522	100.00	10 069.43	100.00

资料来源：依据 2012 年天津市 26 所高职院校招生计划和《天津市统计年鉴 2012》相关数据计算整理

工业的 37 个行业中，有 28 个为加工制造行业，这 28 个行业主要对应高职院校专业设置中的制造业大类和轻纺大类，总产值达到规模以上工业总产值的 72.25%。制造行业的社会就业人员为 228.21 万人，占第二产业就业人员的 70.71%，而制造类和轻纺类的招生数量占第二产业中工业招生数量的 67.18%。可见，第二产业中，加工制造类的招生数量与增加值和就业人数的比例基本相适应。由表 6-16 可以看出加工制造行业内部的专业设置，包括机械设计制造类、自动化类、机电设备类、汽车类、化工类、轻纺类、食品加工类和包装印刷类。其中，机械设计制造类、自动化类、汽车类和化工类 4 个二级专业招生数量均超过了 2000 人，机械设计制造类、自动化类、化工类、包装印刷类专业招生数量比例高于增加值比例。食品加工类和轻纺类专业招生数量比例较低，这与轻工食品行业属于资本或劳动密集型行业，对高职毕业生需求相对较少有关。

如表 6-17 所示，资源开采行业集中在资源勘查类、矿业工程类、石油和天然气类、矿物加工类。4 类行业增加值比例为 11.93%，就业人数比例为 3.45%，招生数量比例为 6.36%，招生数量比例比增加值比例低约 5 个百分点，比就业人数比例高近 3 个百分点。资源开采行业属于典型的资本技术密集型行业，人们认为传统资源行业属于艰苦行业，且有一定的危险程度，资源勘查类专业尤为明显，所以招生人数较少，但相对于石油和天然气行业其属于高盈利行业，对农村学生具有较大的吸引力，招生数量比例能够满足行业发展的需要。

表 6-17　资源开采类专业设置与行业增加值情况对比表

二级类	招生数量/人	招生数量比例/%	增加值/亿元	增加值比例/%
资源勘查类	78	5.68	927.78	10.87
矿业工程类	116	8.44	375.10	4.39
石油和天然气类	746	54.29	3071.94	35.99
矿物加工类	434	31.59	4160.61	48.75
总计	1374	100.00	8535.43	100.00

资料来源：依据 2012 年天津市 26 所高职院校招生计划和《天津市统计年鉴 2012》相关数据计算整理

能源供应行业集中在电力热力的生产和供应业、废弃资源和废旧材料回收加工业、燃气生产和供应业、水的生产和供应业，与高职专业大类中的材料与能源大类相关。在材料与能源专业大类中，在 3 个二级专业类中天津高职院校涉及 2 个，招生数量比例为 2.16%，增加值比例为 3.24%，就业人数比例为 1.91%，招生数量比例和就业人数的比例是相适应的，但比增加值比例要小一些。由于能源行业属于垄断行业，毕业生难以进入，所以招生数量比例相对较低，而材料类专业就业面较广，专业设置比例较高。材料类和能源类专业与增加值情况对比如表 6-18 所示。

表 6-18　材料类和能源类专业与增加值情况对比表

二级类	招生数量/人	招生数量比例/%	增加值/亿元	增加值比例/%
材料类	279	59.74	129.60	14.44
能源类	188	40.26	767.83	85.56
总计	467	100.00	897.43	100.00

资料来源：依据 2012 年天津市 26 所高职院校招生计划和《天津市统计年鉴 2012》相关数据计算整理

2．建筑业

建筑业中包括的行业有房屋工程建筑业、土木工程建筑业、建筑安装业、建筑装饰业、其他建筑业。这五类行业主要对应高职院校的土建专业大类。2011 年天津市建筑业的就业人员为 70.5 万人，占第二产业就业人员的比例为 23.94%，土建大类招生数量占第二产业招生数量的 24.31%，就业人数比例与招生数量比例相近，说明高职院校中土建大类专业整体上能满足建筑业所需的技术人才需求，具有较高的适应性。

表 6-19 具体反映了建筑业内的行业与设置专业的对应关系。与建筑业对应的土建专业大类中的二级专业类有 7 个，天津高职院校设置了 6 个，覆盖率为 85.71%。其中，房屋工程建筑业、土木工程建筑业的招生比例较高，主要是由于这两个行业属于劳动密集型行业，需要的就业人数较多。而建筑安装业和建筑装

饰业属于新型专业,具有劳动强度小的特点,所以招生数量比例也相对较大,高于就业人数比例,说明学生在选择专业的时候更倾向于新型专业和劳动强度相对低的专业。总体来看,建筑行业招生数量比例与就业人数比例相适应,但存在结构性的不适应性。

表6-19 建筑业中专业结构与行业结构对比表

行业	招生 数量/人	招生 比例/%	增加值 数量/亿元	增加值 比例/%	就业 数量/人	就业 比例/%
房屋工程建筑业	1742	33.71	1029.39	34.46	28.41	43.46
土木工程建筑业	1159	22.43	1471.96	49.29	24.09	36.85
建筑安装业	1070	20.70	304.27	10.19	7.96	12.17
建筑装饰业	968	18.73	65.67	2.20	1.86	2.84
其他建筑业	229	4.43	115.17	3.86	3.06	4.68
总计	5168	100.00	2986.46	100.00	65.38	100.00

资料来源:依据2012年天津市26所高职院校招生计划和《天津市统计年鉴2012》相关数据计算整理

三、第三产业的专业结构与产业结构适应性分析

(一)第三产业专业设置的适应性分析

近些年来,第三产业在国民经济中的地位不断上升,增加值占2011年生产总值的比例为46.2%,从业人员的比例为49%,招生数量的比例为62.99%。可以看出,就业人员和增加值的比例比较接近,但招生数量比例比增加值比例和就业人员比例分别高出了近17个和近14个百分点,从整体上看,第三产业的招生数量与产业存在一定的不相适应,主要原因:一方面是第三产业的专业办学所需资金较少,专业规模易形成,加之社会、家长和学生对这类专业的追捧,使得高职院校第三产业设置的专业较多,尤其是财经、计算机和交通专业大类;另一方面,由于第三产业中一些专业属于三次产业的通用专业,所以造成了第三产业招生数量的比例偏高。

第三产业中的专业设置比例与行业增加值比例对比见表6-20,招生数量比例较大的专业集中在商贸财经类、信息技术类和交通运输类。特别是信息技术类,在高职院校中体现为电子信息大类,招生数量比例远远超出了增加值比例。而商贸财经类和医药卫生类的招生数量比例也比增加值比例高。其余的交通运输类、旅游服务类、教育类、公共管理与服务类和环境类的招生数量比例均小于增加值比例,其中,公共管理与服务类招生数量比例比增加值比例低近7个百分点。整体上来看,第三产业的招生数量集中在电子信息大类、商贸财经大类。

表 6-20　第三产业中主要专业结构与行业结构对比

行业	招生数量/人	招生数量比例/%	增加值/亿元	增加值比例/%
信息技术类	6 474	20.83	172.10	6.89
交通运输类	6 170	19.85	632.10	25.33
商贸财经类	10 586	34.06	756.50	30.30
医药卫生类	2 563	8.25	119.61	4.79
旅游服务类	1 516	4.88	251.72	10.08
教育类	2 465	7.93	248.65	9.96
公共管理与服务类	927	2.98	243.24	9.74
环境类	378	1.22	72.65	2.91
总计	31 079	100.00	2 496.57	100.00

资料来源：依据 2012 年天津市 26 所高职院校招生计划和《天津市统计年鉴 2012》相关数据计算整理

（二）第三产业主导产业与对应专业的适应性分析

2011 年天津市的第三产业中，增加值排前三位的分别是批发和零售业，金融业，交通运输、仓储和邮政业，增加值分别为 1463.89 亿元、756.50 亿元、632.10 亿元，三者合计占第三产业的 54.65%，很大程度上拉动了第三产业对国民经济的贡献率。

1．批发和零售业

批发和零售业是社会化大生产过程中的重要环节，是决定经济运行速度、质量和效益的引导性力量，是我国市场化程度最高、竞争最为激烈的行业之一。批发和零售业的就业人员为 109.10 万人，占第三产业就业人员的 29.17%，增加值为 1463.89 亿元，占第三产业增加值的比例为 28.05%，增加值与就业人员比例相当。由于涉及的范围比较广，主要对应的就是财经大类二级类的市场营销类和工商管理专业类。市场营销类和工商管理类的招生人数总计为 5532 人（表 6-21），占第三产业招生人数的 15.77%，比增加值与就业人数的比例要低约 13 个百分点，存在较大的差距。批发和零售业是劳动密集型行业，对高职院校毕业生依赖性不是太大，但专业与产业也存在一定的不适应性。

表 6-21　2012 年天津市高职院校财经大类专业设置情况表　　　　单位：人

二级类	具体专业	招生人数
市场营销类	市场营销	715
	电子商务	1345
工商管理类	工商企业管理	498
	商务管理	64
	连锁经营管理	521
	物流管理	2389
	总计	5532

资料来源：依据天津市 26 所高职院校 2012 年招生计划相关数据计算

2. 金融业

2011年金融业增加值在第三产业中排在第二位,增加值为756.50亿元,占第三产业增加值的14.5%,是2009年(461.20亿元)的1.64倍,是第三产业中增长最快的;就业人数为12.54万人,占第三产业就业人员的3.35%。高职院校对应的专业是财经金融类,其中财经金融类的招生数量为1333人,占第三产业招生数量的3.8%,接近就业人员的比例,但小于增加值的比例,存在较大的不适应性。高职院校财经金融类专业包括12个具体专业,天津高职院校中设置了7个(表6-22),覆盖率达到58.3%。

表6-22　2012年天津市高职院校财经大类专业设置情况　　　　单位:人

二级类	具体专业	招生数量
财经金融类	金融保险	342
	国际金融	339
	金融与证券	216
	金融管理与实务	199
	投资与理财	109
	税务	70
	医疗保险实务	58
	总计	1333

资料来源:依据天津市26所高职院校2012年招生计划相关数据计算

通过分析发现,在所有专业大类中,财经大类中具体专业的专业设置重复率是最高的,这不仅造成教育资源浪费,还导致财经类毕业生的供过于求,毕业生无法找到专业对口的工作,所学不能所用。

3. 交通运输、仓储和邮政业

交通运输是国民经济的动脉,现代化的社会需要现代化的物流,作为大都市的天津市必然需要发达的交通运输、仓储和邮政业,为人们的生产生活提供便利。交通运输主要体现在生产生活中离不开的公路、铁路、水运和民航4个行业。反映交通运输规模的主要指标是货(客)运量,货(客)运量指在一定时期内,各种运输工具实际运送的货物(旅客)数量,它是反映交通运输业为国民经济和人民生活服务的数量指标,也是研究运输发展规模和速度的重要指标。

根据天津市统计年鉴中交通运输行业的统计,各种运输方式完成的运输量具体见表6-23。从货物周转量来看,水运的比例最高,达到94.429%;从旅客周转量来看,铁路的比例最高,达到43.369%。

如表6-23所示,货物周转量比例为公路:铁路:水运:民航=2.639:2.926:94.429:0.006,旅客周转量比例为公路:铁路:水运:民航=39.140:43.369:

0.050∶17.441，将货物周转量和旅客周转量视为相同权重[①]，4 种运输方式货物周转量比例和旅客周转量比例的平均值分别为 20.890%、23.148%、47.240%、8.724%（表 6-24）。

表 6-23　水、陆、空交通运输行业运输情况统计表（一）

项目	公路	铁路	水运	民航	总计
货物周转量/百万吨·公里	26 700	29 600	955 300	60	1 011 660
货物周转量比例/%	2.639	2.926	94.429	0.006	100.000
旅客周转量/百万人·公里	13 391	14 838	17	5 967	34 213
旅客周转量比例/%	39.140	43.369	0.050	17.441	100.000

资料来源：根据《天津市统计年鉴 2012》相关数据计算整理

表 6-24　水、陆、空交通运输行业运输情况统计表（二）　　　　单位：%

项目	公路	铁路	水运	民航
货物周转量比例	2.639	2.926	94.429	0.006
旅客周转量比例	39.140	43.369	0.050	17.441
平均值	20.890	23.148	47.240	8.724

资料来源：根据《天津市统计年鉴 2012》相关数据计算整理

交通运输行业与高职院校对应的专业大类是交通大类。交通运输、仓储和邮政业的增加值为 632.10 亿元；就业人员数量为 27.83 万人，占第三产业的比例为 7.44%；招生数量为 6170 人，占第三产业招生数量的 20.17%，招生数量比例高于就业人员比例近 13 个百分点，表现出一定的不适应性。交通运输大类包括 7 个二级专业，51 个具体专业，天津 26 所高职院校设置了 31 个具体专业，专业覆盖率达到 60.78%。表 6-25 中列举了与公路、铁路、水运和民航 4 个行业对应的二级专业招生数量，分别为 833、951、1700 和 1847 人，所占的招生比例为 15.63%、17.84%、31.89% 和 34.65%。可以看出，公路、铁路、水运三个专业的招生数量比例都低于运量比例，但民航专业招生数量比例远远超过运量比例，可以看出随着我国机场在地级市的逐渐普及，相应专业开始超前发展。

表 6-25　水、陆、空交通运输行业专业设置与运量情况对比表

行业	招生数量/人	招生数量比例/%	运量比例/%
公路	833	15.63	20.89
铁路	951	17.84	23.15
水运	1700	31.89	47.24
民航	1847	34.65	8.72

资料来源：根据《天津市统计年鉴 2012》和天津市 26 所高职院校 2012 年招生计划相关数据计算整理

[①] 王京. 南京市交通类高职院校专业设置与南京市交通产业结构适应性分析[D]. 南京：南京师范大学硕士学位论文，2012：20.

图 6-5 说明天津民航运量比例远低于其他三种运输方式，民航专业招生数量比例远远高于运量比例，主要是因为国家在天津建立飞机制造业，2007 年空客 A320 组装线落户天津滨海新区，航天航空业成为天津市的重要支柱产业，促使天津高职院校设置了相关的专业，不断扩大了招生数量。

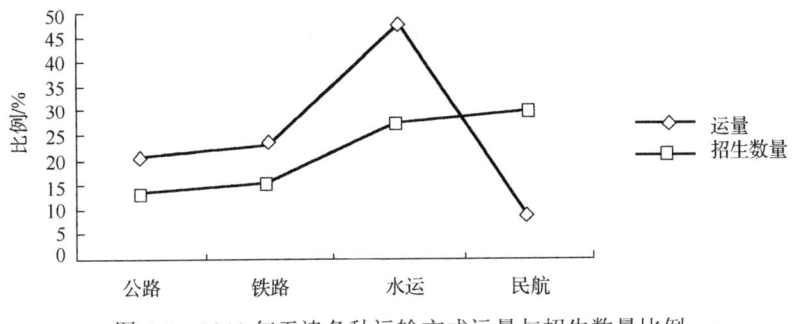

图 6-5 2011 年天津各种运输方式运量与招生数量比例

就整体而言，2011 年天津市产业结构仍以第二产业为主，三次产业结构模式为"二、三、一"，经济发展和产业转型升级必然带动服务业增加值比例的不断上升，三次产业结构将向"三、二、一"转变，第三产业的技术技能人才需求也会越来越多，尤其是现代金融服务业和生产性服务业，第三产业内部专业结构也必然进一步调整。

第四节 天津市高职院校专业结构调整与优化的对策

一、政府要加强对专业设置的监管

天津市政府教育主管部门应根据天津"十二五"规划对产业结构调整的要求，对技术技能人才的需求在层次、专业等方面做出科学合理的预测，并在此基础上，紧随市场变化，适时对天津高等职业院校专业设置及专业结构布局进行合理调控与管理。从前面的分析不难看出在专业目录之外的新型专业较多，达到了 39 个，占全部专业数的 18.57%，招生数量也比较多，达到了 3517 人，占总招生数量的 6.18%，形成了一定的规模，大多高职院校发展新型专业是为了适应天津市区域经济发展方式和产业结构调整的需要，应当支持与鼓励，但仍有一些专业设置缺乏科学依据，也缺乏办学条件，如此增加新专业是不可取的。究其原因，主要是部分高职院校想通过开办新专业来增强职业教育吸引力。所以，应充分发挥政府的监管职能，对新专业的开设严格把控，从审核开设新专业的条件到及时追踪与监管新专业的发展，以避免专业建设的重复与盲目。对于新专业要加强专业质量评估，同时，对于那些师资薄弱、办学条件不足、供需矛盾突出、教学质量难以保证的专业予以撤销。①对一些特色鲜明的专业应加强开发与建设，政府应给予资金的投入与政策的扶持，创造良好的专业建设环境，建设优势专业群，使其与地方支柱产业形成有效对接，满足天津市经济发展和产业转型升级对高素质技能人才的要求。

二、优化调整专业结构，更好地适应产业结构变化

教育部《关于全面提高高等职业教育教学质量的若干意见》中明确指出：针对区域经济发展的要求，灵活调整和设置专业，是高等职业教育的一个重要特色。可见，高职院校设置专业需要以地方经济对高技能人才需求的种类和数量为衡量标准。如前所述，天津高职院校专业结构与产业结构的匹配度还存在一定的差距，应合理调整专业结构使其适应产业发展与转型。

（一）制定优惠政策，促进第一产业专业发展

第一产业在国民经济中发挥着基础性的作用，具有非常重要的意义。从前面的分析可以看出，天津市高职院校设置的第一产业相关专业比较单一，专业数量少，覆盖率低，招生人数少。一方面是由于天津作为工业城市对第一产业的发展重视不够；另一方面，学生和家长在选择专业的时候，也存在偏见，认为农业是辛苦、社会地位低的行业，不愿意选择。事实上，随着农村大量劳动力向非农产业转移，农业科技和资金的投入不断增加，天津市农业已从传统农业向现代农业转变，农业的规模化、现代化和产业化已有了很大的提高。首先，高职院校应积极设置农业比较效益高的专业，如设施农业、观光农业(休闲农业)、园艺场等方面的专业；在牧业养殖方面，积极发展畜牧医生、特种动物养殖、饲料和畜产品营销等专业；在渔业方面，积极发展现代养殖业，增设海水养殖、渔业综合技术等专业。其次，按照2013年和2014年中央一号文件的要求，应加强职业农民的培养，促进农业的规模化和现代化发展。最后，专业设置应从产中逐渐向产前和产后衍生，如产前的信息服务、饲料、兽药、种子营销等专业，产后的农产品贮藏、保鲜、加工、市场营销等专业。

与第二、第三产业相比，农业比较效益低，具有公益性的特点。为此，国家对涉农专业学生采取提供助学金等政策，可以增强专业吸引力，逐步改善当前农林牧渔类专业报考人数少、专业设置种类少的现状，促进专业设置，使人才规模与现代农业发展相适应。

（二）适应产业结构转型升级，优化第二产业专业结构

工业是创造物质财富、增强综合经济实力的基础产业，也是国家或地区由不发达阶段向发达阶段转变的重要标志。工业化发展程度决定了一个国家或地区的综合

---

① 张耀嵩. 高等职业教育质量评价与保障体系重构[J]. 北京劳动保障职业学院学报，2012 (3)：20-22.

经济实力。近些年来，天津市工业化，尤其是重化工业发展进程不断加快，高职院校应紧跟这一发展趋势，进一步充实完善加工制造业专业。同时，党的十八大提出新型工业化、信息化、城镇化和农业现代化"四化同步"的要求，天津市加大了高新技术产业、装备制造业和港口工业的发展。依托作为沿海城市的区位优势，天津加快发展港口工业，这就要求高职院校设置如轮船工程技术、船舶工程技术和航道工程技术等专业。针对高新技术产业的发展，重点发展电子信息、生物技术、现代医药、新材料、新能源相关专业，如移动通信、软件、绿色能源等专业。

此外，天津市高职院校近70%的生源是外地生源，在满足天津市产业结构调整优化的同时，专业设置还要适应生源就业的要求，发展一些办学基础好、报考人数多、就业前景好的专业，如在能源供应行业中，材料类的招生数量较多、就业好，应进一步巩固提高；当然，也应紧跟当前能源业发展方向，设置如热能动力设备与应用、发电厂及电力系统、供/用电技术、高压输配电线路施工运行与维护等社会需求较多的专业。

(三)重点发展现代服务业专业，增强第三产业专业适应性

如前所述，天津与北京和上海相比，第二产业占的比例大，属于工业型城市，但随着京津冀协同发展战略的不断推进和北方贸易中心地位的逐步确立，服务业规模和比例将不断提高，产业结构也必然从"二、三、一"向"三、二、一"转变。天津高职院校要在重视发展第二产业专业的同时，注重第三产业专业的发展，第三产业专业设置应在稳定发展财经类、电子信息类等专业的基础上，拓展第三产业的专业内涵和专业范围，如市场营销专业要逐步细分，与各产业、产品结合，发展复合型专业，通过专业的复合来培养复合型人才，更好地适应经济社会发展的需要。我国高等职业教育经过十几年的快速发展，已从扩张期进入了稳定发展期，如在现代信息服务业中，电子信息类专业应设置电子测量技术与仪器、图文信息技术、程控交换技术、通信网络与设备等专业；在现代物流服务业中，交通类专业应设置城市交通运输、铁道车辆、城市轨道交通车辆、水运管理、航空通信技术、空中交通管理、港口工程技术等专业；在旅游类中，增设旅行社经营管理、景区开发与管理专业；在公共事业大类中，增设社会福利事业管理、心理咨询、职业中介服务等专业；在文化教育类中，增设文化事业管理、特殊教育、运动训练等专业，从而更好地满足服务业发展对人才的需求。

现代服务业是我国服务业发展的重要方向，要加大专业设置比例。现代服务业是依托于信息技术和现代管理理念发展起来的，是信息技术与服务产业结合的产物。应做到以下两点：一是加快发展新兴服务业形态的专业，如计算机和软件服务、移动通信服务、信息咨询服务、健康产业、生态产业、教育培训、会议展览、国际商务、现代物流业等；二是加快发展应用信息技术对传统服务业改造和衍生而来的服

务业专业，如银行、证券、信托、保险、租赁等现代金融业，建筑、装饰、物业等房地产业，会计、审计、评估、法律服务等中介服务业等。

三、依据产业集群，加强专业群建设

现代产业发展的一个重要趋势是产业集群化，产业集群的核心是在一定空间范围内产业的高度集中，是在一定的地区内形成的某种或某些产业链。职业教育专业设置对接产业需求，产业集群必然要求专业集群。所谓专业群就是围绕某一重点专业，按照产业链或专业集群的要求，将技术相近、课程体系基本接近的专业组合在一起，形成一个有机联系的专业群。由于职业教育实习实训投入比较大，高职院校建立专业集群不仅有利于对接产业集群，也有利于节约投资和办学成本，所以，高职院校应建立专业群和产业群之间的联系，设置具有特色的专业群，更好地促进产业发展。从天津市高职院校专业设置情况来看，一些高职院校专业聚集度较低，要按照专业集群的思想，合理调整、优化专业结构，围绕产业或行业，加强专业集群建设，形成优势专业集群，提高办学效益和服务产业的能力。

四、加强与行业企业联系，增强专业设置的有效性

我国职业教育实行政府主导、行业指导、企业参与的办学制度。职业教育必须主动接受行业的指导，行业最了解用人需求，拥有比较完善的预测分析机制，可以将人才需求预测提供给学校，让学校在专业设置时有所依据。学校在设置专业时应多与行业沟通，减少专业设置的盲目性。所以在设置专业时要与行业发展形成紧密联系，形成与行业对应的专业群。专业是课程的集合，高职院校要想有效设置专业，开展好专业教育和人才培养，就需要建立校企合作机制，把企业的人才需求与学校的人才培养有机结合，共同培养高技能人才，使设置的专业发挥最大的人才培养效益。天津市高职院校要依托天津市区域产业优势，充分发挥行业企业办学优势，建立由行业企业和专业教师共同组成的专业指导委员会，加强专业设置和调整的科学论证，使新建专业和专业结构的调整优化更加科学规范，更加符合行业人才需求，避免或减少专业设置不合理而导致的教育资源浪费。

五、适应现代职业教育体系建设的需要，加强与中职和本科阶段职业教育专业的衔接

《国家中长期教育改革与发展规划纲要（2010—2020年）》指出：到2020年建立起适应经济发展方式转变和产业结构调整要求、体现终身教育理念、中等和高等职业教育协调发展的现代职业教育体系。同时指出："建立高校分类体系，实行分类管理。""重点扩大应用型、复合型、技能型人才培养规模。"建立高校分类体系就是引导一批普通本科高校向应用技术型高校转型，发展本科阶段的职业教育，因此，现

代职业教育体系就是打通从中职、专科、本科到研究生的上升通道。为此，高职院校在专业设置时，应按照系统培养技术技能人才的需要，注意与中职和本科阶段职业教育专业的衔接，使中职学生能够升入高职学校，高职学生能够进入应用技术类高校，接受本科阶段职业教育，更好地适应"转方式、调结构"对高层次技术技能人才的需求，满足人们终身教育的需要。

  天津市是直辖市，经济发展水平相对较高，对人才的需求层次也较高，因此，高职院校专业设置要与中等职业学校共同设计，最好建立中、高职一体化的专业目录，以保证大量有接受高职教育意愿的学生能够进入高职院校进一步学习深造，尤其是对艺术、体育、护理、学前教育及技术含量高、培养周期长的专业要做到中、高职统一设计。同样也应注意与转型的应用技术类高校专业的有效衔接，从而推动现代职业教育体系的建立。